地形、地名から「なぞ」を解く

江戸城、大坂城、熊本城などの城史と攻防

日本の名城紀行

原口茂樹
Haraguchi Shigeki

長崎文献社

はじめに

世に名城紀行の本は多く、日本の城はどこも名城のように書かれている。実際に回ってみると、途中で建設を中止したものが多く、玄関口ばかり立派な邸宅然とした城もまた多い。なかには何を考えてこのようなお粗末な作りなのかと唖然とする名城もある。先年桂離宮に行く機会を得て直接数カ所で作庭上の疑問点を質《ただ》したところ、どれも後から住んだ人が変えたところだった。優れた庭は数代に亘《わた》って形作られる唯心的な作品である。城の姿も築城者の設計理念、続く次代の改築者たちの心に迫って始めて解けるといえる。また、日本の城は徹頭徹尾、その地形に拠《よ》っているもので、地形の利用こそ名城の一番の条件である。それで本書では、城の成立を、基盤となる原地形の考察から始めるよう心掛けてみた。

理系の学問は真理がひとつに収束するので、万人が同じ立場から追求できる。文系の学問の場合は、複雑な事象がからみあう中にいくつかの真理の島が浮き上がってくる。南方熊楠《みなかたくまぐす》のいう萃点《すいてん》である。わずかな史料を積み重ねての結論は翠点のひとつ、真理のひとつを得るに過ぎない。曼荼羅《まんだら》図の中のひとつの仏に至るだけである。諸説興《おこ》って百家争鳴《ひゃっかそうめい》となるのもこれが原因。それでは文系学問の真理の総体を把握するにはどうすればよいのだろうか。フロイトの理論では、錯綜して表現される症状は了解により消失する。多くの事象を無理なく統合・説明できる道、因果律に代わる了解律というものを探すことはできないのだろうか。

史料の乏しい田舎で頼りとなるのが地形と地名と伝承である。地名の多くは古語で解けるが、古語よりも、さらに古いものが多い。それらを地形古語と呼ぶことにする。こうして全国の地形地誌を車と自転車で丹念に調べて回った。昔の海岸線と地形をあきらかにし、植生、人口分布が提示できれば、小学生でも邪馬台国の位置を指し示すことができると思っているのである。伝承については、誰が主人公とされているか、それを讃える人々の思いはどうかをみるのであるが、話のなかに織り込まれている当時の地形地誌についても得るものが多い。

こうして作成を重ねた歴史地理の紀行文のなかから、今回は城の成立にかかわるものを選んで整理してみた。余分な寄り道や日々を暮らす長崎の街との比較も多いが許されたい。誰にも解けない古代史と、誰でも解けるが口をつぐんでいる近代史。このふたつに挑戦するのがライフワークであるが、とりあえずは城巡りから。まずは東京出張の度に朝夕散歩した美しい皇居・江戸城からはじめて、各地の城をその成立の過程から、実戦に使われた場合のシミュレーションに至るまで、我がまま勝手流に解き明かしてみたい。

『歴史学まず手はじめの城紀行』

このように、文学性のかけらもない句が時々入る。これはその章や項を要約して自らにも納得させるための実用五七五なので、それぞれの駄文のまとめとして、我慢されたい。

日本の名城紀行

目次

○はじめに

第一章　江戸城を解く……9

中央に大沼沢地の拡がる太古の関東平野／関東の陸路と水路の交差点・浅草砂州／江戸とはどこか／太田道灌と彼の兵法／太田道灌の築城地選び／江戸城の建つ荏原郡の地相／道灌江戸城の姿を考える／将門伝説と地名／○寄り道紀行・筑波山・岩井方面に将門伝説を追う／道灌堀の謎を解く／結論　時代先取りの戦国時代の城か／○寄り道・山吹の話の謎を解く／○江戸城下に住まう神々を解いて景教に至る／関東における武具、城郭の進化／太田道灌の中世江戸城を攻める／徳川家の江戸入国／家康、秀忠による主郭の改装／天下普請による大江戸城の完成／防火対策と取水設備を備えた近世都市への脱皮／天下普請の大江戸城を攻める／大砲対策／南蛮紅毛の国々、海からの攻撃／南蛮紅毛の国々、空からの攻撃及び大自然の攻撃／○江戸城の海の玄関・下田紀行／○江戸城の海の玄関・浦賀紀行／○寄り道・走水の海峡に新旧二つの恋歌を解く

第二章　大坂城を解く……81

太古の大坂の地勢調べ／運河築造／なにわとチヌの語源を考える／列島の海運を司る神々／古墳と古代宮殿とお寺の上に築かれた大坂城／石山本願寺城と織田信長の構想／豊臣大坂城と徳川大坂城／豊臣大坂城を攻める・大坂城砲撃戦／夏の陣・河内の戦い――真田遅参の謎

を解く／考察／夏の陣・天王寺の戦い／シミュレーション考察／○夏の陣紀行／考察／幕末の徳川大坂城を攻める／○**寄り道**　堺・南宗寺に家康の墓を訪ね、以て茶道に至る

第三章　熊本城を解く……115
手まり歌の謎、三つの隈本城／熊本・肥後の地名について／熊本城の謎／熊本城あらたな謎／朝鮮の陣での学び／南向きの城から東向きの城へ／熊本城の発展と支城の増減／街道のくふう・大津街道／現在の西向きの城に改造された謎を解く／細川家について／考察／熊本城を攻める／現実の戦い西南戦争――熊本城は落ちず、主戦場は田原坂へ／○**寄り道**　熊本大地震

第四章　佐賀城を解く……145
佐賀城の謎／謎解きは作図とフィールドワークの後で／治水の神様と川上・川下の一等地／肥前の関ヶ原・丹坂峠の戦いと、九州の桶狭間・今山の戦い／九州の関ヶ原・沖田畷の戦いの謎を解く／考察／島津家久と孫子の兵法／鉄砲とイエズス会／鍋島直茂は肥前国での無双国士／今残るクリークの城から戦国の佐賀城を考える／新佐賀城の建設及び天守台の謎解き／完成の姿・結局どうなったか／未完成の城で名城失格／佐賀城を攻める／実際の攻防――明治七年の佐賀の乱と考察／守城の将・攻城の将／考察・日露戦争へ向けての国内演習／○**寄り道**　葉隠紀行

第五章　全国名城紀行 …… 183
概説・城の基本と分類／堀と城門、天守閣と櫓について／特殊な城の分け方いくつか／考察・古代山城と神籠石／山城紀行・春日山城を行く／七尾城と手取川の戦い／城内での戦い・御館の乱について／備中松山城登山／自然が刻んだ名城・豊後竹田城紀行／造りかけの城・仙台城／戦国激戦の城・遠州高天神城／平城・平山城紀行・金鯱の名古屋城／大坂城の弟分の城・郡山城／日本一の高石垣・伊賀上野城／**○寄り道**・甲賀流忍術屋敷／考察／岸和田城・八陣の庭／雑賀荘と鉄砲集団／松永弾正の多聞山城と信貴山城／**○寄り道**・信貴山縁起絵巻を解く／福岡城とその攻防／松江城、姫路城、宇和島城他／アイヌの城（チャシ）について／琉球の城を考える／中国の長城と都城／アジアの果て・トロイの木馬の謎を解く／旅順城攻城の将乃木希典／長崎の城と防衛、浦上の被爆

○あとがき

装丁デザイン：ミートデザイン工房浜崎稔
中表紙江戸城の絵：ウィキペディアよりView of Edoの中のEdo Castle

第一章　江戸城を解く

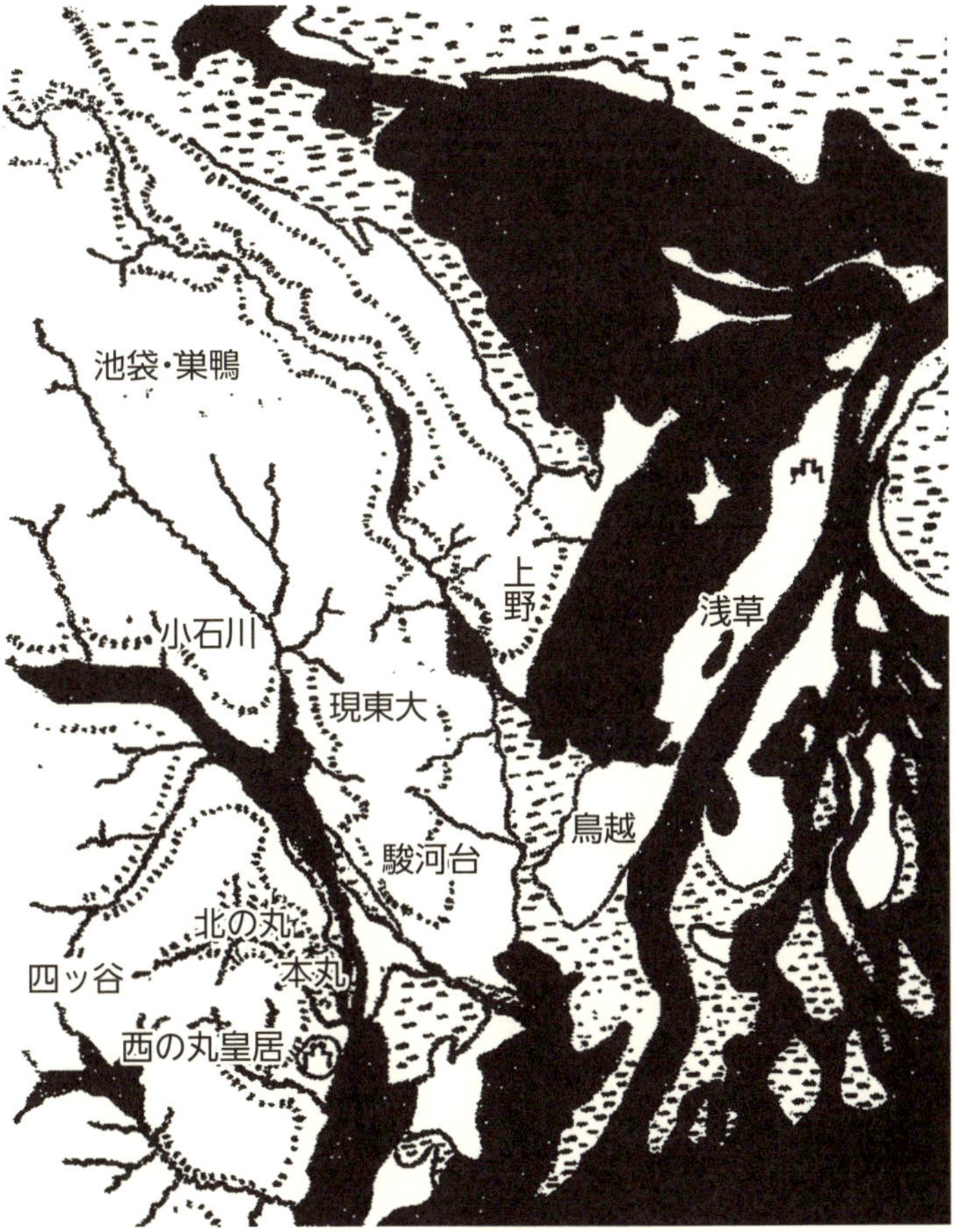

中央に大沼沢地の広がる太古の関東平野

江戸城は、その昔は城下の人口百五十万に迫るといわれた世界有数の都城だった。現在も皇居として使われているので、手入れも行き届いて美しさもたとえようがない。城も家の一種なので、人が住まないと荒れてしまう。全国に残る古城の大方は文化財に指定されて大切にはされているが、しょせん空き屋の管理状態なので行き届かない。その意味で江戸城は、日本唯一の生きている城である。この城が戦略的にどのような位置にあるのか、この要衝をおさえることで何が手に入るのか、まずは関東の地勢から説き起こしてみたい。

太古の東京湾は今の数倍あって、関東平野を東西に分ける巨大な入り江だった。やがて海岸線が後退し、湾奥は、利根川、隅田川などが交差乱流する大湿地帯へと姿を変えた。湿地帯のことを地形古語でアサ、ムタ、アズなどという。アズを通る道をアゼ道といい、エリアのことを間（ま）という。関東を東（あずま）の国と呼ぶのは、ヤマトタケルのミコトが帰路の峠で、失った妃のオトタチバナ姫を想って「吾妻《あづま》よ！」と叫んだからだとされている。

けれど「アズ間（湿地帯）の通過が大変だったよ」——といったのかも知れない。

この大湿地帯は往古の人々の通交を妨げていた。それで列島の幹線道路は山道である東山道であった。この路線は、北関東の「毛《け》の国」を通っていた。ここは後に、上ツ毛《かみつけ》＝上野（群馬県）と下ツ毛《しもつけ》＝下野（栃木県）とに分かれる。毛《け》とは、生えるもの全般を言い、作物から、朝餉《あさげ》、夕餉《ゆうげ》と、食事までもいう。おみやげも「宮餉《みやげ》」で、お宮から下される食べ物のことである。北関東は、毛の生えた国、

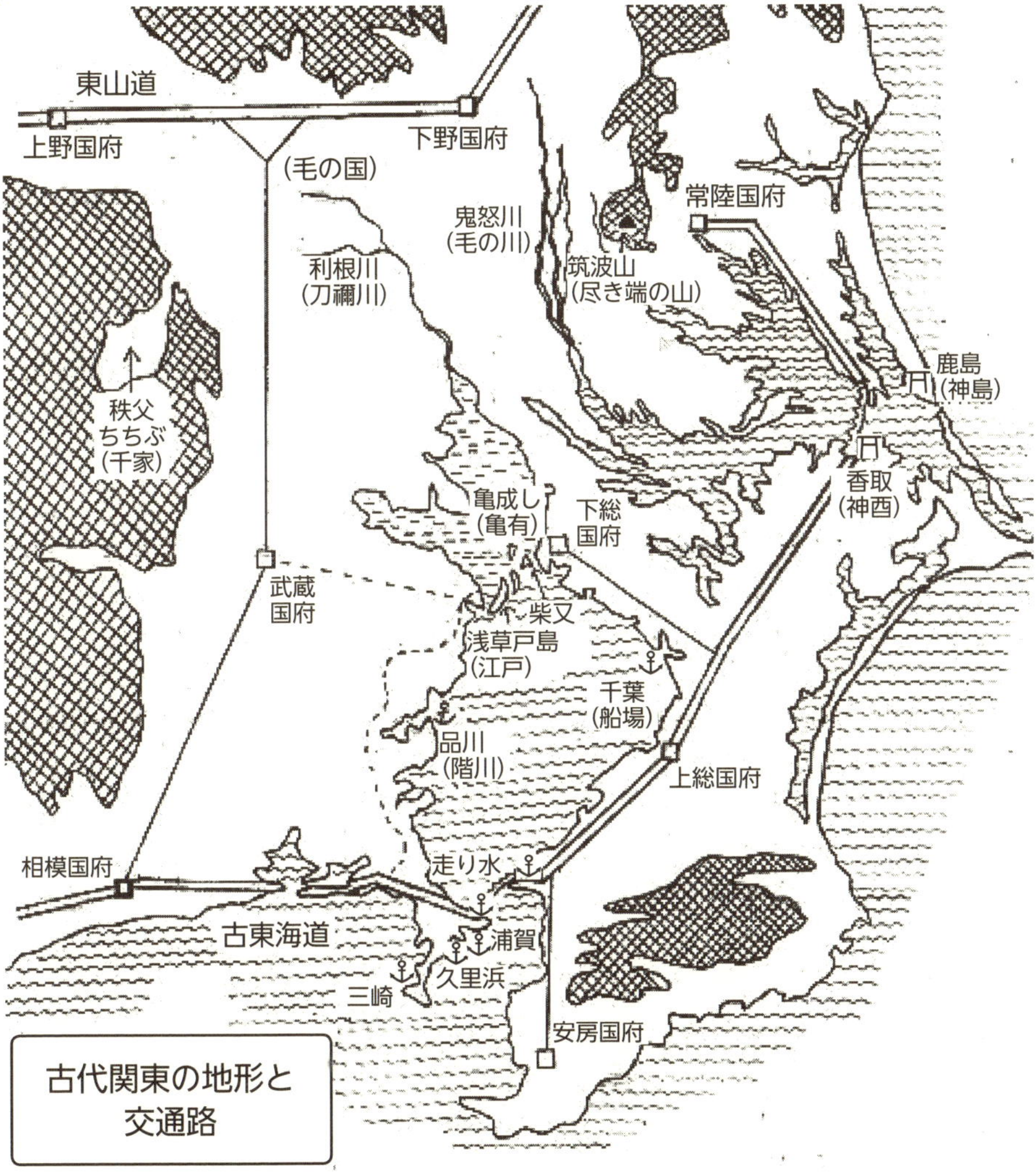
東山道
上野国府
下野国府
(毛の国)
鬼怒川
(毛の川)
筑波山
(尽き端の山)
常陸国府
利根川
(刀禰川)
鹿島
(神島)
香取
(神酉)
秩父
ちちぶ
(千家)
亀成し
(亀有)
下総
国府
武蔵
国府
柴又
浅草戸島
(江戸)
千葉
(船場)
品川
(階川)
上総国府
相模国府
走り水
古東海道
浦賀
久里浜
三崎
安房国府
古代関東の地形と
交通路

すなはち大草原の国であった。ここを流れる「毛《け》の川」はキヌカワと訛って、今、鬼怒川《きぬがわ》の字をあてられている。現在関東一の大河・利根川は、往古は古東京湾に注いでおり、鬼怒川よりはるかに短かった。語源については諸説あるが、筆者は碓氷《うすい》峠から関東平野に降りて、初めて船で渡る川、すなはち刀禰《とね》（とね＝船頭）が渡す川なので刀禰川《とねがわ》だろうと思っている。古い東海道は、この関東中央の大湿地帯を避けて、はるか南の三浦半島から房総半島に渡り、終点の常陸《ひたち》の国（茨城県）へと向かっていた。ヤマトタケルの東征の話もこのルートである。

武蔵《むさし》国（東京都、埼玉県、横浜市）は、今でこそ日本国の中心であるが、往古は東山道と東海道との間に広がる行き止まりの草原台地の国であった。武蔵の語源は不明で、草が生えてむさ苦しい国とか、草が胸を刺す胸刺《ムサシ》国とか、いろいろな説がある。サシとは焼き畑を表す古語なので、「サシ上《かみ》」が相模《サガミ》、「下《しも》サシ」が武蔵《むさし》になったと本居宣長はいう。これも筆者の考えでは「水鎖《みさ》し」（ミサシ）で、「この草原を行くと大湿地帯で行き止まり。先へは行けませんよ」ということを表す地名だと思う。ミチノオクの国がムツ（陸奥）に変化したように、ミがムに変化したのだと考えている。それで相模は水鎖上（ミサカミ）ということになる。

しかし通過困難なこの大湿地帯の中にも、海岸沿いに発達した砂州と自然堤防を伝って下総《しもうさ》台地まで達するルートがあった。後の東海道の母体である。

関東の陸路（横）と水路（縦）との交差点・浅草砂州

海岸線の後退と、満ち潮や河川群の運ぶ土砂により、南千住あたりの利根川の湾曲点から現在の浅草、秋葉原方向へ向けて西南方向に伸びる長い砂州が現れた。砂地なので草も浅くしか生えない。それで浅草。ここを「浅草砂州」と名付けよう。ここは隅田川右岸の自然堤防でもある。浅草砂州の先端の墨田から左岸の自然堤防砂州へと渡る。現在スカイツリーが立っているところだ。この自然堤防砂州上を行くと、利根川河口の大湿地帯の中に「亀成《な》し」という亀の形を成《な》した堆積丘《たいせききゅう》がある。「亀無し」と書かれ、ついで縁起をかついで「亀有《かめあり》」に変えられた。漫画で有名である。その次の堆積丘の島は、川又《かわまた》（デルタ）の部分に発達したので「島又《しままた》」。これが「柴又」。こちらは帝釈天《たいしゃくてん》と寅さんで有名である。ここから今の江戸川を下総台地へと渡るところが「矢切の渡し」。ここは要衝なので、防衛施設の「矢切り」のことかとも思うが、単に「よぎる」で「湿地帯を横切る出発点」の意味かも知れない。

　このルートは奈良時代後期になると正式な東海道に昇格した。それまでの三浦半島――房総半島を結ぶ海のルートは脇街道に格下げになった。この新東海道は、当初は上記の自然堤防と堆積丘《たいせききゅう》を縫っていたと思われるが、更級《さらしな》日記をみると、平安時代にはすでに大湿地帯を貫く一直線の官道に作られている。まだところどころぬかるんでいたのではなかろうか。律令時代の官道は、沿線の土地割り、条里の基準線を兼ねるので、多少無理をしても一直線に引いて作るものである。

「話に聞く武蔵野は少しも風情《ふぜい》がない」と悪口を言いながらここを行くのは都へ帰る国司のお嬢様「菅原孝標女《すがわらのたかすえのむすめ》」当年十三歳である。一帯は水の淀《よど》んだ大沼沢《しょうたく》地で、武蔵野ではない。風情には乏しかろうと思う。恋にあこがれる文学少女が間違えて腹を立てているだけなのだ。一行は大きな川にさしかかると車を船に乗せて渡っている。その他以降の軍記物を読むと、この大湿地帯を歩いて渡ったり、船橋を作って進撃したりしている。それぞれの時代や季節により水位が違うようだ。

　このように浅草砂州は関東平野の東西を結ぶ渡し場であるが、同時に網の目のように広がる関東内陸河川水路の出発点でもある。陸路と水路が交差するところには、都市が発生する。我が国では、下関や函館《はこだて》、大坂。中国では、黄河の渡し場としての洛陽。西欧ではフランスのパリ、オランダ。東欧のイスタンブールは、欧州とアジアを結ぶ陸路の渡し場で、同時に黒海とエーゲ海とを結ぶ水路上に位置している。近くの古代都市、シュリーマンが神話を読んで発掘したトロイも同じ性格の都市だったろう。これらの中で浅草は、外海航路から河川航路への接続点なので、ライン川河口のオランダの諸都市や、アメリカのミシシッピ川河口の町ニューオリンズに似ている。関東平野のヘソというか、最初に市《いち》が立つ場所なのだ。ここ関東のニューオリンズ・浅草に住んでいた檜前《ひのくま》兄弟が網を入れたら魚の代わりに観音様がかかった。それで浅草寺を作ったという。漁業では寺は建つまい。檜前《ひのくま》氏は帰化人なので、華僑のように浅草で商業に励んでいたものだろう。

江戸とはどこか

浅草湊《みなと》は、砂州の上の川湊なので、関西・伊勢方面から来る大型航洋船は、下田、浦賀、品川を経由して、浅草手前の日比谷湊と江戸湊に係留されたと思われる。ここからは荷を川船に積み替えて、利根川水系を遡っただろう。「湊《みなと》」とは浜みなとで、主に陸上の町の部分をいい、「港」とは波止場・接岸設備を備えたみなとで主に港内を指す。以下本稿では、外航船の泊地には、なるべく「港」の字を使っていきたい。

菊池山哉《さんさい》著の『五百年前の東京』には浅草の古名は「浅草外島《としま》」で、これが郡名の豊島《としま》に変じたのだろうと書かれてある。なるほど交通の要衝である浅草外島が豊島郡の中心地であるのが自然である。また、向こう岸に渡るための渡島《としま》ともいえる。しかし海上からみたとき、このような砂州の島が利根

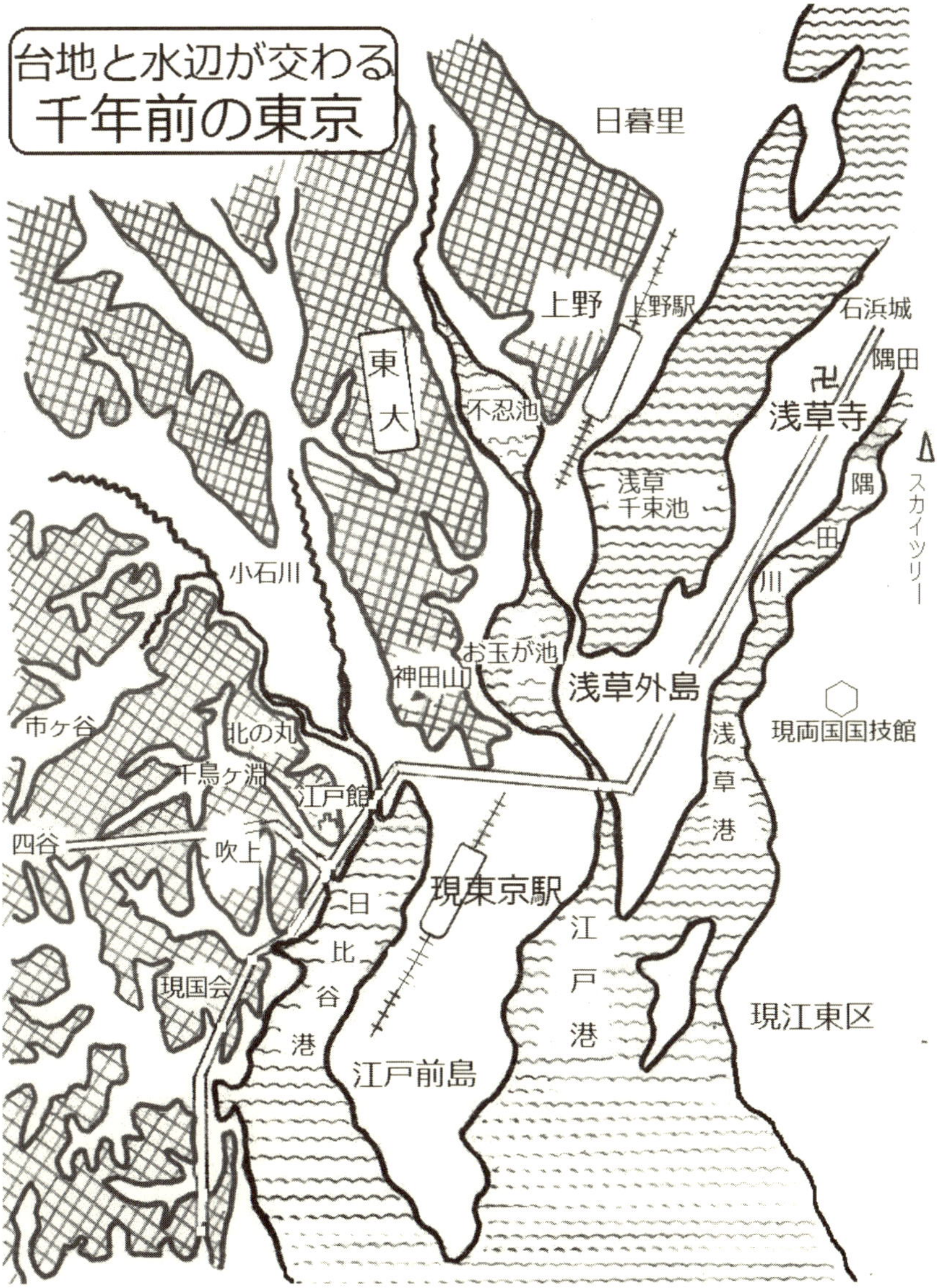

『縄文と江戸の地勢図』等から作図

川水系の入り口に塞がっていれば、地名は普通は「戸島」である。そうすると江戸とは「江戸島」の略で、浅草砂州のことではなかろうか。江戸とは浅草である――ということになる。現実にはこの浅草湊に日比谷港と江戸港の双子の外港を併せたものが、広義の「江戸」となるだろう。浅草が島であった頃は、島の裏側から利根川水系へも入ることができた。北から流れてくる旧石神井《しゃくじい》川の河口が不忍《しのばず》の池。篠竹《しのだけ》で輪のように囲まれていて、それで篠輪津《しのわ》。これがシノバズになまったのだという。ここシノバズから日本橋にかけての河口部分が狭義の江戸港《みなと》だということになる。隣の日比谷港《みなと》は、西方の武蔵野台地の縁《ふち》に沿って流れてくる平川の河口港である。

この日比谷港と江戸港は江戸幕府により道三堀でつなげられた。軍港と商港に機能を分けたのだともいう。大陸・遼東半島の旅順（軍港）と大連（商港）の双子港みたいである。その後、日比谷入江の方を埋めたのは、①浅かったから。いや、②城下に商船が入ってくるのを嫌ったため。いやいや③南蛮船の艦砲射撃を恐れたのだとの説まである。直接の理由は、「本郷台地と神田山を切り崩しての外堀工事と駿河台の造成。これにより生じる大量の土砂の処分と利用」である。

いろいろ考えて、港は少し離れた江戸港だけで十分、本丸直下には港より武家屋敷用地の方が必要と考えたのだろう。この江戸港も後には埋め立てられたが、関東大震災で壊滅して築地に移るまでは日本橋の河岸《かし》として機能していた。まとめると以下のようになる。

○狭義の江戸湊《みなと》　旧石神井川河口。今の不忍池――日本橋あたりにあった入江。
○広義の江戸　江戸湊に日比谷湊（今の日比谷）と浅草湊を加えた三湊の総称。
○江戸の語源　江戸島→戸島→外島→浅草外島（豊島）→浅草。浅草のことになる。

普通、まっすぐな海岸に川が流れ込んだら、河口は三角州を作りながらふくらんでいく。これが自然な姿である。その点、日本の川は入江の一番奥に注いでいることが多く、不自然である。これは溺《おぼ》れ谷の証拠で、実は谷間はまだ海中に続いているのだ。もとが深い谷なので、たいていは天然の良港となるのだが、江戸港、日比谷港共に堆積が進んでいる。品川（目黒川）の河口が品川港。近代では遠浅とされるが、小型和船の時代には、海中に深い谷が続く、このあたり一番の良港であった。渋谷川は小さいが、その昔は入江と河口港を持っていた。そばにそびえる巨大古墳・芝丸山古墳がそれを証明している。

豊島（戸島）郡の主要な五つの郷については、豊島区史に書かれてある推定場所に従って地名を解いてみる。湯島は本郷あたり。これは斎島と読めば神を祭《ゆ》るところだ。荒墓《あらはか》郷は、上野公園あたり。墓がキの当て字なら新墾《あらき》。上流の王子で流れを落とされ、枯れ川となった石神井《しゃくじい》川の河床の開拓も考えられる。もちろん古墳跡があれば字義通りの新墓《あらはか》でもよい。広岡郷は、練馬――板橋付近で、字義通り武蔵野台地の広い丘。日頭《ひのと》郷は、早稲田――茗荷谷《みょうがだに》付近。これは「樋《ひ》の戸」で、上流部にある用水路の取り入れ口だと思う。占方《うらかた》郷は神田駿河台あたり。浦方と読めば浅草港か江戸港で、ここいらが本来の郡の中心である。

広岡、日頭《ひのと》の二つの郷は広大な武蔵野台地上に位置するようだが、湯島、荒墓、占方の三つの郷は浅草島近辺に集中している。平安時代に宿場町はないのであるが、このあたりの家々には後世の宿場の機能があったと思う。なんといっても関東平野の東西南北を結ぶ交差点だから。実際の郡衙《ぐんが》（郡を治める役所）は、北方の、王子に近い滝野川地区であるが、当初はここらあたりの水辺の郷に置かれていたと考えている。

太田道灌《どうかん》と彼の兵法

江戸城を築いた太田道灌《どうかん》は室町時代中期の武将である。関東を支配する関東管領《かんれい》上杉家のうち、扇谷《おうぎがやつ》上杉家の家宰《かさい》で、武蔵の国の守護代。家宰とは江戸時代でいえば筆頭家老をさらに重くしたような要職である。文武兼備の勇将にして築城の名人。彼の築いた江戸城は田舎の城ながら日本の城造りの一大エポックとされている。二十四歳のときに関東の大乱・享徳《きょうとく》の乱が始まった。彼は混乱の中に続く負け戦の中から道灌兵法という独自の軍法を作り出した。それ以後生涯負け知らずで、主家・扇谷上杉家を支え続ける。しかし、彼の力を恐れた主家・扇谷上杉家からだまし討ちに会い悲劇的な最期をとげた。

道灌兵法とは足軽兵法だといわれる。普通足軽といえば戦国時代の農民兵である。それで戦いも主に農閑期に行われる。そして戦国後期には、信長・秀吉にみられるような兵農分離が始まり、城下町に住む専業の足軽部隊が登場する。戦国後期どころか戦国時代も始まっていないのに、すでに道灌は専業の足軽兵を持っている。募兵《ぼへい》制で、常に訓練を怠《おこた》らず、四六時中、城内に待機してすぐに戦場へ赴《おもむ》ける。信長・秀吉の足軽とは違い、必要な時には馬にも乗る機動性と高い練度を持っている。彼の軍団は、戦いのプロ集団であり、足軽機動部隊といえる。このシステムが道灌の連戦連勝の秘密である。

この時代の豪族や守護大名が戦うときには、まず陣触れをして、支配下の農村から騎乗の武士と従兵が集まってくるのを待つ。ある程度集合したところで引率して戦場に赴《おもむ》く。運動会の騎馬戦そのものである。室町時代の農村は、現代社会のように土地の権利関係が複雑で、領主がすべてを支配する「一円知行」にはまだ遠い。それで戦国大名のような強力な指揮権はない。集まりは悪いし、遅いし、形勢が悪ければ勝手に自分の荘園村に引きあげる。いわゆる烏合《うごう》の衆である。その点、道灌の足軽機動部隊は、即決速攻が出来る。勇将のもと、有機的な組織として戦う。信長・秀吉の軍を超えて現代の軍隊に近い。これでは負けるはずもなかろう。

兵は近在の農村や港《みなと》の傭兵《ようへい》市場から集め、常に三百以上。いくさの合間は工兵となって城や街道を作る。この姿はローマ兵に似ている。ローマ軍は土木工事の名人で、築城、攻城兵器作り、包囲陣の設計施工、どれも見事である。特に街道作りの完成には、戦いの勝利と同じ栄誉が与えられた。すべての道はローマに続くが、これはローマ兵が作ったからだ。太田道灌の軍団も築城だけではなく、街道建設からおそらく河川工事まで行うゼネコン（鹿島建設や間組《はざまぐみ》のような総合建設業）としての性格を持っていた訳で、いい城や道路が出来るはずである。

この常備軍の体制を可能にしたのは、戦国の織田家にあっては濃尾《のうび》地方一番の貿易港であった津島港《みなと》からあがる税収が大きかったという。関東では従来から、上方からの大型商船は主に伊勢から船出して品川港《みなと》に入っていた。この港は鎌倉幕府のドル箱だったので、品川館に住む太田道灌は、ごく自然に募兵が出来る資力を持っていた。本拠地を東北方向に進めるにあたっては、当然、日比谷、江戸、浅草の三つの港《みなと》の完全な掌握《しょうあく》と徴税を考えていただろう。

太田道灌《どうかん》の築城地選び

室町時代というものは、前半が南北朝の争乱で後半が戦国時代。その中間のわずか七十年ほどが平和な時代であった。この貴重な平和な時代に、関東ではすでに大乱勃発。西の関東管領側と東の古河公方側に分かれてにらみ合っていた。管領側・扇谷《おうぎがやつ》上杉の家宰《かさい》である太田道灌の直接の対戦相手は、浅草砂州対岸の千葉氏である。浅草砂州の北東端の石浜城を修築し、最前線の砦とする。同時に浅草砂州に向き合う武蔵野台地の台地端に本城を築いて、東からこの天然の陸橋を渡ってくる敵軍を完全にシャットアウトすることが必要だ。かつての源平時代、万余の兵を持つ関東の大豪族たちを上から目線で支配していた源頼朝《みなもとよりとも》も、江戸氏に対してだけは「関東一の大福長者」とお世辞をいっていた。これは江戸館が、浅草砂州という関東の東西を結ぶ陸橋の番所になっていて、当時から富を蓄えていたからだと思う。

この江戸館に連なる武蔵野台地はずれの丘は、どこも自然の崖と掘を複雑に備え、築城に適している。候補地は、北から順に、①上野の台地、②駿河台にそびえていた神田山、③江戸館のある現在の皇居東御苑、④その隣りの西の丸（皇居）もよい。近世の感覚ならば、①の上野の丘が一番の築城適地である。旧石神井川の川筋により武蔵野台地から切り離された独立台地で、広大な関東平野を崖の上から広く望むことが出来、浅草の町も城下に取り込める。しかしこの時代には、上野から眺める広野は、ほとんどが湿地で、浅草との間にも深いラグーン（潟湖）が広がっていた。浅草洗足池《せんぞくいけ》がその名残だという。つまり上野に城を築いても、浅草砂州の上を一直線に攻めてくるであろう千葉氏の軍勢を防げない。素通りされてしまう。

②の神田山は今は削平されて駿河台となった。ここは、浅草、日比谷、江戸の三つの港《みなと》を直接抑え、武蔵野台地の縁《ふち》を伝って、岩槻《いわつき》城、川越城（扇谷氏の本拠）とつながる強力な防衛ラインが築ける場所だ。筆者もここが一番よいと思う。太田道灌もここに決めて縄張り（実地設計）にも取りかかっていた。しかし途中でやめた。どうしてだろうか。

多分、平川南側の③の江戸氏の館、もしくは館跡の存在が問題だったのだろう。この時期の江戸氏は実質滅んだ状態とはいえ、腐っても鯛である。関東の名流・秩父《ちちぶ》平氏で、一族は一帯に多い。もし再興の約束のもと江戸館の地に敵方の旗が立つようなことになったら、太田道灌は、本拠地・品川館や鎌倉、武蔵国府（府中）との連絡を断たれてしまう。

結局、道灌は神田山への築城を取りやめ、代わりに江戸館の地を完全に江戸氏から取り上げ、道灌流に築き直した。これには江戸氏一族の精神的基盤を奪う意味もあっただろう。以下に道灌の築城目的を整理してみる。

①浅草砂州の根元に築城することで、千葉氏の西進を防ぐ。
②武蔵野台地沿いに岩槻——川越道を作ることで、古河公方《こがくぼう》方に向け、扇状の防衛線を築く。
③浅草、日比谷、江戸の三港《みなと》を、品川港《みなと》に引き続いて栄えさせ、税収を握る。
④江戸氏一族の再興を事前に押さえ込む。

①②③のために神田山に築きたかったが、④を重要視して現在地点に変更したということになる。

江戸城の建つ荏原郡《えばらぐん》の地相

皇居・東御苑《ぎょえん》（今の本丸）はその昔の荏原郡《えばらぐん》。微妙にうねる大手の三重の堀はどれも昔の平川の川筋で、二の丸、三の丸は中州を整形して作ったものだ。対岸の丸の内のビル群は昔の豊島郡である。平川は今は神田川という名の外堀となって隅田川に合流しているが、その昔は水量豊かな郡境の大河で、江戸城は当初から郡境に築かれた「境目《さかいめ》の城」だった。

もともとあった深い崖谷を生かした皇居のお堀

武蔵野の大草原は海に近づくにつれて樹枝状の細かい谷に刻まれ、多くの舌状《ぜつじょう》台地に別れてゆく。舌というよりヤツデの葉っぱのようだ。ここ「荏原郡」は日本国六百余郡の中で、我が国の中心地として江戸城や皇居が置かれた「選ばれし郡」である。荏原とは、帰化人が作った荏胡麻《えごま》油のプランテーションだとの説がある。朝廷に油を納めた記録も残っている。いや入り江と野原を表す「江原」であるとの説も有力だ。筆者の考えでは「枝原《えはら》」。武蔵野の広大な野原から尾根筋をそのまま下ってきたら複雑に分岐した野原となるから。縁原《えはら》郡と記されている史料もある。

この複雑に刻まれた谷の側面は、太古の海面上昇の時代、波に削られ海食崖《かいしょくがい》となった。やがて海岸線が沖に後退すると、複雑に入り組んだ垂直の崖谷が並ぶ海岸となった。古くなった鏡餅にひびが入ったような地形だ。ヒは一字で裂け目を表す。間《ま》とはエリア。隙《ひま》とは本来は地形語であるが、時間に応用されて「暇《ひま》」として使われている。日比谷とはヒマに同じく、ヒビ+ヤでヒビの多く入った谷地形を表す地名だと思う。一般には、日比谷とは海苔《のり》ひびの養殖施設からきたといわれているが、海苔《のり》養殖は近世からである。江戸城内の多くの堀は、もともとひびの入ったような谷だったのだ。蓮池堀や道灌堀、千鳥ヶ淵などはこの谷を堰き止めて水堀にしたものである。

この立ち並ぶ崖の列を上野から品川まで歩いて確かめてみた。近世の江戸、近代の東京の発展に伴い、ほとんどが埋め立てのために掘り崩されていたが、江戸城や愛宕山《あたごやま》周辺には、はっきりと当時の険しい姿を残していた。写真は皇居正門の伏見櫓前の堀であるが、ここも元から吊り橋が似合うような絶壁の谷だった。それで橋を二段重ねに造ることで高さの問題を解決した。今、二重橋と呼ぶのはその名残である。

愛宕山も台地の先端で築城の適地ではあるが城郭を構えるには狭すぎる。砦程度ならばちょうどよいだろう。ここは急傾斜の階段で有名な神社である。将軍家光の時代、馬術の名人・曲垣《まがき》平九郎が乗馬での駈け登りを成功させた。馬になったつもりで駈け登ってみたが七合目でダウンした。麒麟《きりん》も老いれば駑馬《どば》に劣る――といいたいところであるが、筆者は生まれながらの駑馬である。

険しい崖の姿を残す愛宕神社の急階段

写真は、登り切ったところから撮影したもの。恐怖を感じるほどの角度だ。愛宕神社の階段が急なのは、皇居と同じく武蔵野台地の末端の海食崖《かいしょくがい》だからである。ここは江戸城の城壁角度を体で感じることのできる場所である。

道灌《どうかん》江戸城の姿を考える

太田道灌が、この地にどのように中世江戸城を築いたのか、史料をもとに、伝承も加え、城郭史上重要でありながらその姿が分からない中世江戸城の姿を考えてみよう。史料としては、京都の学僧たち、正宗竜統《しょうじゅうりゅうとう》他五名による『寄題江戸城静勝軒詩序』や暮樵得公《ぼしょうとくよう》による『左金吾源太夫江亭記《こうていき》』がある。要約すると以下の通り。

・江戸湊《みなと》には国内外の産物が集まり栄えている。傭兵《ようへい》市場もある。品川湊から人家が続いていて、浅草の巨殿宝坊も見える。

その九年後の文明十七年（一四八五）十月、京都の学者、万里集九《ばんりしゅうく》が江戸城に招かれ『静勝軒《じょうしょうけん》銘詩並《ならびに》序』が壁に掲げられた。内容は以下の通り。

・「その塁営の形を為すや、子城、中城、外城と三重にして、二五ほどの石門有り。崖高くして下に地無し」（下が見えないほどだ）。
・「城営の中に静勝軒《じょうしょうけん》有り、西を含雪《がんせつ》――東は泊船《はくせん》と為《な》す」（西は富士山、東は港《みなと》の景色を一望できる）
・薬書、兵書、史伝小説その他、数多くの本が集められ、太田家の歌集も貯えてある。
・城内に軍隊が常駐。毎日数百人が訓練に励む。弓馬の成績で上中下に分けている。怠けた者から罰金を取り、茶菓代にあてる。月に三回ほど大演習があり、軍令は厳しい。
・城下は繁華な町で、城門前の市場では、城内で育てた農産物を売ることもできる。

どちらの史料文も新築祝いの類《たぐい》なので、漢文独特の過剰な修辞と共に引き算して考えなければならない。この当時の豪族は、麓の館と裏山の砦の二つをセットで持っている。このような時代にあって、太田道灌の城は一風変わっている。天然の城壁、高橋、攻防に適した土手と門、後の天守閣のような高楼もある。城内に、演習場、農場、兵営、図書館を持ち、貨幣経済にも対応している。

江戸城における子城、中城、外城の位置については議論百出、結局、場所も機能も分からないというのが結論だ。漢文では、子城は「ねのしろ」と読んで本丸の意味だと多くの本に書かれてあるが本当だろうか。中国での城の概念は四角形の都城の囲いを指すもので、かの国に本丸や二の丸の概念はなかろう。万里集九《ばんりしゅうく》は単に根城《ねじろ》を子城《ねのしろ》と漢文調に詠んだだけだと思う。根城とは山麓の館のことだが、関東の平野地帯では台地上の館も根城という。そして回りに増えていった郭《くるわ》のなかで中心をなす郭を中城《なか》ということが多い。

道灌江戸城については上記のように驚くほど多くの史料が残されているのだが、どれも京都の学僧たちの美辞麗句ばかりで実際の姿が分からない。慣れぬ漢文に目をさらしても、城は堅固で、三重の郭に多少の独立性があったことくらいしか分からない。高僧たちの長大な名文より、お粗末でもいいから普通の人が書いた挿絵付きの説明文が欲しかった。築城は一四五六年から二年間というが、道灌の兵は工兵も兼ねるので、築城工事は生涯を通じて続けられたと思う。

次の時代の史料は百年後に徳川家康が入城（一五九〇）してからのものになる。『石川正西聞見集』『岩淵夜話別集』『落穂集』などがある。これらによると、本丸のほかに二つの曲輪。それらを分かつ幅十間の空堀《からぼり》。建物はひどく傷んでいると書かれている。大手門はのちの百人番所の所。現三の丸には土居が築かれていた。東側は汐入で一面の茅原、西側は萱原が武蔵野へ果てしなく続く。それで現西の丸も野原や畑だった。この他、汐見門がかつての大手であったとの伝承もある。

さて、天守閣のさきがけとして多くの関東の城に影響を与えた道灌自慢の静勝軒はどこだろうか。

八方正面の櫓で文芸趣味の楼閣、富士も浅草も筑波も見える景勝の地とくれば、逆三角形状の本丸台地の南部尖端、今の富士見櫓の場所しか考えられない。今もここにそびえる富士見櫓は長く江戸城の天守閣代わりであった（写真）。静勝軒造営の目的のひとつには、長くこの地の主であった江戸氏の色を消し、道灌色に変える意味もあったのだろう。道灌はここで名高い歌を詠んでいる。

『我が庵《いお》は松原続き海近く　富士の高嶺《たかね》を軒端《のきば》にぞ見る』

台地の突端に聳える富士見櫓

この歌から、楼閣の下は松原が続く浜であったことが分かる。この楼閣の地を主郭として台地を分割する空掘は通常、通路を兼ねるように造る。横矢掛けの便のためである。それでほぼ今と同じコースに堀を兼ねた大手道があったと思う。堀の向こうに二の郭をつくり、本丸台地中央部から二重に守る。この本丸台地中央部が、かつての江戸氏の屋敷が置かれていた場所だと思う。根拠は、源頼朝も関東一の豪族と褒めるくらいなので、最低でも方二町（約二百メートル四方）の屋敷が必要なこと。富士見櫓あたりは険阻《けんそ》ではあるが狭くて、一般の地頭《じとう》と同じ一町屋敷しかとれない。古代豪族の威光と力は、後の時代の城にみられる細かい造作設計より堂々とした館の結構と門構えにこそある。神代から続く家柄の国造《くにのみやつこ》か都の平安貴族の屋敷のようにあらねばならない。おそらく江戸氏の館は後の主殿《しゅでん》造りを思わせる広壮な造りで、正門・汐見《しおみ》門からは東に広がる広野と浦々を見渡すことができたと思う。汐見門が江戸城の元々の大手であるという話は、この江

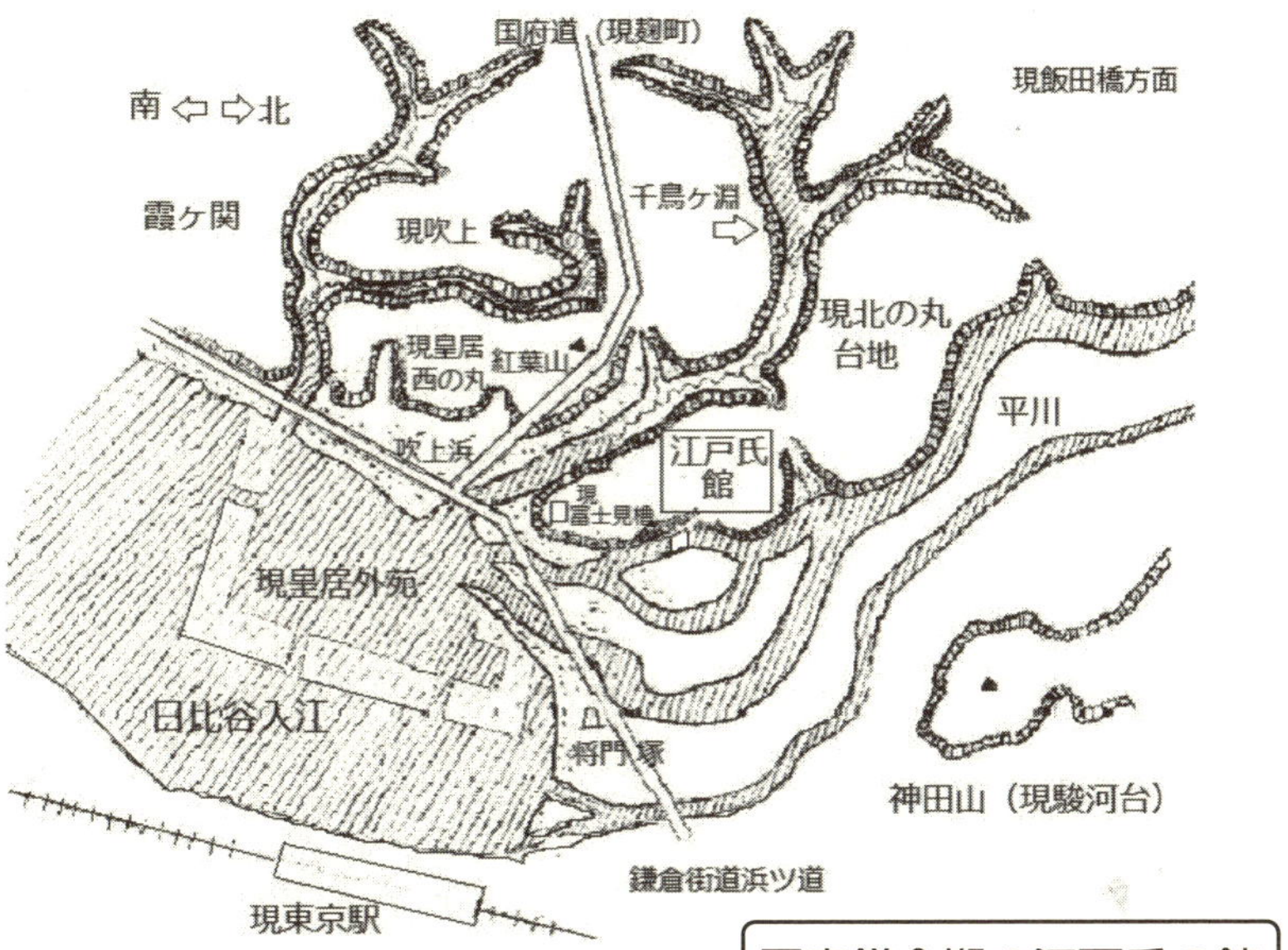

平安鎌倉期の江戸氏の館

戸館の記憶からだと考える。その根拠は、この門が空堀を利用できない本丸台地の一番幅が広い場所にあること。つまり城門設計の場所としてはあまりに堂々とした場所にあるからだ。江戸氏の館の位置については、西の丸（現皇居）説や浅草説、神田説もあるが、まずはここ本丸・東御苑だとされている。堀については北の丸台地と本丸台地を結ぶ地峡部に簡単な屋敷堀があったくらいだと思う。

太田道灌はこの平安鎌倉風の大豪族屋敷を一足飛びに近世城郭に改造したと考える。一番険阻な南端の富士見櫓付近を新たに本丸・根城に選び、二の郭を挟んで江戸氏館のあった台地中央とつなぐ。一番広く高いここが三百の常備兵が置かれた中城だと思う。汐見門はそのまま中城の大手として平川の中州への降り口とする。平川は流れを今の日本橋川に付け替えて流量を減らし安全性を高めた上で二つの中州に土居を築き、外城として城郭化したと思う。根拠は、

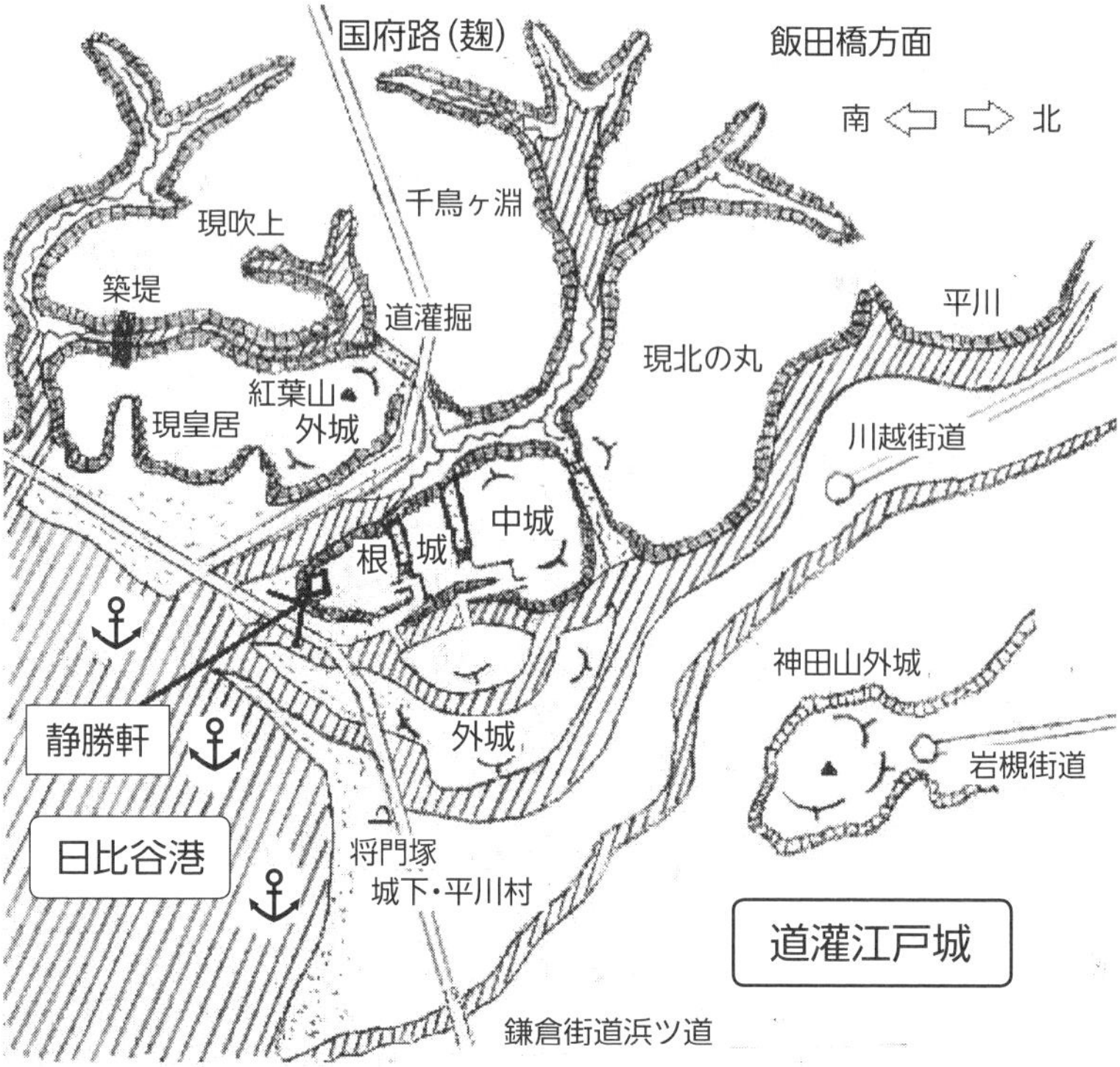

家康入城のときにすでに土居が築造されていたことと、千代田城という名称からだ。千代とは河川の城を意味している。これについては後で述べたい。外側の中州の南端は日比谷港《みなと》に接し鎌倉街道浜ツ道も通り、漁民も集住して賑わっていたと思う。この平川の河川付け替え工事には道灌時代説と家康時代説とがある。近世の築城には多く河川工事を伴う。本書の一章から四章までの城もすべて築城工事に河川工事を伴っている。道灌の時代先取りの築城術をみるとき、河川工事をしないという方が考えられない。

証拠の残っていない河川工事と違い、岩槻《いわつき》道つくりは確実に道灌の仕事だ。神田山を末端とする北から伸びる台地の縁《ふち》は、岩槻城、川越城につながるので、街道を通すことで、扇谷上杉氏の防衛線が形作れる。しかし敵側がこの岩槻道を奪って神田山に陣を敷くと、江戸城はともかく、平川対岸の城下三港の支配権を奪われる。この日比谷、江戸、浅草の三つの豊かな港からの税収を確保するためにも神田山に砦の築造はぜひとも必要。ゆえに神田山砦の築造は、岩槻道つくりとセットで行われなければならない。近世の城は、城下に侍屋敷を置き、外郭に商業町を取り込む。道灌の中世江戸城は、城内に兵営・侍屋敷と練兵場を置き、繁華な港町については、これを支城と砦で囲い込む形を取ったと思われる。

次に城内はどの程度の広さだったろうか。普通の中世の館と違い、三百の常備兵と家族を収容する兵舎、菜園と馬場・演習場まで城内に取り入れているので、最低でも通常の地頭屋敷の十倍、三万坪以上が必要である。現在の本丸、二の丸、三の丸は合計で十万坪であるが、土居の斜面分と河道面積の多い中世では半分の五万坪程度になる。十分余裕もありそうだ。演習場は今の三の丸かと思うが、当時は城外の北の丸や西の丸も人家の少ない草原台地なので、格好の演習場だったと思う。次に伝承を検討してみよう。

> 伝承①　沿岸を道灌が航行していたところ、コノシロという魚が船の中に飛び込んできた。それでそこに城を築いた。
> （関八州古戦録）

ただの作り話だろうが、それでも東京湾に湾内航路があって、それを品川館の道灌がある程度、押さえていたことが分かる。あの小さな三浦半島の三浦氏が歴史上大きな力を持っていたのは東京湾の航路権を握っていたからだろう。近代では日本海軍の根拠地。今は米海軍の根拠地である。下田からこの浦賀。そして品川、江戸浅草、船橋、千葉、木更津——と、湾内には栄えた港が並んでいる。千葉の語源には諸説あるが、筆者の地名学では港の意味だと思う。千葉は船場の佳字による当て字だと思うから。港＝船場《せんば》→千葉《せんば》→千葉《ちば》

伝承②　道灌が縄張り（城の実地設計）を行ったところ、内部に祝田《いわいだ》村、千代田村、宝田村の三つの村があって、そのめでたい地名に喜んだ。

伝承③　道灌時代の江戸城は、長く千代田城と呼ばれていた。

地名からみて水田が多かったのだとか、単なる作り話だとか、鎌倉時代からの警察業を失職して言《こと》祝《ほ》ぎ業になった芸人村があったのだ——等の説がある。

語尾に「田」が付いているから水田地帯だというのはあまりにも安直な考えである。この辺り一帯は、海食台の上に出来た砂浜なので、痩せた土地だ。田はめでたい字（佳字）なので、別に水田がなくても、願いとして語尾に付けることが地名には多い。そこで田を飾り文字と考えてはずすと、江戸城内の元の地名は「千代」「宝」「祝」となる。これを地形古語に変換すると、「川内」「高ラ」「岩井」になる。ラは場所を示す接尾語、岩と石は同義、井とは小川のことである。「千代《ちよ》」は以下に述べるように「川内《かわち》」と同義である。川内は重要な地形古語なので少し触れてみたい。今は米の稔りのいい川筋をいうが、大昔は、カワウチ、カワチと聞けば、そこにキャンプを張ってはいけない、危険な氾濫《はんらん》原《げん》であるということを教える地名である。川内をセンダイと音読みして佳字（目出たい字）を当てると

大手堀に姿を変えた郡境を流れる平川

「千代《ちよ》」になる。鹿児島の川内はセンダイと読むが、四国の高知は川内に佳字をあてたものだ。高知城とは川内《かわち》城のことである。東北の仙台も、元の地名は川内。仙台城は青葉山に築かれたがこれは後付けの山名だ。おそらく元の名前は川内山だと思う。それで東京の千代田も、地形の基本用語である川内。平川の氾濫原《はんらんげん》だといえる。以上をまとめて一句。

『千代田城　仙台・高知、みな川内《かわち》』

千代すなはち川内地区の具体的な場所は、現在の二の丸、三の丸周辺。つまり平川堀――大手堀あたりの皇居正面である。次に「宝」。宝とは佳字なので本来の字は、高ラ、あるいは高イラ、高ヒラ。ラは場所を指すので、地形古語では「高いところ」の意味である。今の本丸・東御苑《ぎょえん》から北の丸にかけての崖上地区を指す地名だと考えられる。痩《や》せた台地上に人家はあまりなかっただろう。ヒラとは古語で崖のこと。平川を現代語に直せば崖《がけ》川となる。台地の崖裾《がけすそ》を洗って流れていたのだろう。平地の川ばかりの関東平野で、崖沿いを流れている川を見れば古代人はごく自然にヒラ川と呼ぶのだ。上の写真は平川堀に続く大手堀と大手門。これを見て、豊島郡と荏原郡の群境を豊かに流れていた大昔の平川河口を想像して欲しい。

この河口中州に造られた郭《くるわ》が、外城・千代田郭《くるわ》だと考える。大田道灌は好んで千代田城の呼称を使っていた。江戸氏を追い出しておいて江戸城主を名乗るのは格好が悪いからだろう。それで全く新規に築城した千代田郭《くるわ》の方を城名に使ったものだと思う。外城《とじょう》はこの中州の城の他にもうひとつ。城下町と城下三港を守る神田山砦。そして、後期には西側の紅葉《もみじ》山砦も加え、合計三つあったと考えている。

将門伝説と地名

残る「祝田《いわいだ》」と、城外地区の「神田」「桜田」の地名はどうだろうか。地形古語に変換すると、「祝い」は「岩井」の佳字で、直訳すると「石川」の意味になる。祝田の地名の残る皇居外苑《がいえん》あたりの原地形は、今の皇居・西の丸の丘陵部全体を含めて「吹上浜《ふきあげはま》」の地形である。現在の吹上は、奥の方にかつての地名が取り残されたものだろう。西の丸の丘の裏から、道灌堀、桜田堀となったふたつの川筋（井）が出てくるが、吹上浜に注ぐ小川なので、石川（岩井→祝い）より浜川（浜井）の方がふさわしい。

ここで将門《まさかど》伝説が考えられる。「祝い」という地名は、関東の英雄・平将門《たいらのまさかど》の本拠地「岩井」と関係あるのではなかろうか。平将門は武士のおこりとされている。関東の人々のために立ち上がり、独立国を築き新皇《しんのう》を称した。そして、同じ関東の武士・藤原秀郷《ひでさと》と従兄弟《いとこ》の平貞盛から滅ぼされた。京都にさらされた彼の首は故郷めざして飛んでいき、後の世の江戸城大手門前、千代田区大手町一丁目一番地一号の地に落ち、将門塚となったという。

将門伝説といえば一に秩父。二に千葉市、佐倉市近辺。三に、ここ東京都心だ。神田明神の隠された祭神は平将門である。将門が都を作ろうとした岩井の中心地を神田という。将門の体もそこに葬られているそうで、どうも母の実家・犬飼家の霊廟の地のようである。

将門の残党伝説が秩父に一番多いのはよく分かる。叔父・平良文《よしぶみ》の本拠地で山深い。将門の娘が嫁いだので女系の直系にもなる。平良文は武蔵の国一番の武士で、将門の乱の間はずっと中立。――ということは好意的だったということである。良文の当初の根拠地は千葉。関東を上州境まで開拓に努め、最後は秩父を根拠地にした。秩父は山奥であるが、大昔から鉱業の中心地。最古の貨幣といわれた和同開珎《わどうかいほう》もここで作られた。関東の大豪族が本拠地にしてもおかしくない地である。チブとは古語で家のことなので、チチブとは千《ち》＋家《チブ》。山の中なのに「家がたくさんあるところ」という意味だと思う。秩父平氏は、将門を破った常陸《ひたち》平氏（貞盛の弟）とも仲が悪かった。将門の残党の保護は秩父が一番安全である。江戸地区は、国境の渡し場を越えた安全な武蔵の国側なので、将門の残兵が秩父まで行かずここに土着したことも十分考えられる。

平良文は、承平天慶の乱の後、板東《ばんどう》平氏の「氏《うじ》の長者」格として、上総、下総、常陸に拡がる旧平氏領を結構回収したのではなかろうか。同じく武蔵の大豪族・武芝《たけしば》は、武蔵国の一の宮・氷川神社の祭祀権を持つ国一番の名門である。その昔の大河ドラマでは、田舎親父のような風体で出ていたが、衣冠束帯《いかんそくたい》が似合う家柄である。彼は将門には強い恩がある。将門の残党はこの二人を頼る。この二人は武蔵の国で庇護する。さしあたってどこに難民キャンプを設営するか。まずは街道筋・入国場所の江戸の地である。要衝でありながらも当時の大河の流域は葦が茂り、いざというときの隠れ家も豊富であった。将門も脚気《かっけ》にかかって戦いに敗れたときは、鬼怒・小貝川下流の「広河の江」に長く隠れ

江戸城周辺地名の変遷の推定

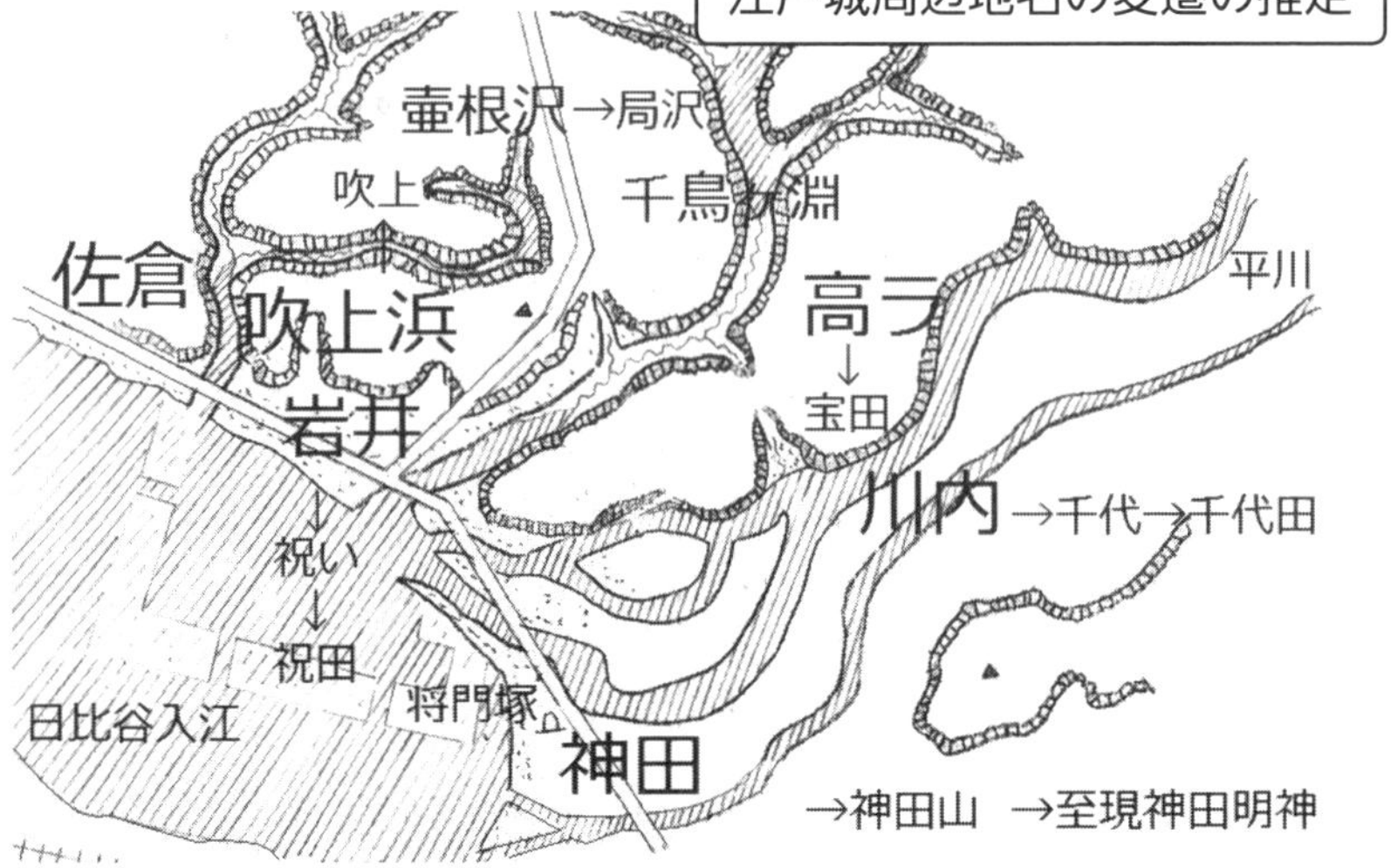

て捜索の目を逃れ、そこから再起した。脚気は白米の病《やまい》だから、芦原の中の粗食で治ったのかも知れない。広河の江一帯は、今は一面に美田が広がっているが、当時は大蛇が住むと言われる秘境だったのだ。平安時代の関東平野は、半分開拓された南米のアマゾンのようであった。こうして隅田川河口右岸、平川、旧石神《しゃくじ》井川《いがわ》河口一帯に、将門の残党は、まず収容されたのだと考える。

　桜田を佐倉と読めば、将門の父の最初の根拠地。祝いを岩井と読めば、神田と共に母の実家の聖地。招婿《しょうせい》婚《こん》の古代では、母の実家の力が重要だった。このように江戸城近辺の地名は、将門一統の根拠地の地名と微妙に一致する。それで筆者の考えでは、神田、祝田はもちろん、桜田も広大な桜田郷の中に佐倉の地名を巧みに隠したものだと思う。江戸城とその西側周辺すべてが律令制にいう荏原郡桜田郷なのであるが、その中心は、サ＋クラで「神聖な高み」。つまり芝丸山の巨大古墳を指すと考える。ここは結構、今の桜田、つまり霞が関辺りからは遠い。以下も推定である。

将門の残党の一部はこの難民キャンプにそのまま残留し、河口近くの無人の浜辺に入植。根拠地岩井を偲んで祝田と名付ける。京から回収した将門の首は左岸の古墳神社の中に合祀《ごうし》し、その辺りを神田と名付ける。岩井の神田山から名付けましたとはいえないので、伊勢神宮の神田であるということにした。こう考える根拠は神田明神の祭神が平将門であること。次に伊勢神宮の神田があるとしたら国府近辺かもっと山裾の方で、この痩せた海岸には考えにくいこと。また、氷川《ひかわ》神社の分布をみても、このあたりの開拓の指導をしたのは南下した出雲族である。それでスサノオや大国主命を祭る氷川神社なら考えられるが、神の世界でのライバルである伊勢神宮の神田がここにあることは不自然であること。

以上をまとめると、岩井とは平川河口の難民キャンプ全体の総称で、右岸の皇居外苑がその中心。神田は河口左岸の古墳に合祀した将門塚周辺を指す地名だったと思う。その後の大江戸城築城に伴う神田山削平工事等による二回の引っ越しを経て現在地の神田明神の地に落ち着く。江戸っ子といえば神田の生まれよ――となるが、原初の神田の地は将門塚周辺ということになる。京都から飛んできた首が大手町一丁目一番地に落ちたという偶然は（伝承）、この将門塚が昔からのランドマークで、地図作りの基点だったからだろう。江戸時代は酒井雅楽頭《うたのかみ》屋敷の庭の築山になり、その後は大蔵省の敷地を経て現在に至る。土一升金一升の超一等地なので、時代が進むとともにその形を失い狭くなり、今は二番地だそうだ。

故郷・岩井（祝）の名を付けて住む将門の残党に合わせ、父・良将《よしまさ》の郎党たちも近くに故郷・佐倉（桜）の名を付けて住む。河口の古墳に将門の首を合葬し、その周辺を神田、後ろの山を神田山と名付ける。痩せた海岸と台地に半農半漁の暮らしを営む。そして歳月が流れ、誰もがみんな忘れてしまったころ平良文の子孫（将門の女系の子孫）が背後の丘に館を築き江戸氏を名乗る。その後、太田道灌によって江戸館跡に中世江戸城が築かれる。

——これまで出てきた地名を一覧にして、この頃のまとめとしたい。

①台地「高ラ」あるいは「高ヒラ」と、川筋の低地「川内」があった。

○宝田→高いところが「高ラ」。台地の上の意味。（今の本丸、北の丸）

○千代田→千代→センダイ→川内で、平川沿いの低地。（今の二の丸、三の丸）

②そこに平将門の残党が集まり、故郷の地名を字を変えて付けたと考える。

○神田→伊勢神宮の神田と偽《いつわ》って、将門の聖地・岩井の神田を隠して拝んだ。

○祝《いわい》田→そのまま将門の本拠地「岩井」の意味。（皇居外苑か）

○桜田→将門の父の根拠地・佐倉の地名を桜田郷の中に隠した。（外苑西側から霞が関辺りか）

○寄り道紀行　筑波山・岩井方面に将門伝説を追う

江戸の将門伝説を調べるため、本場の筑波・岩井を目指す。筑波山は関東の野に屹立《きつりつ》する独立峰に見えるが、北の方から突き出てきた山脈の一番端の山、すなはち「突《つ》き端《は》の山」である。筑波山は、もう終わった田舎の観光地であった。観光客は少なく、賑やかさは太古の昔に遙かにかなわない。「ひとで溢れる筑波山に比べて富士はいつも白い雪が降って誰も登らない寂しい山です」というのが昔話・風土記の世界である。しかし現実は逆転、富士にはいつも行列を作って多くのひとが登っている。

『結局は富士に負けたり筑波山』

歴史に名高い、嬥歌《かがい》・歌垣の場は、中腹の筑波神社の境内周辺で、山頂部や山頂真下の平地ではなかった。ケーブルカーで登頂中、急傾斜の小さな流れのかたわらに「みなの川」と書かれた粗末な立て札があった。ふーん、これが峰より落つるみなの川か。恋ぞつもりて淵となるのか。しかし、急だ。おそらく峰の川がなまったものだろう。男女が出会う歌垣の場は遙《はる》かに下だ。

『筑波ねの峰より落つる峰の川　ここらあたりでは恋はまだまだ』

筑波山を降り、筑波山西側の広大な関東平野の真ん中辺り、平将門の営所にして最後の激戦地一帯を回る。将門山、島広山、神田山。これらの地名は皆重なる同心円の地名のようだ。将門最後の年、一万の兵を解散した隙をついて、佐野の荘の藤原秀郷が四千の兵を率いて攻めてくる。佐野の荘の藤原氏のことを「佐藤」という。将門は四百の手勢で四千の兵を大いに破るが、突然風向きが変わり、一発の矢をこめかみに受け戦死する。その激闘の地に子孫が建てたのがこの国王神社だという。すぐ近くの将門の遺体を葬ったといわれる延命院の境内は、ひっそりとしてネコの子一匹いない。立て札には、ここいら一帯は相馬御厨《みくりや》の神領で、誰も入れない。それで将門の遺体もそのまま眠っていると書かれてある。相馬御厨とは中世ではなくて古代の方の御厨つまり将門直轄地で下司《げす》役も与えられていた相馬御厨（母の実家・犬飼家の荘園）の方なのか。それならば、将門は母の実家の聖地でやすらかに眠っていたことになる。

『ここ岩井は母の霊廟安けらく　将門眠る芝土の下』

岩井は、将門が切りひらいた新開地だと思い込んでいたので意外だった。母の実家の聖地に関東の都を築こうとしたのか。タクシーの運転手さんも「子どもの頃はみんなカド山と呼んでました」という。「それはミカド山の意味でしょうね」と答えた。神田山はカラダ山で将門の体を葬ったところだというが、どうもミカド山がカド山となまってそれに神田山があてられたようだ。もちろん山《やま》とは神聖地を表す用語のようで、山だらけの長崎に生まれた筆者には、単なる台地のふくらみ程度にしか見えなかった。

古代豪族・犬飼家は、高望王《たかもちおう》から、御子のひとりをもらって、家の名前を「平」に変え、「婿《むこ》かしづき」をしたものだろう。これは田舎の豪族が名家から貰った婿に仕える形で、古代豪族の衣替えである。日本は、原則「サザエさん」の世界で、真の力は母方の実家にある。彼は自分が育った実家・相馬家の霊廟《れいびょう》を関東政府の首都にしたのだろうか。相馬小次郎（平将門の別名）は相馬荘で生まれ、活躍し、相馬の霊廟で死んだ。実家に始まり実家に終わる。坂東平氏《ばんどうへいし》の「氏《うじ》の長者《ちょうじゃ》」平国香《たいらのくにか》は、将門を都に留学させ、その隙《すき》に彼の所領を横領したのであるが、そのとき、相馬・犬飼家の所領も共に奪ってあの大乱になったのか。あるいは平家の若君たちを婿に頂く古代豪族同士がもとから仲が悪かったものか。古代の「氏の長者」には、分家の相続に口を挟む権威と権限はあるのだが、やりすぎたのだろうか。

常に寡兵《かへい》で大軍を破る平将門の戦法は、遠距離から相手の軍勢のおもだつ大将を次々と遠矢《とおや》で射止めてから突撃するアウトレンジ戦法である。遠矢を可能にするハードとソフトがあったのだろう。その後の平氏や源氏の一族にも弓の名人が多いのは、彼らの荘園屋敷が工房を兼ねていて、一番優れた弓、刀、鎧《よろい》を開発生産していたからである。将門も、父は鎮守府《ちんじゅふ》将軍、母の実家の所領と広い牧場も継いで、他の平氏一族をも上回る武装・駿馬・戦法・乗馬術を持っていたのだと考えている。音楽の世界でバッハの一族にパイプオルガンの天才・秀才が続出するのは、彼らの家が、オルガンの製造・修理・演奏の家元であったからで、これと少し似ている。源平の若様たちは、武の家元に生まれ、一番優れた兵器で戦っていたのだ。我が国の刀や弓、鎧兜《よろいかぶと》は、このような板東、陸奥の工房で戦いとともに発展・進化していったもので、京都で開発されたわけではない。それで将門の頃の鎧《よろい》は、ハニワのような古代鎧なのか、五月人形のような源平鎧《げんぺいよろい》なのか、実はよく判っていないのである。

道灌堀の謎を解く

さてもうひとつ分からないのが城郭地名の道灌堀。江戸城主郭から離れた、西の丸（皇居）と吹上の間にあるのである。太田道灌がすでに西の丸まで築いていたのか。しかしどの史料にも「西の丸は元は野原であった」と書かれてある。それで「道灌堀とは名前だけで、家康時代に掘ったのだ」との説もある。

どれがホントか。問題は西の丸の一角の紅葉山《もみじやま》である。ここは近在で一番の高所。江戸城本丸のすぐとなりで、本丸よりも高い。武蔵府中から尾根筋を下ってくると、この峰《ピーク》を通り、その昔は「山の御門」と呼ばれていた今の坂下門に降りる。

道灌の後半生では、城の背後の武蔵国内での戦乱も増える。千葉氏に向けて東向きに作った江戸城も、西側に再設計の必要がある。特に城の裏側・鎌倉街道浜ツ道と国府道との交差点にそびえる紅葉《もみじ》山《やま》は是非とも砦としなければならない。そこで道灌の工兵軍団が、紅葉山を砦とすべく、台地の尾根筋を切断した部分が下道灌堀だろう。工事は国府道の谷筋への付け替えを伴う。新たな国府道は紅葉山を迂回しながら本丸台地との間を通る形になる。この新たな外城《とじょう》となった紅葉山が、砦程度の普請《ふしん》であれば、徳川入国時に野原に戻っていても不思議はない。

上道灌堀の方は、もとから空堀のような直線状の自然の峡谷だった。桜田方面の用水のために谷の出口に堤を築けば、簡単に細長い水堀になる。この武蔵野台地端を垂直に刻む多くの細長い谷は、そのままで空堀。堤を作れば簡単に水堀になるのだ。現在の広大な千鳥ヶ淵のお堀は家康が堰《せ》き止める前は名前通りの淵だった。溜池堀は、家康入国以前からの用水池であったという。もちろんこれも谷筋を堰き止めたものである。

道灌亡き後、扇谷上杉家とその家臣たちの城は、小田原の北条氏に順次占領されていった。やがて北条氏の支城となった江戸城は、再び東向きの城としての役目を帯びた。それで西側に築かれた紅葉山砦は不要となり自然消滅し、道灌堀を残してもとの野原に戻ったものだろう。以下に江戸城築城と関連工事（推定）をまとめてみる。

中世江戸城の推定工事順	（その他の工事）
①本丸台地を三条の深い空堀で区切る（根城、中城）	○支城・浅草石浜城修築
②平川の流れを変えて二つの中州に土居を築く（外城）	○川越、岩槻の城を築く
③岩槻街道の起点・神田山に砦を築く（外城）	○岩槻街道を建設する
（後期の工事）④道灌堀を掘り紅葉山に砦建設（外城）	○国府道を付け替える

結論　時代先取りの戦国時代の城か

以上おもに地名と伝承から謎解きを行ってみた。具体的な仕組みが伝わっていない道灌江戸城は、後の戦国時代にあっては、あるいは普通の城だったかも知れない。「道灌掛《どうかんが》かりの築城術」とは何か。賛辞ばかり残って実質が分からないところは法華経のようだ。おそらく横矢掛けが出来るよう城塁の凸凹を上手に組み合わせていただけなのだろう。これは戦国時代になると全国的に当たり前の設備となる。しかし時代はまだ中世。館と山城の時代に、突然、本格的な戦国の城が現れれば評判にもなるだろう。まだみんな、武家造りや主殿造りの館に住んで、裏山の砦しか持たないのだ。その昔の学生時代、はじめて荒井由美《ユーミン》の曲を聞いたときには、属七和音の連続使用とその新鮮な響きに驚いたが、今では誰もが当たり前に使っている。

『今時は見飽きる程度の作風でも　出てきた頃はみんながびっくり』

こうして道灌江戸城は田舎の城であったが、七十年後の大和の国の多聞山城《たもんやまじょう》とともに日本の名城の代表とされた。多聞山城は松永弾正《だんじょう》久秀が古墳を利用して築いた城である。城跡からは東大寺の大仏殿がよく見える。彼は奈良の大仏を燃やしたといわれ、下克上《げこくじょう》の大悪人としての名が高い。しかし彼が築く城は美しい。火攻めを防ぐために全ての櫓《やぐら》・塀を漆喰《しっくい》で白く塗り固め、中央に白亜の天守閣を置いた。我々が「日本の城」と言われて漠然と頭に描くイメージは多聞山城なのである。この城は織田信長の安土城のモデルとなったが、安土城のひとつ先を行く様式の城である。特に塀と櫓の合いの子建築である櫓塀は全国の城に普及して「多聞櫓《たもんやぐら》」と呼ばれた。廉価に作れ、風雨の如何《いかん》にかかわらず、城兵が休息できて鉄砲も使える画期的な施設である。

大田道灌も松永弾正のように主家・上杉家を倒して戦国大名になるべきだったのだろうか。しかし彼の教養がそれを許さず、時代もそこまで熟していなかった。戦国の城の形を先取りした道灌江戸城と、近世の城の形を信長以前に完成させた松永弾正の多聞山城はまさに日本の城郭建築の二大エポックといえる。これにもうひとつ加えるならば、はじめて本格的に大城下町を抱え込んだ小田原城があげられるだろう。教科書では、安土桃山時代、江戸時代——と、天下を取った大名の居城の名がそのまま時代名になっている。桃山城とは秀吉の伏見城の別名である。建築革命を起こした城の名で時代名を定めれば、道灌江戸時代、松永多聞山時代、北条小田原時代となるかもしれない。

○寄り道　山吹伝説の謎を解く

孤鞍《こあん》雨をついて茅茨《ぼうし》をたたく　少女為におくる花一枝
少女言わず花語らず　英雄の心乱れて糸の如し
（愛敬《あいきょう》四山《しざん》）

太田道灌が武蔵野で狩の途中、にわか雨に遭った。蓑《みの》を借りに貧しい農家に立ち寄ったところ、娘が出てきて、蓑の代わりに一輪の山吹の花を差し出した。道灌は立腹して立ち去った。帰ってから家臣に話したところ、それは『七重八重《ななえやえ》　花は咲けども山吹の　実の一つだに無きぞ悲しき』という古歌に掛けて、「貧しくて蓑の一つもありません」——と答えたのです——と教えられ、自分の無知を恥じた。その後、心を入れ替え、歌道に励んで名人になったという。（民話）

人口に膾炙《かいしゃ》した有名なお話で、多くのバリエーションがある。この話を子どもの頃に読んで「関東の田舎に、よくそんな博識の家来がいたものだ」と思った。大人になってまた考えてみたが、やっぱりいるわけがない。彼は普通の殿様ではない。その学才は一級史料である『永享記』にも絶賛されている。城内に図書館を持っていて、自作の歌集も置いている。文芸に優れた父と鎌倉の学者僧たちから育てられた秀才少年。成人と共に関東では戦乱の時代が始まるので、もう教養で彼をしのぐ後輩は出てこない計算だ。年上でも彼の相手をできる武士はそうはいまい。ましては家来などでは。

練兵による訓練度の高い精兵を的確に指揮する道灌は、台地と沼が無限に連なる関東の野を狭しとばかり大活躍。神出鬼没、連戦連勝。文武両道を究めてかつ築城の名人。「武人も恐れをなす剣さばき、学者も及ばぬ深い教養」――と、ハムレットみたいである。そしてその戦術眼と果断は、ハムレットも諸葛孔明も及ばないものだ。

新宿中央公園の道灌と娘の像

この山吹の話は、教養ある百姓娘と古典に通じた家臣、反省して勉学に励む大名と、居そうもない人物が三名揃《そろ》っているのでまずは作り話である。しかし人間というものは百《パーセント》の作り話は考えきれないもので、たいていネタはあるものだ。どういうシチュエーションならあり得るかを考えてみよう。立場が反対で、道灌が古歌を知らない家来に教え聞かせたのならよく分かる。しかし今度は、そんな教養のある村娘がいるのかという疑問が残る。土豪の娘ならあり得るが、土豪の館なら蓑くらいあるだろう。

晩年の道灌は、応仁の乱から逃れてきた京の文人を何人も受け入れた。京都の学者僧・万里集九《ばんりしゅうく》には城内の梅林の庵を与えている。たとえばここに道灌が家来をやる。にわか雨が降って家来が蓑《みの》の借用を頼む。蓑代わりに山吹の枝を差し出したのは古歌に詳しい学者の集九《しゅうく》本人だろう。濡れて帰ってきた家来は道灌にこの謎を聞く。道灌はすぐに古歌で解いて家来に教え聞かせる。家来は感心してこの逸話を広める。これならいかにもあり得ることだ。城内の亭ならば雨具の用意がないこともあろう。そして江戸城内は今でも武蔵野の風情を残すところだ。

中年のおじさん三人が登場するこの話を「盛る」にはどうすればいいか。まず一人は若い娘に替えて、場所も城内より武蔵野が良かろう。そして道灌と家来を入れ替えて、殿様と三太夫《さんだゆう》の関係にする。これで十分おもしろくなる。後はいろいろと勝手に後日譚《ごじつたん》が付け加えられていく。だいたいは、こういった経緯《いきさつ》で今の話になっているのではなかろうか。武蔵野の方々に、道灌に山吹の花を差し出す娘の像や絵が残されている。やはり若い娘が絵になるなあ。話を盛ってくれた名もないひとたち、ありがとう。

◯江戸城下に住まう神々を解いて景教に至る

荏原郡《えばらぐん》と豊島郡《としまぐん》を分ける平川は今は江戸城の大手の堀となっている。この堀のたもと、つまり、平川河口左岸に将門首塚がある。これはもともと将門の時代からさらに六百年ほど遡《さかのぼ》る時代の古墳である。そこに七一三年に大国主命《おおくにぬしのみこと》を祭る神田神社が出来た。それ以前から安房《あわ》から北上してきた漁民の祭る神社があった。神々のマンション雑居状態で分かりづらいので整理してみよう。

①もともと小さな古墳があった。（五世紀頃か？）

②そこに北上してきた安房の漁民が安房神社の祠《ほこら》を建てた。
（やがて伊勢神宮の神田が置かれ、神田の地名が生じたという）
③新編風土記に七〇二年スサノオ＝牛頭天王《ごずてんのう》を祭るが、こちらが②より古いともいう。
④神田明神《かんだみょうじん》社伝によれば七三〇年に入植した出雲系の氏族が大国主命を祭った。
⑤九四〇年に平将門の首が葬られ、関東の武将の崇敬を集め、一三〇九年に合祀された。
⑥家康の江戸城建設に伴い、神田明神社は、裏山の神田山斜面に移された。
⑦引き続いての神田山を削って駿河台にする工事により、外堀外側の現在地に再移転された。

平川も石神井川《しゃくじい》も台地から突然海に出て狭い河口平野を作る。大雨のときに鉄砲水があふれて氾濫《はんらん》するタイプだ。古代の農業は水を統御できる上流部に成立する。普通の川でも河口域が開拓されるのは近世になってからである。武蔵野台地のおおよそは原野か牧場で、多少の田畑が谷の中にあったくらいだと思う。この河口平野の開拓は、古代出雲族の技術で出来ないことはない。しかし高い堤防と用水路を築いても河口平野が狭すぎるのでペイしない。国府からも遠く、水利に難が有って土質も悪い。以上を総合して、伊勢神宮の神田があったとは考えづらい。

従って太古の平川河口の住人は、南下した陸の民より、北上した海の民の方が無理がない。しかし漁民は岬に神を祭ることが多く、入り江奥には祭らない。将門首塚古墳にしても、目の前に江戸城本丸の台地があるのに対岸の平地に古墳を築くのは、普通はあり得ない。

おそらく将門首塚の地は太古には岬だったのだろう。岬ならば、古墳が造られても、また、漁民が神を祭ってもおかしくない。それで対岸の本丸台地の尖端にも必ず古墳があったと思う。海から見える目立つ地形は、昔からの一等地。古墳の上に城が築かれる例はきわめて多い。

・私見　旧約聖書の説話の東漸

神田祭を天下祭というのは江戸城に乗り入れることが出来るからだという。光田憲雄氏の論文『神田明神・平将門と神々』によれば、実際に大手門のあたりに入るのは、末社の祇園《ぎおん》三社＝地主神のうちのスサノオのミコトの神輿《みこし》だけだそうだ。スサノオは牛頭天王《ごずてんのう》の化身であると平安時代の吉備真備がいい始め、牛頭天王祭と呼んでいた歴史も長いという。江戸時代にも平田篤胤が再度言い出したそうだ。牛頭天王といえば、筆者も近所の神社で茅《ち》の輪《わ》を作った。これをくぐれば一年間無病息災である。全国に伝わる伝説はおおむね以下の通り。

> その昔、牛頭天王《ごずてんのう》が旅をしていた。弟のコタン将来は宿を断ったが、兄の蘇民将来は、泊めて歓待した。その後、牛頭天王は竜宮へ行って婆利采女《はりさいじょ》姫を娶《めと》り八王子をもうけた。牛頭天皇は帰路、コタン将来への復讐にあたり、「茅《ち》の輪」を下げたり、護符の☆五芒星《ごぼうせい》を描く者は災難を逃れることができるとした。
> （民話）

みんなインドで説明してあるが、これは誰がどうみても旧約聖書にいう「過ぎ越しの祭」である。玄関の扉に血でマルを描くと助かるのだ。日本では「血の輪」が「茅の輪」に変わったのだろう。中国では赤絹の房である。そうすると牛頭天王とは唯一神エホバのことになるが、その姿はエル（牛神）ではなかろうか。エルはエホバ以前の神である。エルサレムとかエルシノアなどの都市名や、パウエルやザビエルなどの人名に今も名残りを残している。インドでは今でも牛が神だ。聖書の出エジプト記では、モーゼは怒って十戒の石板を投げつけて、牛の像を拝む者たちを罰する。これらの旧約聖書のお話が日本まで伝わるまでに伝言ゲームのように内容も前後関係もぐちゃまぜになってしまったものだろう。宿を断っただけで罰されてはかなわないよ。

悪者弟のコタンは聖書の悪者弟カインと綴りが似ている。コとカの発音は地名古語では同じだ。蘇民将来とは、将来を信じる耶蘇（やそ＝イエス）の民だろう。八王子とは八人の王子だとされている。これは耶蘇の王子が八蘇王子、八王子と変化したのだと思う。護符の五芒星は「ソロモンの星」だ。これは陰陽師・安倍晴明《あべのせいめい》の紋所でもある。キリスト教が伝わったのは正式には戦国時代のザビエルからだが、中国に古くから進出していた景教（キリスト教）が、相当早くからわが国にも伝わっているように感じる。まとめると以下のようになる。

神・牛頭天王《ごずてんのう》　＝エル・牛の神様とエホバ神が混同されたもの。
后《きさき》・婆利采女《はりさいじょ》　＝婆利采女《はりさいじょ》→はりさい人→律法学者のパリサイ人のことか。
牛頭天王の子・八王子　＝エホバの子のイエス。耶蘇王子→耶王子→八王子の変化か。
蘇民将来《そみんしょうらい》　＝耶蘇《やそ》の民の将来（信じて幸せになるの意味か）
コタン将来　＝悪い弟カインか。カイン→カチン→コチン→コタン
茅《ち》の輪　＝血の輪　ユダヤの過ぎ越しの祭でドアに塗る。（中国では赤絹の房）
五芒星《ごぼうせい》☆　＝ソロモンの星＝晴明紋

地名でいう、王子や相知《おうち》は、凹地《おうち》の変換語で、盆地のこと。八王子の町が、鉢状の凹地なのか、宗教に纏《まつ》わるものか現地で調べたいものだ。感想二句。

『聖書《バイブル》も　姿を変えて列島に』　『エホバ神　エルと混ざって牛頭天王《ごずてんのう》』

関東における武具、城郭の進化

日本刀や、鎧兜《よろいかぶと》は、京都ではなく、関東、東北の豪族の工房で進化した。前述のように歴史で活躍する源平の若殿たちは、最新最強の刀や弓、悍馬《かんば》、鍛えられた郎党たちというハード。最高の弓術、馬術というソフト。この両方を与えられていた。それで敵将を次々と遠矢で射倒す平将門や源義家のようなスーパーヒーローを輩出することになる。

太田道灌の時代の北関東では明珍《みょうちん》一派の鎧作りが栄えていた。明珍といえば日本鎧の一番のブランドである。明治時代、欧州の博覧会に、近くの諫早の殿様のものが日本代表で出品されたが、これも明珍である。ついでながら、映画『七人の侍』で三船敏郎が着用していた鎧も明珍宗恭氏が製作したそうで、現代まで続いているのには驚くばかりである。

南北朝の戦いと戦国時代に挟まれたわずか七十年くらいが室町時代の平和な世なのに、関東ではその間も激戦を重ねていた。その中で一番の名将・太田道灌が築いた城が、最先端の城であったのは当たり前かも知れない。列島の他の地方では平和であったので、築城技術も止まったままだ。今の自衛隊の戦車や飛行艇は世界一流だといわれるが、実戦を経ていないので軍事的信用に欠けるそうだ。兵器は使われることで初期故障や欠点を克服していって完成する。これを俗に「血で洗われて進化する」という。この時代、軍装や城郭は関東でのみ進化したといえるだろう。北条氏が、はじめて本格的に城下町を囲い込んだ城・小田原城を作ったが、これも道灌江戸城と共に乱世の本場であった東国の先進性としてとらえることができる。

太田道灌の中世江戸城を攻める（シミュレーション）

　実際に敵対していた千葉氏が攻めてきた場合を考えてみよう。すでに浅草の東を守る支城・石浜城は落城していることになる。千葉軍は、浅草砂州の上を一直線に進んで江戸の港町《みなと》を焼く。この時点で江戸の町を北から守る外城・神田山砦の意義は失われているので、平川の中州に築かれた外城に退却。ここが攻め落とされると今の本丸東御苑「子《ね》城・中城」での攻防となる。台地端に築かれた城への攻撃は台地側からと決まっている。今の北の丸は城外の馬駆け場（演習場）だったと思う。道灌はこのホームグラウンドで野外決戦を挑むだろう。不利な場合は三重の城内（東御苑）に、橋を順次落として撤退していくだろう。この台地方向以外は自然の崖が巡っているので、力攻めは出来ない。まだ大砲も鉄砲も攻城兵器もない時代なので、離間工作で裏切り者を出すか、時間をかけての兵糧《ひょうろう》攻めしか、攻城の手立てはない。

　さらに回り込まれてもうひとつの弱点である国府道＝半蔵門の尾根筋から攻められればどうだろうか。品川や国府への連絡路は保っておきたい。そこで街道を降りてくる敵軍を紅葉山砦《もみじやまとりで》（外城《とじょう》）と本丸（子城）で挟んで破る。敵が敗走する場合は、千鳥ヶ淵、局沢《つぼねざわ》（現吹上）の谷間に追い込み、殲滅《せんめつ》する。万一敗れたときは外城の紅葉山砦《もみじやまとりで》に退き、さらに不利になったらそこを捨てて子城《ねのしろ》（本丸）に立て籠もる。

　こうなると映画『七人の侍』と、道灌江戸城はよく似ている。

「よい城には必ず隙《すき》がある。守るだけでは城はもたない。そこに敵を引き込んで決戦をするのだ」――これは志村喬《たかし》演じる主将・勘兵衛の台詞。そして村を守る野戦築城にあたって、村の三方を堀で囲み、騎馬隊の進入できる山際をわざと攻めやすくして、そこでの決戦を企画する。江戸城も同じく、城の三方を堀や江水で囲み、台地側に決戦の場を用意している。そして映画と同じく、いまだ騎兵中心の関東にあって、足軽戦法で戦う。ついでに『七人の侍』の主要な撮影場所は世田谷だったそうだ。少し離れているが、そこも太田道灌の予定戦場の一角だったかも知れない。

徳川家の江戸入国

ようやくにして中世江戸城を終わり、近世江戸城を論じることが出来る。徳川家関係の文書にはどれも、「秀吉の命で入ったが、大変な田舎城であった」とくそみそに書かれてある。これはどうだろうか。現政権は前政権の悪口をいう――というのは歴史書の決まりごとである。たとえば、筆者の住む長崎は、開港以前はへんぴな田舎の漁村だったとされているが、実は昔から栄えた入江だった。この港をポルトガルが発見したとなっているのだが、そうしないと、大村家はここに港を開けなかったのだと思う。長崎港は古来から隣接する戸町氏――深堀氏の領海なのである。同じく、徳川家康も、田舎の小城を発展させたとした方が秀吉への悪口にもなるし、発展した後は自分の手柄にもなる。どちらも僻村であったということになっているが、これは政治的な後付けの嘘である。これは太田道灌もすでにそうで、江戸は道灌の築城以前から、秩父平氏・江戸氏の繁華な港《みなと》だったのだ。

北条氏の本拠は伊豆韮山《にらやま》城であって、箱根峠を越えた小田原城は関東侵略の基地・策源地である。関東の征服がなった暁には、中央の江戸か川越あたりに本拠を移しただろう。現に最後の当主の北条《ほうじょう》氏政《うじまさ》は江戸城を隠居城として、ここから関東の北条領を経営する構想を立てていた。関東を戴いた家康が江戸城を本拠にするのは自然な流れである。秀吉は秀吉で、できれば現地の土豪たちが謀反を起こしやすい城に家康を置きたい。超一流の堅城である小田原城より、かつての名城とはいえ、古くて傷んでいる江戸城の方が土豪たちの攻撃に弱いだろう。伊達政宗、徳川家康、佐々成政、黒田如水……と、危険な大名は地元勢力が強いところに移して現地の土豪たちと衝突させ、失政を待つのが基本である。それを理由に旧来の土豪たちと共に取りつぶすのだ。一石二鳥である。結果、佐々成政は潰され、伊達、黒田は手を汚しながら危ういところを切り抜けた。家康も民生に務めてよくこの窮地を脱した。

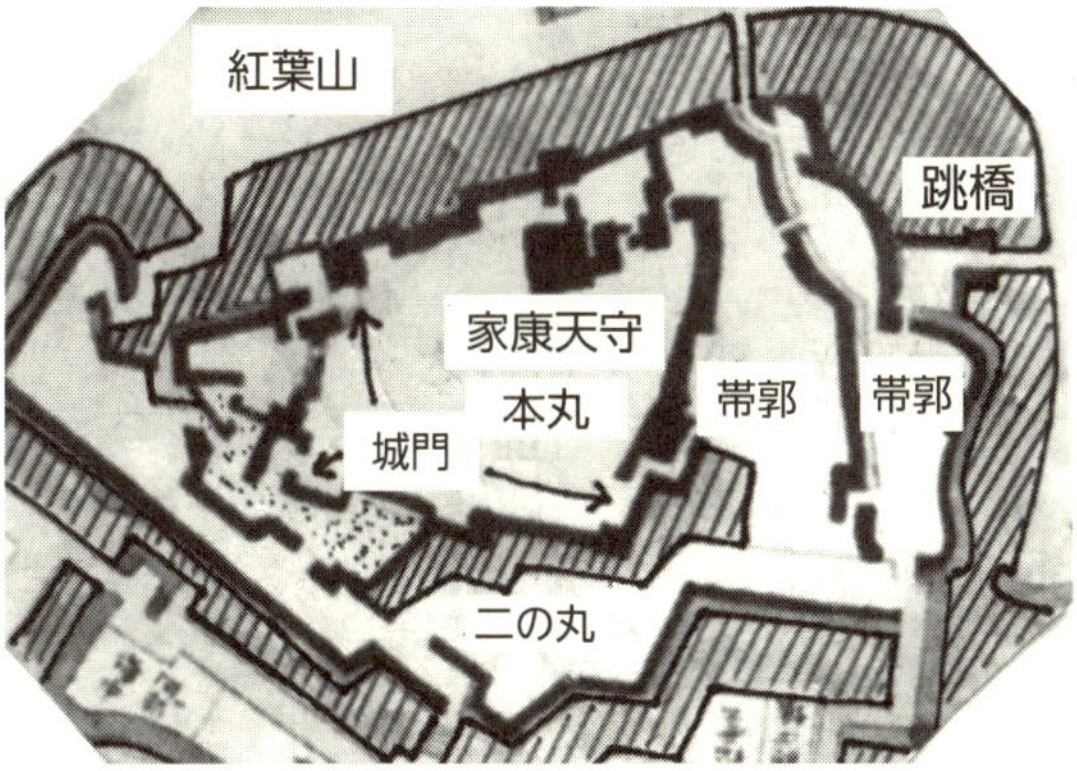

江戸始図（松江歴史館蔵）より作図

家康、秀忠による主郭の改装

太田道灌が本丸台地上に掘った二本の深い空堀を埋め、本丸を拡張。これで一旦は江戸氏の館時代に戻った形になる。松江歴史館所蔵の『極秘諸国城図』のなかに『江戸始図』がある。これをみると本丸台地中央に天守閣、北側に二重の帯郭《おびくるわ》と小掘が描かれている。家康は本丸を狭くするような工事には必ず反対する。それでこの絵図は設計主任・藤堂高虎との妥協点といえる。しかし二重の帯郭では撤去した二本の空堀の代わりには役不足である。それで本丸と北側台地との境を完全に切り離して堀を深め、西洋式の跳ね橋でつなぐようにした。さらにその先の田安地区で尾根筋を新たに掘り切り、北の丸をつくることで本丸の守りとした。

家康入国前から土塁が築かれていた平川の内側の中州には本丸に同じく多数の櫓を細長い多聞櫓でつないで鉄壁の構えとした。外側の中州を三の丸としたが、ここには櫓がほとんどみられない。当初は城外の屋敷街としたからである。

深い谷川を隔てたとなりの台地には本丸より標高の高い紅葉山《もみじ》もある。家康はこの台地に隠居城を築城。これが西の丸である。後の時代も世子や隠居の屋敷城として使われた。本丸からは、一度浜に降りて谷川の河口を渡り、正面の坂下門から登る。あるいは現在の皇居入口である西の丸大手門から入らないといけない。それで西の丸は、隣りの丘に築かれた別の城といえる。実際、新城とも呼ばれていた。江戸城はこのように中心となる城を二つ持つ双子城であるが、西の丸の方は邸宅城といえる。西の丸大手にそびえる伏見櫓は、皇居を象徴する美しい櫓である（表紙写真）。太閤秀吉の伏見城から移築されたともいう。櫓は普通は武具庫として使われるが、ここは高燥の地なので、江戸期から美術品の収納庫として使われていた。ほぼ唯一の櫓が美術館状態であること、紅葉山には後に図書館（文庫）が置かれたこと、これらはいずれも西の丸が邸宅城である証しといえる。

西の丸から道灌堀を隔てて西側が吹上地区。ここでは武蔵野に続く尾根筋を半蔵門として残し、その両側にあった自然の谷を利用して巨大な内堀を作ることで城内とした。この半蔵門は跳ね橋にするのが望ましい。しかし北側の千鳥ヶ淵貯水池のダムを兼ねているので大きな幅のある土橋となっている。千鳥ヶ淵は三方向以上から水の集まる深い谷川で、谷水は本丸と西の丸紅葉山との間の峡谷を流れて日比谷入江に注いでいた。家康はこの峡谷を閉ざし、水没させ、広大な千鳥ヶ淵の大堀を造った

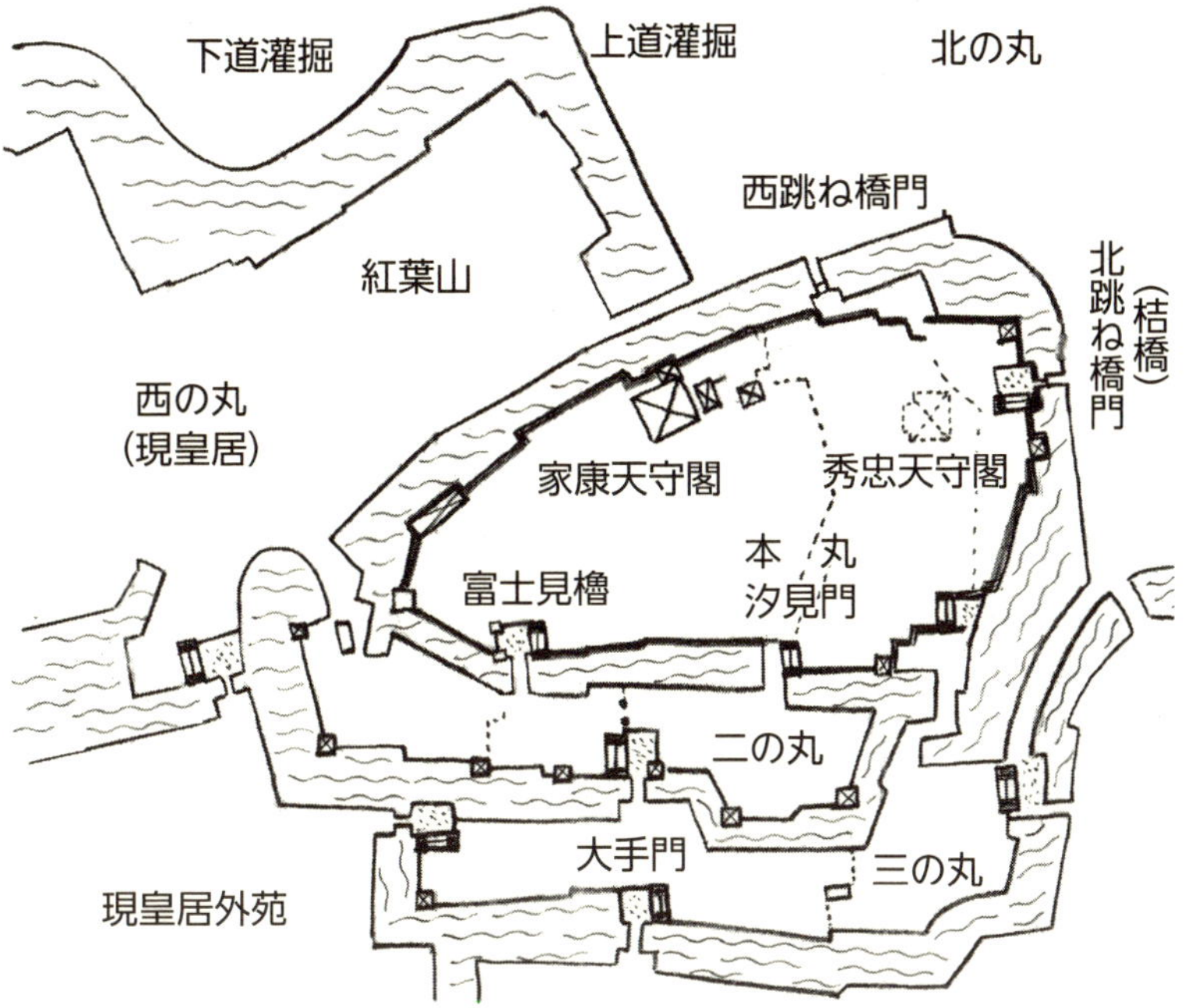

江戸城主要部

のである。離村農家も何軒も出て、今なら反対運動が起こるところだ。満々と湛《たた》えられた湖水は城下の用水を兼ねつつ台地と江戸城とを断ち、北の丸と吹上地区とを一体化させた。かつての川筋は本丸と西の丸間の蓮池掘として残り、隣り合う新旧二つの城はひとつの城になった。

こうして江戸城の外回りが堅固になるにつれ、本丸内は防御設備を撤去して、要塞機能よりも御殿機能を優先することとなった。二代将軍秀忠は本丸北側の二重の帯郭も撤去して天守閣を端っこに移し、本丸御殿と大奥を広くとれるようにした。

『外郭完成　内は御殿に拡張だ
邪魔な天守は隅に追いやれ』

天下普請による大江戸城の完成

神田山は、北方から城下町の中央に伸びて来る本郷台地の先端である。ここに敵が陣を敷くと、城はともかく城下町の方は降参である。そしてここに大砲を持ち込まれると、大坂城のように本丸と天守閣を直接照準で砲撃されてしまう。そこで数回に及ぶ大工事でこの台地筋を切断し、平川の水を流し込み外堀とした。今、水道橋から覗く神田川の深い流れは仙台藩が掘ったもので、川筋兼外堀である。こうして平川は神田川となり、流れを失った元の平川は平川堀――大手堀となった。外堀の内部に取り込まれた神田山は削平されて駿河台となり、排出された大量の土砂は日比谷入江の埋め立てに使われた。こうして日比谷港《みなと》は消滅、江戸港も運河の役目もする堀割を残して埋め立てられ、二つの入江は失われた。

　武蔵野台地側の四谷地区でも、両側にもとからあった二本の大谷の谷頭を掘り下げて連結し、巨大な外堀が完成した。ヤツデの葉っぱのような台地の茎にあたる部分を掘り切った訳で、これが家光時代の天下普請による最終仕上げといえる。こうして江戸城を二重に取り巻く内堀、外堀が完成し、周囲十六キロに及ぶ日本最大の城が姿を現した。方々の堀の開鑿《かいさく》で生じた土砂で、麹町《こうじまち》台地内に複雑に入り組んでいた小さな谷頭《たにがしら》を埋めて、山の手の武家住宅街が造成され、中小の旗本屋敷が多く置かれた。江戸城を直接守る将軍直属の兵員のためのニュータウンといえる。北の丸、三の丸は上級武士の、吹上地区は御三家の屋敷地とした。

　こうして完成された大江戸城であるが、搦《から》め手の武蔵野に連なる台地側尾根筋が弱点。内郭の入り口・半蔵門と外郭の入り口・四谷門である。大手門というものは、普通、賑やかな城下町や港に向いて位置する城の玄関である。しかし、いざ城攻めとなると、攻撃は、搦め手の台地側からと決まっている。あの大坂城も、川沿いの賑やかな大手ではなく、南側の上町台地・天王寺口が戦場となった。熊本城も当初は搦め手であった台地側が戦場となった。

半蔵門は前述のようにダムなので、跳ね橋のような工夫ができない。後には玉川上水の取り入れ口ともなった。こういった困った場合は、普通は馬出し郭を半蔵門外に築き、左右の出入り口に、城内から横矢が掛けられるように造る。一応、内枡形門に造ってはいるが、数多い江戸城城門の標準仕様でしかない。あとは門外に忍者の服部半蔵の屋敷を置いただけである。これだけ隙を見せているのは、道灌時代と同じく、吹上地区に一度敵を入れて打ち破るという戦略だろうか。それとも敵は大手から来るときめつけて、伊賀忍者の手引きでここから逃げ出す算段だろうか。半蔵門には何の工夫もなく、外郭の四谷門もまた同じで、問題は解決されていない。

最後に郊外の防御についてみてみよう。東北方向の要衝・上野台地には、藤堂高虎を置き、後に寛永寺。今、東京タワーがそびえている西南方向の芝の台地には増上寺を置いた。郊外の要衝に大寺社が置かれるのは築城の定石。これは多数の兵が宿営できるので、非常時の出城代わりになるからである。台地奥の交通の要衝、現新宿や現青山には、江戸城下を設計した能吏の旗本、内藤氏、青山氏に広大な屋敷地を与えた。これは将来の郊外開発や支城の築城を考えていたのか、単なる戦時の駐兵スペースの確保か。それとも伝わる通り、小禄の旗本でも大名と同格であることを敷地で示したものか。内藤氏の二十六万坪の屋敷地は、後に三分の一が内藤新宿という宿場に取られ、残る三分の二が新宿御苑として今に残っている。青山氏二十二万坪の敷地は今の青山全域である。後に両氏とも大名に昇格し内藤氏は信州高遠、青山氏は丹波篠山を治めた。どちらも領地より江戸の屋敷地の地価の方が今ではるかに高いだろう。ちなみに大名の上屋敷は最大の前田家で十万坪。もちろん全て概数である。

残る南東方面は海である。幕末には多くの台場（海上砲台）が作られたが、それまでは下田港や浦賀港で臨検して品川港に入れるシステムだった。ここからは小舟で江戸の町中に張り巡らされた多くの

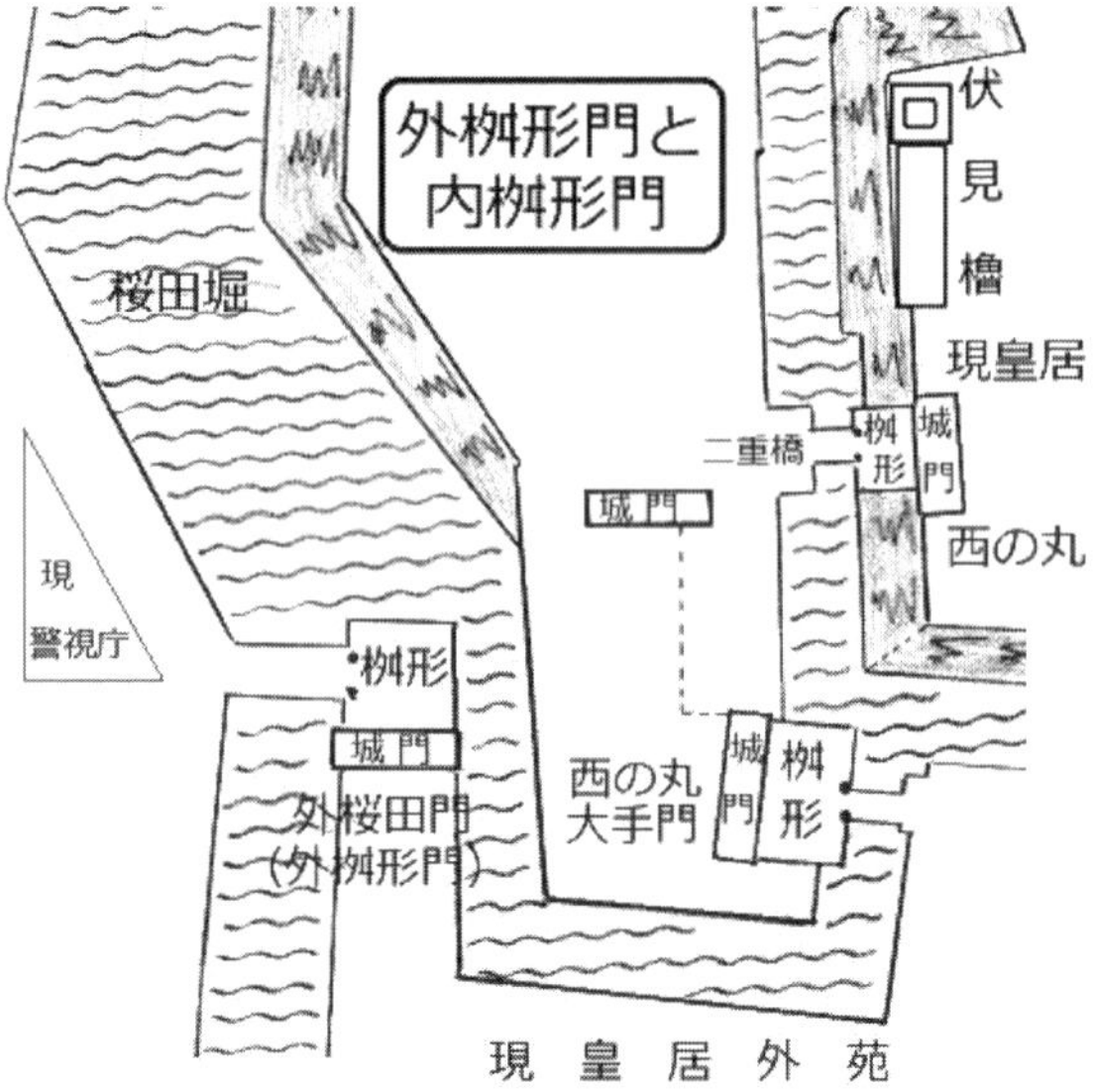

毛細血管のような堀割を伝って関西の物資が搬入されるのである。

　天守閣が失われた今、残る江戸城の景色といえば、富士見櫓、桜田櫓、伏見櫓、それにまだ諸処に残されている広い枡形付きの巨大な城門である。枡形とは二重に作られた城門の間の広場のことで、攻めるときには武者溜まり、守るときにはキルゾーンとなる攻防の切所である。普通の田舎の小城では四六の枡形といって、四間×六間の二十四坪が基本で、兵五十人くらいが入る。天下の江戸城ではこれがどこも十三間四方近く、三百坪ほどある。兵五百人は入れるのではなかろうか。特に江戸城の特徴は突出した外枡形門。外桜田門がこの代表だ。絶妙な構造ではあるが、山手から伸びる自然の谷堀と低湿地に直線に作る人工の掘とのくいちがいを利用してつくられたものだ。同じく反対側の平河門についても、もとの川筋の分岐分流の形を利用して作られている。天下普請で造り上げられた日本最大の城とはいえ、結構自然利用の城である。現在残る堀の形を辿るだけで昔の川の流れが微妙な屈折まで分かる。

　こうして本丸と西の丸、この二つの城を中心に外堀に向けて大きな螺旋《らせん》・渦巻き形を描いた広大な城が出来あがった。近世の城における螺旋式縄張りとは、同心円状に発達した輪郭式が変化したもので、最も完成した形とされる。姫路城がその代表であるが、江戸城の場合は城下町を含めた総構えに達する壮大なものである。かくして江戸城は、本丸部分は中世の連郭式の城。二の丸、三の丸を加えて梯郭式の城。総構えで螺旋式と、城域の拡大に伴い全ての様式を現出している。連郭式とは郭が一直線に連なるもの、梯郭式とは本丸から各郭が発達していく形である。「江戸城の型式はどれか?」――という問題が出たら、みんなマルを付けないといけない。

太田道灌によってひと足先に近世城郭の姿を表した中世江戸城は、家康・秀忠・家光の三代の将軍により拡大、最終的に螺旋式の縄張り（設計）を持つ、世界有数の城郭へと成長した。

『自然が刻み　道灌開きしその後に　天下普請で日本一の城』

防火対策と取水設備を備えた近世都市への脱皮

こうして三代を以て完成した世界一ともいわれる城も、満つれば欠ける世の習い――の言葉通り、完成と共に崩れ始める。この完成された大城郭を崩し始めるのは実質四代将軍の保科正之《ほしなまさゆき》。三代将軍家光の弟で名君の誉れ高い人物である。武断政治から文治政治の転換は彼からといえる。自ら行政上の手柄を示す書類を全て焼いたので、文書はないが、そのコンセプトを代言すれば「もう誰も江戸には攻めて来ない。江戸を近代都市として作り直す」――という考えだった。

明暦の大火による天守閣炎上。再建を図る幕閣に対し、彼の決断は「展望所でしかない天守より、玉川上水のような民生事業に金をかける」ということであった。戦う城から近代都市への衣替えを図ったのだ。江戸は冬場の空っ風を受けて大火が起こりやすい都市である。前述のように、吹上にあった御三家の屋敷を外堀の向こうの赤坂や小石川に移して、跡地を広大な芝生の火除け地とした。千鳥

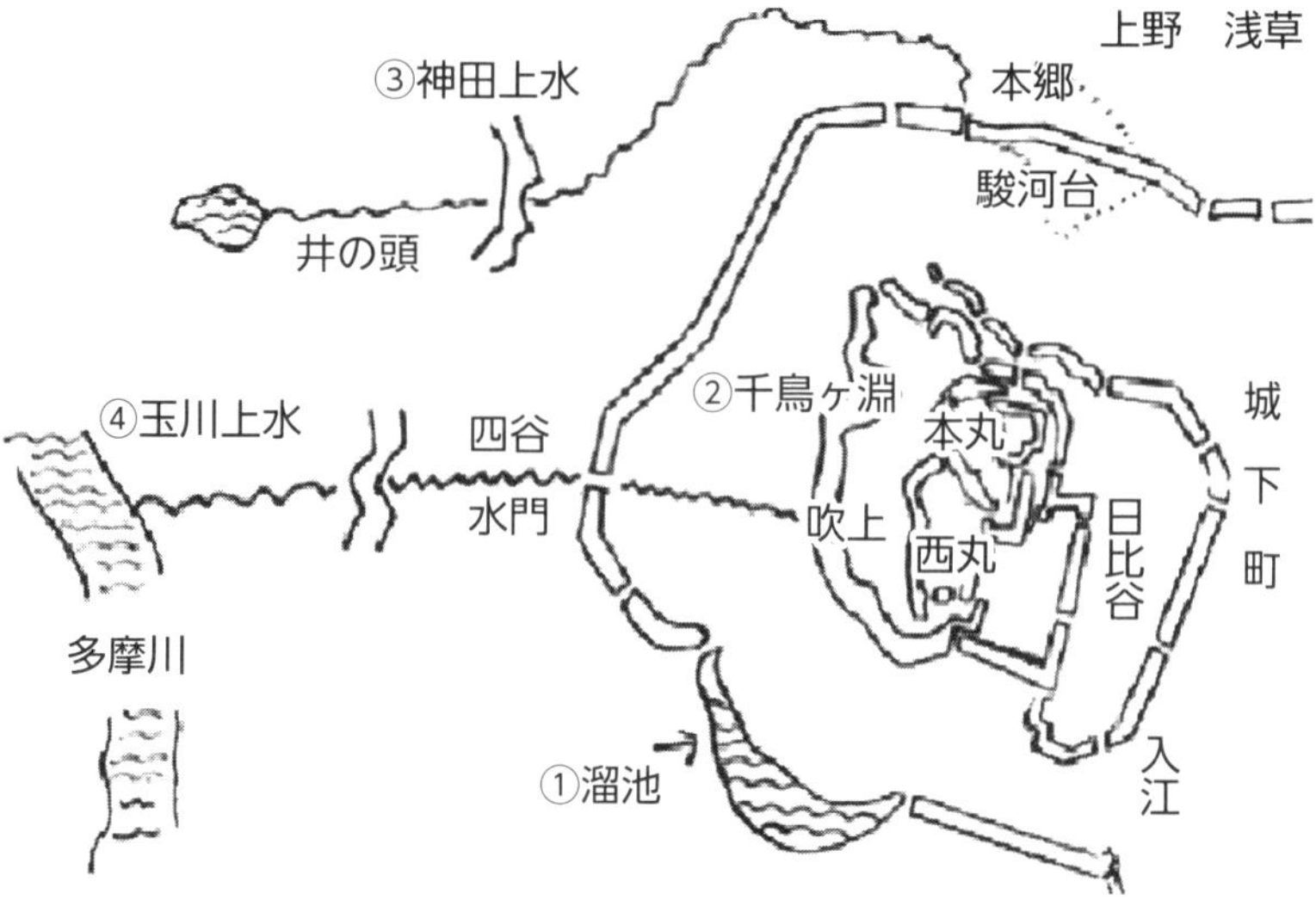

江戸城の水の手・水場の変遷

ヶ淵から伸びる谷筋は現在長い参道で靖国神社に繫《つな》がっている。谷筋を埋めてつくられた細長い火除け地を利用したものだろう。甲州街道沿いにあった細長い谷も埋められて御用地となっている。これもまた火除け地である。

水道設備については、山手の掘は、谷筋を堰き止めて作られたもので、貯水池を兼ねている。実際、西側の堀は名称も「溜め池」で、さきに述べたように江戸の町の成立以前から上水として使用されていたという。城下町の発展につれて千鳥ヶ淵を堰き止めて貯水池としたがそれでも足りなくなり、神田上水が引かれた。水源を尋ねて遡《さかのぼ》ったら井の頭《かしら》公園だった。「井の頭」とは地形古語では「小川の始まり」という意味である。水源の林野を鷹狩り地としたのは土地の有効利用といえる。三領にまたがるので三鷹という。やがて人口が世界一に迫るにつれて、これでも足りなくなり、大河、多摩川からの取水が始まった。前述した玉川上水の完成である。

調べに赴くと、一列に並ぶ緑の並木ですぐに分かった。幅八メートル、深さは三メートルくらいの溝が延々と続いているが、肝心の水深はどこも十センチほど。ここで太宰治はどうやって入水《じゅすい》したのか、顔を付けて我慢したのか、通りがかりの地元の人に聞いてみた。なんと昔はこの堀割いっぱいを大量の水がすごい速さで流れており、そのいきおいで内部がひょうたん型にえぐられ、一旦落ちたらはい上がれない怖い用水路だったそうだ。あたりは地平線までマッチ箱のような家がぎっしりと敷き詰められている。この一帯は、東京で住みたい地区ナンバーワンだそうだがよく分からない。かつて太田道灌は土御門天皇に武蔵野の情景を問われ、和歌で答えた。

『露置かぬ方もありけり夕立の　空より広き武蔵野の原』

道灌に武蔵野の今を返歌。

『夕立に濡れぬも有るなり 地平まで　家の敷き詰む武蔵野の原』

天下普請の大江戸城を攻める

こうして完成と共に大都市への衣替えを図った城に籠城戦《ろうじょうせん》ができるだろうか。城下町を抱えていた方が通常は籠城に強いのであるが、江戸の町は違う。宵越しの銭を持たない貧民も多い。このような経済のフローで生活している民は籠城時の戦力とはなり得ず、足手まといで危険である。古代中国では、士農工商を五民とし、商を、店舗を持つ商人と、街路での振り売りの商人とに分ける。後者はストック（蓄積された財産）を持たないので、籠城時の危険要因であり、爆弾を抱えているようなものである。

巨大な消費型大都市での籠城がもたらす問題は、枡形門や堀の形状、城の縄張りで解決できるものではない。また、上方からの千石船がもたらす大量の物資に百万の民の生活を頼っているので、下田、浦賀の港《みなと》を押さえられても終わりである。よほどの物資を城から放出し続けない限り城下で暴動が起こるだろう。また、攻める方も、国内最大の百万都市を焼けば、その後の政権は立ちゆくまい。今の日本が戦争できないのと同じである。西郷隆盛と勝海舟でなくても無血開城しかない。

しかしこんな結論ではおもしろくないので、まずは豊臣家が盛り返して西国大名連合を率いて江戸城を攻めるというパターンを考えてみよう。時代は将軍家光時代に完成され、保科正之《ほしなまさゆき》により都市化への脱皮が図られつつある江戸城である。

関西の大軍は東海道・東山道の二道から入り、武蔵野台地を進み、本陣を新宿において四谷口に軍を進める。ここは武蔵野と麹町《こうじまち》台地をつなぐ陸橋。戦場となるべきところである。ヤツデの葉っぱ、天狗の団扇《うちわ》のような麹町台地の団扇の握り手にあたるところなのだ。この乾燥した台地の尾根が「四谷」とは変な地名である。本来は、尾道、道ノ尾あるいは尾口といった地名が似合う。ここは国府道の要地なので四軒の郷士屋敷か茶屋が置かれ、それで「四つ屋」との説がある。おそらく本当であろう。

攻城口正門にあたる城門の名前は四谷門。四谷見附《よつやみつけ》と呼べば見張り場のことになる。前述のように、ふたつの大きな谷を堀切って結合した部分である。南側は真田堀といって真田家が掘ったもの。偶然であるがここは大坂城でいえばちょうど真田丸の位置にあたる。江戸城の激戦地予定地と大坂城の実際の激戦地がどちらも真田家とまつわるのは面白い。この堀は関東大震災で大量に出た廃材の捨て場となって埋められた。それでもまだ十分空堀の状態なので、もとの深さがしのばれる。現在、堀底は上智大学の運動場となっている。

さて、戊辰《ぼしん》戦争での板垣退助のように、甲府街道を直進してきた攻城軍は、四谷口に達すると、真田堀を前にして、まず玉川上水を閉める。これだけで百万都市・江戸の町は降参である。念のために北側の神田上水も閉める。水源を堀の水に頼れば疫病も起こりやすい。内応者もぞろぞろ出てくるだろう。なにせ百万人もいるのだから。海は浦賀を押さえ湾内への物資の輸入を止める。こうしてしばらく待つだけで、そう攻防はなくとも内応者により外堀を越えることができる。

外郭が落ちるとあとは内郭の江戸城本体である。海岸沿いの台地に作った広い城としては、島原の乱のときの原城が似ている。原城はろくな水源もないのに三万人が三カ月立て籠もれた。江戸城には千鳥ヶ淵をはじめとする広大な堀水もあるので燃料さえあれば大丈夫だろう。これからは通常の城攻めとなる。甲州街道を進撃してくる攻城側は、四谷口を破った後は、吹上地区を守る半蔵門と北の丸を守る田安門に迫る。田安門は、外側の台地を削って無理矢理城側を高くしているが、半蔵門にはこの工夫もない。千鳥ヶ淵という人工湖のダムなので、切り落とせる木橋や跳ね橋にすることもできない。それで幅広い堤の上を力攻めで押し破ることが出来る。

本丸の弱点・北はね橋門

ここが落ちれば、後は本丸の北桔橋《はねばし》門（写真）だけである。もとは西洋式の跳ね橋で、台地と切り離せるようなっていた。西欧の城は石造りなので、大型の跳ね橋が吊れるが、我が国の木造の城門では構造が弱く短い橋しか吊れない。それで出入り口部分の堀幅は狭くならざるを得ない。――といっても攻めるのはやはり難しいが、幸い横矢を受けることのない突出地形なので、銃や大砲で制圧して、土嚢・丸太で狭く浅い堀の部分を押し渡り枡形内に侵入。同時に直角に向きを変え、櫓門に正対する。ここが一番難しいところだ。抱え大筒をなんとか持ち込んで櫓門を破壊したい。大変な作業であるが、しかしこの城門さえ抜くことができれば内側はすでに天守閣の真下。双六《すごろく》でいえば上がりの場所である。あとは台地の尖端、富士見櫓までさえぎるものはない。なだらかに下るばかりだ。道灌時代にあった二本の堀が埋め立てられ、大奥の建物が続き、防御施設はないも同然。女の城なので、常備兵は腰元衆のなぎなた軍団だ。以上、北桔橋《はねばし》門は、江戸城攻めにおける唯一の難関であるといえる。誰が指揮をとってもこの城門が攻防の切所となる。

もともと江戸城本丸部分は、台地側からみて、三の郭、二の郭、一の郭と逆に低くなっていく「沈み城」だった。沈み城では普通に城門を作ると、攻撃側の標高が高くなる。それで普通は尾根筋を完全に切断して、城内の一番高い所から外側の出来るだけ低いところに城門橋をかける。家康は、これらのくふうがあったであろう二本の空堀を埋めて本丸を拡張した。築城主任の藤堂高虎は、代わりに二層の帯郭を置いて、中央の天守を守った。しかし家康は「本丸の防御は不必要。天下を治めるための広い御殿の方が大事だ」と思っていた。二代将軍秀忠も同じ考えで、前述のように、藤堂高虎工夫の二層の帯郭を潰して邪魔な天守閣を隅に築き直した。江戸城は、三代の将軍により、天下一の巨城へと拡張されていったが、それは外郭の話。本丸内の防御施設については一貫して「城から御殿へ」の方針で潰していった。そして本丸の最高所は大奥へと変わった。

『男どもが工夫重ねし本丸も　愛を争う女の城へ』

結局ぎっしりと御殿が建てられ本丸には庭もない。天下の政務を執るには狭すぎるのだ。太平の世に入るとどの藩の殿様も、手狭になった戦国時代の郭を捨てて、広い御殿を城下に設置する。後述する熊本城や佐賀城でも、藩主は城の川向かいの広い屋敷に住んでいる。江戸城も大手門前の将門塚のある酒井雅楽頭の屋敷一帯ならば本丸の二倍の地積がとれる。主に老中屋敷を置いた今の皇居前広場外苑なら四倍だ。平安京の大内裏《だいだいり》は五十万坪ある。徳川氏は本丸台地にこだわり過ぎではなかろうか。四万坪で日本国全体の仕置きは難しい。

幕府が中世からの本丸居住にこだわるのはなぜか。おそらくその理由は参勤交代制にあると思う。江戸城を守らせるという理由で大兵を率いての在府を強要している以上、自分も本丸に住み、大名たちにも詰めさせて、城を守る気分を出させないといけないのだろう。もちろん真の理由は、大名たちの資力を削ぐことである。

大砲対策

日本の城は、銃対策については、しっかりと考えられている。攻城側の銃の威力を減殺する広い幅の堀。二層櫓や三層櫓の組み合わせは、そのまま城方の銃火力の集中度を表している。戦国後期となると幾分大砲への防御も考え始める。秀吉の誇る大坂城も結局砲撃で落城した感がある。福岡城や丹《たん》波篠山《ばささやま》城では天守台までは築いたのだが、天守を築いていない。大砲の威力を恐れ始めたのだ。

近江の大津城は京都側の山地に据えられた大砲で陥落したので、新たな城はできるだけ山から離したところに築いた。これが膳所《ぜぜ》城。猫の額のように狭い湖西の平野には、坂本城、膳所城、大津城の三つの城跡と天智天皇の近江京と、旧跡がぎっしり並んでいる。

大砲の進化はイスラム圏とキリスト圏とでは違ってゆく。イスラム圏では普通に地上での大型砲に進化した。貿易船にたくさんの大砲を積むという発想がなかったように思える。シンドバッドの時代から普通の貿易船で不都合はないし、陸路もある。それに引き替え、東洋に進出してきた西欧諸国は船と武力だけが頼りだった。そこで頑丈な船にたくさんの大砲を積むという考えに至り、大航海時代が始まったわけである。

日本の抱《かか》え大筒は、名前通り抱えて撃ち、上手に転んで反動を消す。車輪を付けての野戦砲には進化しなかった。もともと狭い山道や谷川が多い国である。特に山城を落とすにはこの抱え大筒の方が便利だったそうだ。どこでも人間が担いで運べるから。旧日本軍が分解して運べる山砲を重宝したのと似ている。

南蛮紅毛の国々、海からの攻撃

江戸城の海の守りは下田と浦賀である。下田港は戦国時代、北条家の水軍基地であった。浦賀は対岸に造船所がある入江で、長崎とよく似ていて、ふたまわりほど小さい港《みなと》だ。資料館に、三浦半島から房総半島まで船を並べて東京湾を封鎖する絵図があった。長さは目測でも九キロはありそう。このような半分外洋で潮の流れが速いところで本当に船を並べたことがあるのだろうか。今、女神大橋がかかっている長崎の港口《みなと》は幅わずか五百メートルである。ポルトガル艦隊を閉じこめるためにここに何度か船橋をかけたが、それでも風浪が激しいときは、なかなか難しい作業だったのだ。

かくしてペリー艦隊が下田、浦賀に現れるだけで、多くの物資を船便に頼っている江戸は降参の形になる。百万都市を抱え込み、あまりにも太りすぎれば、完成された名城といえども戦えない。とりあえず幕府は急いで江戸城海岸沖（品川）に四角形の台場（砲台）を多数築いて守ることにした。十二ヵ所が計画され八ヵ所が完成している。広さは、二万坪のものと一万坪のものとがある。大砲の方はすでに反射炉を築いて新型砲の量産体制がとれる佐賀藩に二百門を注文。佐賀藩では反射炉を増築し、五十門が納品されている。以前、太田道灌の品川館を調べに行ったが、地形も変わっていてまったく判らなかった。これは盛大に掘り崩して品川台場埋め立ての盛り土にしたからだそうだ。

『道灌の品川館を掘り崩し、築く守りの品川台場』

この台場群のように近代の城は四角形や星形の要塞群となった。死角をなくし、かつ十字砲火で守る。その形から稜保《りょうほ》式要塞という。欧州ではこれを平原に要塞群として並べたものと、パリやウィーンのように、半分にカットしたものでぎっしりと都市を取り囲むものとがある。宮崎アニメの「天空の城ラピュタ」に出てくるティディス城は、フィクションであるが、塔もあればその真下に砲台もあるという過渡期の姿をよくみせている。町を取り囲む城壁・砲塁の防衛地帯は、近代には環状線になることが多いが、ウィーン市では公園・劇場の点在する緑地帯となり森の都を形づくった。ヨーロッパの城市発達の極相《クライマックス》といえる。

我が国の稜保《りょうほ》式要塞は都市を囲むこともなく、郊外にポツンと置かれた五稜郭（四万坪）は試作品といえる。しかも中央には和風の奉行所があって、およそ近代要塞というものが分かっていない。もっとも郊外に新築した役所の防備施設と考えれば、建物が主で堡塁は従かもしれない。予算不足により予定工費の八分の一である五万両の段階で一応完成とした。それで未完成の城ともいえる。

長崎の台場にはみるべきものがある。ペリー来航の五十年前、イギリス軍艦フェートン号が長崎に侵入して大暴れ。これを防げなかった長崎奉行は責任をとって切腹した。警備担当の佐賀藩は、貿易風の季節も過ぎたとして兵を解いていたのだ。この事件で切腹した佐賀藩士は二十六名を数える。以後の血の滲むような五十年の努力により反射炉を完成。安価で高性能の鉄製大砲を量産。青銅製の巨砲と混ぜながら長崎外港の四郎ヶ島《しろうがじま》台場と伊王島台場に順次並べていった。侵入する外国船を挟撃する態勢をほぼ完成に近づけていたのだ。それでペリー来航に驚いた幕府からの大量注文にも応じることができた。台場の仕上げと備砲の試射はまだであったが、一朝事ある時にはもう使えるレベルだった。

さて、ペリー艦隊が浦賀ではなく、長崎に来た場合、四郎ヶ島台場を制圧することができただろうか。石造りの海岸要塞（台場）とタールを塗った木造外輪船との砲撃戦では、砲の性能が等しい場合は艦隊の方が圧倒的に弱い。特に外輪が弱点で、砲弾が直撃せずとも破片を受けただけでも航行不能になる。それで軍艦は弱点を水中に隠したスクリュー船に移行していくのである。

まともに撃ち合えばまずは砲台の完勝なので、ペリー艦隊がとれる方法としては水先案内人を雇い、高速で長崎港内に奇襲侵入して町を砲撃するしかない。しかし帰りには四郎ケ島砲台と伊王島砲台との挟み撃ちで袋叩きにあい、数隻が航行不能になると思われる。

『長崎の四郎ヶ島台場恐るべし　ペリーの方が夜も寝られず』……である。

もちろんはじめからペリーは長崎を玄関とする日本の外交体制を拒否し、直接江戸での交渉を狙う方針であった。プチャーチンのロシア艦隊は我が国の外交政策に合わせ長崎に来航、高飛車に出ることはなかった。長崎の砲台の効果もあったかも知れない。長崎に設置された佐賀製の大砲群はいつの間にか姿を消した。戊辰戦争に使われたのだろう。国防の設備が内戦に使われたのは残念なことである。

台場の最終発展型は、明治政府が三十年の歳月をかけて築いた浦賀水道を締め切る三つの台場といえる。ついに念願の東京湾を守る形が作り上げられたのである。台場という用語は海上堡塁という用語に変わったので海堡《かいほ》と呼ばれる。水深数メートルの品川の海に築かれた品川台場と比べ、浦賀水道水深五十メートルの海底から聳える第三海堡はまさに海中ピラミッドである。高さ・容積ともにクフ王のピラミッドの三分の一弱になる。明治二十五年から配備が始まった国産巨砲は、日露戦争のときには大陸に運ばれて旅順要塞を破壊し、日露戦争勝利への大きな力となった。堡塁そのものは関東大震災で崩れ、東京湾口を塞ぐ航海の難所となったが、近年ようやく最上部が撤去された。この台場の発達を極めた世界一の海堡は、海中なので見ることができない。それで観光資源にならないのが残念である。

南蛮紅毛の国々、空からの攻撃 及び大自然の攻撃

その後のわずか五十年間で、航空機、爆弾が爆発的な進化をとげた。南蛮紅毛の国々の空からの火攻めは、もう白漆喰《しろしっくい》を塗る程度では防げない。江戸城では、西の丸の明治宮殿と大手門などが焼失した。空襲を防ぐ高射砲は、用地の買収問題と皇居への破片落下を防ぐために、効果的な場所に設置できなかった。また、日本の高射砲の生産数は信じられないことに諸外国より桁違いに少なかった。貧乏国が列強に対抗できる一流の軍艦飛行機を無理して整えたので、守りの方はガラ空き状態になっていたのだ。今の自衛隊は専守防衛であるが、旧軍は専攻攻撃の軍だった。

高射砲に先立つ味方機による迎撃はどうだろうか。初期の飛行機ならば、皇居外苑か吹上を滑走路を備えた「飛行丸」に変えれば防げそうだ。しかしすぐに飛行機が大型化したので、滑走路は周辺の武蔵野台地に作られた。これが調布・立川・横田・所沢の飛行場群。大戦中に厚木の飛行場も作られた。しかしターボエンジンの開発に失敗、空気の薄い成層圏を飛んでくる米軍機を日本の戦闘機は防ぐことができなかった。こうして江戸城に限らず、全国の多くの城が戦災で失われた。

米軍はよく知られるように九十九里浜への上陸作戦を計画していたが、これは陽動だった。千葉県を占領しても東京との間には、本稿冒頭に記した、利根川、鬼怒川、江戸川、荒川、隅田川——と、うんざりするような大河の乱流する大湿地帯がある。渡河も大変で戦車部隊も使えない。それであくまで主攻路は湘南海岸であった。地盤も良く、障害は多摩川一本だけである。上陸後、一挙に相模原台地を占領、最初から爆撃目標からはずしていた厚木飛行場を基地にする。多摩川はどこか一カ所を選んで強行突破、戦車戦に適している武蔵野台地に入れば後は自由な作戦を行える。最後の障壁として江戸城の外堀、内堀があるばかりである。これは手を入れれば結構な近代要塞となり得る。しかし展開としては前項で述べた近世の江戸城攻めのシミュレーションに同じである。

近年、日本列島を攻めるのは南蛮紅毛の国に加え、中国、朝鮮も考えられるようになった。おまけに列島を定期的に襲うのは大自然である。江戸城は入江の奥なので、津波には強い。問題は地震か。名古屋城はマグニチュード八の地震に耐えたが、同じ規模の関東大震災で、江戸城の諸門、諸櫓は多くが倒壊した。今残る伏見櫓も富士見櫓も再建されたものだ。今後は、日本最大であった天守閣も木造で再建したいが、振り袖火事、関東大震災、東京大空襲と毎回、十万単位の死者を出した都市なので、これはやはり耐震耐火のコンクリート造りになるかな。考えてみれば大震災にせよ、米軍の空襲

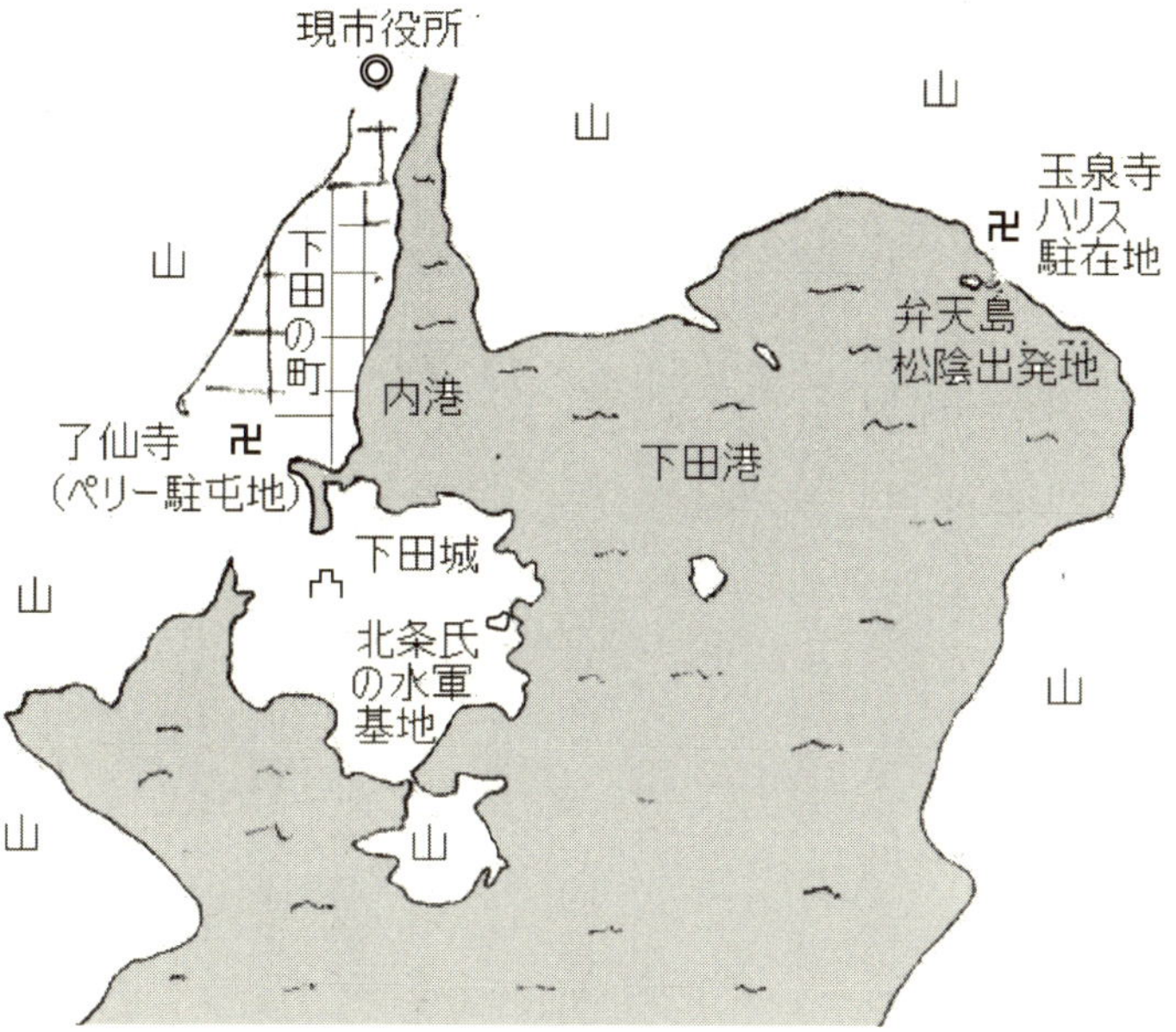

下田港要図

にせよ、大被害の原因は火災である。火災さえ防げば被害は十分の一に抑えられるだろう。都心に多い八車線以上の幅広道路はよい火除け地（防火帯）である。かえって地平線まで家の建ち並んだ武蔵野の方が危険だと考える。

○江戸城の海の玄関・下田紀行

横浜の中華街の中央、関帝廟《かんていびょう》から出発。ホント中国人は関羽に好きだな。帝号を与えたら関羽は嫌がるんじゃないかな。至誠の人だからね。忠誠が看板の人物に帝号を与える意味がまず分からない。乃木将軍を乃木帝と呼んだら本人から刀で切られかねないぞ――などとつぶやきながら、箱根・天城の峠を超えていく。天城越えがこのような険路だとは知らなんだ。江戸城を守る幕府の沿岸航路の警戒施設（奉行所）は、当初は下田と走水《はしりみず》（浦賀近郊）三崎（城ヶ島近辺）の三箇所であったが、後に浦賀に集約された。このような遠見番所の仕事は、火器と人・物資の統制である。

ようやくついた下田の港は、長崎の港を高さ六倍に拡大したような港で絶景。箱庭のように美しい。港内の島々は、宮崎アニメ「未来少年コナン」に出てくるハイハーバーそっくりである。ここがモデルか。宮崎駿《はやお》によれば、当初の設定は房総半島先端あたりが主人公の住む「残され島」で、悪の工業都市・インダストリアが川崎方面だそうである。

ペリーはミシシッピ号を旗艦に軍艦十二隻を連ねた砲艦外交を考えていた。しかし、自慢の蒸気船艦隊は故障が多く、中国の太平天国の乱に艦艇も割かねばならない。こういった諸事情で四隻になった。二度目は七隻で来港。補給船を入れれば九隻の大艦隊である。ペリー艦隊による砲艦外交に敗れた幕府は条約を結び、下田と函館《はこだて》を開港した。下田は国内水運の大きな中継地なので、他国の艦船が要求する物資も用意できるのだ。そして当時は北海道周辺が捕鯨の好漁場だった。アメリカ政府からは「まず一カ所を開かせよ」という指示だったので、函館はオマケといえる。この後、アメリカは南北戦争でゴタゴタ。しばらく東洋には出てこない。

了仙寺は下田条約締結の寺。西洋音楽コンサート元祖の寺でもあるそうで、海岸からの小道がペリーロードとして整備されている。すでに欧米の世論・議会では砲艦外交が問題視されていた。しかし国により様々で、本国は紳士でも現場はヤクザだったりしていよいよ様々。このような連中に乗り込まれたアジアの未開の国の政府としては、対応に苦慮するのも当たり前だろう。当時の艦隊司令官には外交官としての権限も多少あった。ペリーも本国議会、大統領からの制約と、自分の権限内でできる武力行使を天秤にかけていた。

玉泉寺はペリーに次いで乗り込んできた総領事ハリスが領事館とした寺である。下田の町の対岸で境内は三百坪程度。広さはそのあたりの農家と変わらない。ここに星条旗が掲げられた。こんな狭いお寺を選んだのは幕府の意地悪からか、それとも町の対岸の過疎地だからか。現地の人に聞いたところ、「当時は新築できれいだった。正面階段の途中で津波が止まって、建物が無事だった。他の寺社はたいてい津波でやられていた」との答えだった。本堂正面で牛を屠殺したそうで傍らに牛乳の記念碑もある。この狭さでは仕方ないが、ご本尊の目の前でいいのだろうか。お釈迦様はヨーグルトで悟りを開かれたので牛乳の方は構わないだろう。

条約を結び終えてハリスはいった。「はたして日本のためになるだろうか？」これは偽善者の台詞なのか？　彼は私欲まみれのひと旗組で、日本と欧米との金銀格差を利用して蓄財に励み幕末の混乱を助長した。帰国後は南北戦争の勃発により彼の外交姿勢は厳しく検断されなかった。一方、生涯独身で、いくつかの学校も創立し教育に尽くしている面もある。日本の歴史的開国に際して自分の名も残る。それで恥ずかしくないように身を処したいとは思っていたという。それであの程度かと突っ込みたくなるが、自分の歴史上の位置を気にする現代人だったところは将軍慶喜《よしのぶ》と似ている。慶喜も、歴史に悪人として名を刻まれないよう懸命に恭順《きょうじゅん》を貫き、薩長よりも歴史の方と戦っていた。

領事館・玉泉寺の近くの海岸に吉田松陰と弟子が隠れていた社《やしろ》が残っていた。もちろん再建されたものであるが。ここは当時は砂州で繋がった小島だった。ここから二人はペリー艦隊に向けて密航を図った。盗んだ小舟に櫓杭《ろぐい》がないことに、船を出してから気付いたのは迂闊《うかつ》である。そこで褌で櫓を縛って懸命に漕いでいく。しかし条約締結直後で世界が注目しているペリー艦隊に密航を頼むのは無理な相談であった。艦上で断られる間、小舟は褌と荷物と佐久間象山からの励ましの手紙を乗せて流れ去り、師をも罪に連座させることになった。

普通に考えればまずは長崎で通詞について蘭語・英語を学び、開国に伴う正式なルートによる渡航を検討すべきである。開港が決まった下田港にはこれからは自由にアメリカの船が入ってくる。松陰も米通訳官からも、もうしばらく待てば正式に渡航できると返答されている。どうしても密航ならば、長崎に毎年入港する十数隻の中国船を狙うのがいい。他にも長崎周辺には密貿易船も多い。また、吉田松陰の属する長州藩には対馬藩経由で朝鮮・中国へ渡る方法もあるだろう。時間が惜しいのでどうしてもペリー艦隊で密航という場合は、関係者に累が及ばないようすべての文書を処分する。そして金子君は小舟で待機させるべきであった。その他、いいたくはないが、櫓杭くらい確認してから船を出す。このような杜撰《ずさん》な計画で密航がうまくいったところで、その後の費用、通弁の方法はどうするつもりだったのか。まあ、この一途《いちず》さが吉田松陰が弟子達から慕《した》われるところなのだろう。このぶれない純粋な精神は児童生徒が取り入れる超自我《スーパーエゴ》として実にふさわしい。教育者としては理想的な人間であるが、共に事は成すには危うい。吉田松陰は下から慕われ、同輩からはどこか軽くみられるところがある。

彼が乗り込もうとしたペリー艦隊二回目の陣容は前述のように全九隻。この後に入港したロシアのディアナ号は安政の大津波に会い、大破した。ペリーのときならば艦隊全滅で面白かったのに。乗組員千人は難民乞食となり、場合によっては高慢なペリーが藤丸籠《とうまるかご》に乗せられて江戸の伝馬町へ牢送りになるところが見られたかも知れない。

最後に戦国時代の北条氏の水軍基地・下田城に登ってみた。港口の丘山に築かれた北条水軍の港城《みなとじろ》で、星形に伸びた尾根からはどの方向の海もよく見える。この城を守るには兵三千は必要。史実では立て籠った北条兵は六百人で、秀吉方一万の軍に攻められ、すぐに落城した。

○江戸城の海の玄関・浦賀紀行

下田港に続く江戸城の海の玄関は浦賀港である。奉行所と造船所の位置を取り換え、縮尺を縮めればここも長崎港とそっくりである。港口の浦賀城跡に登る。このあたりの地名は鴨居《かもい》。郡名は賀茂郡。カモ族が居住していたのか。カモ族や葛城《かつらぎ》家は、天皇家、出雲家以前の列島の支配者である瀬戸内・大三島の三島家が姿を変えたものだと思っている。本拠地はヤマト葛城の高《たか》カモ神社の地であるが、支店格の京都盆地の加茂神社が名高い。平安京をこの盆地に築いた天皇家は、先着のこの神への礼を欠かさず毎年挨拶に赴く。加茂神社のマークは葵《あおい》なので、これを葵祭という。国内各所に加茂の地名はある。地図でみると、航路の要所と、水系の奥の植民の終点のような山の中が多い。三河の国の加茂郡の豪族は松平家。紋所は葵《あおい》である。松平家（徳川家）は将軍になるために源氏を名乗った。しかし本当に源氏ならば笹竜胆《ささりんどう》や一両引き等の紋所でないといけない。葵の紋所はまずい。水戸黄門でいえば、「葵の紋所が目に入らぬか」と言われても、「あなたは天下の副将軍ではなく、カモ族ですな。その紋所が何よりの証拠」と逆にやり込められてしまう。

浦賀城跡には勝海舟断食《だんじき》の碑があった。ここで断食をして咸臨丸《かんりんまる》の無事渡航を祈ったそうだ。あの人を食ったような人物も、太平洋横断に際しては真剣だったんだな。浦賀は咸臨丸出発の地である。嵐のなかの航海となり、勝艦長は船酔いのため病人同様で部屋から一歩も出てこれなかった。乗船していた福沢諭吉は「ちょいともこわいと思ったことがない」と述べている。実際はこのとき、咸臨丸は未曾有《みぞう》の台風にあって遭難寸前。日本水夫は役に立たず、同船していたアメリカ水夫たちとジョン万次郎の活躍でこの危機を乗り切ったのだ。アメリカ水夫たちは自分たちを救ったともいえるが、立派なのは「これはみんな日本人の手柄だ。自分たちは何もしなかった」といってサンフランシスコの波止場で軽く去っていったところだ。かっこいいというか、これがシーマンシップというのか。海の男だね。

一方、福沢はどうして怖くなかったのだろう。西洋文明を盲信しているようでは、文明人とはいえないのではなかろうか。おまけにアメリカ水夫の助けを借りず、日本人だけで乗り切ったようにも書いてある。何か大きなところで「福沢諭吉はアメリカ水夫に劣る」という事実を認めないといけない。シーマンシップと並ぶ西洋の精神はシチズンシップである。これは六百年かかって西洋が作り上げた都市精神である。福沢は自分の代だけでこれを日本に移植しようとした。今百五十年めであるが、自分のわがままを口に出すことを以て民主主義だと思う者も多く、まだまだである。

浦賀から山ひとつ越えて久里浜へ。浦賀は狭い浦（港）であるが、久里浜は、その昔にあった浅い入江が砂で埋められたような広闊《こうかつ》な浜だった。ここならペリー上陸のセレモニーがゆっくりできるだろう。ペリー記念館に入る。彼の事績はたいてい知っているので、ペリーの兄について探したが、全くなかった。兄のオリバー・ペリーは、五大湖の海戦（湖戦）でイギリス艦隊を破った真の英雄である。彼の艦隊が負けていれば、アメリカとカナダの国境はナイアガラの滝ではなく、もっと手前だったろう。アメリカではペリーといえば兄の方を指すのではなかろうか。弟のマシュー・ペリーは、日本を脅して開国させた。実質降伏させたようなものだ。この時期の西洋列強はやくざであるとだれもがいう。

してみるとペリー兄は兵隊やくざで、ペリー弟は恫喝《どうかつ》やくざだ。もっとも兵法の本家の孫子に言わせれば、「戦わずしてひとの兵を屈するは善の善なるもの」なので、弟ペリーの方を名将とするかもね。それにしてもここから江戸までの陸路は信じられないほど遠いよ。時代劇では「浦賀に黒船だ、そうら走って見に行け……」とくるが、とてもそんな距離ではない。船ならすぐであるが。久里浜探査を終え、岬の反対側、数キロ離れた東京湾側の走水《はしりみず》へと向かう。

◯寄り道　走水の海峡（浦賀水道）に新旧二つの恋歌を解く

走水《はしりみず》（観音崎）は、三浦半島から房総半島への渡り口。浦賀以前に江戸城の関門（奉行所）が置かれていたところである。観音崎と房総半島まで七キロを結ぶ浦賀水道は、走水《はしりみず》の海と呼ばれる。古い東海道はここを渡るのだ。太古の時代の日本武尊《やまとたけるのみこと》もここを「なんと狭い海峡だ！」と馬鹿にした。それで海の神が怒って嵐を起こしたのである。これこのように地霊《ちれい》は常に誉《ほ》めたたえねばならず、原初の枕詞《まくらことば》もそれが役目であると漢字学の白川静博士はいう。お后《きさき》の弟橘《おとたちばな》姫は、

『さねさし　相武《さがむ》の小野に燃ゆる火の　火中《ほなか》に立ちて　問ひし君はも』と詠んで海に身を投げる。自らを生け贄《にえ》として海の神の怒りを鎮《しず》めた感動の場面である。あの相模原での火攻めの戦いの折、あなたは火の中に立って、私の安否を尋ねてくれましたね。ああ嬉しい。……と普通は訳される。あの戦いとは、草薙《くさなぎ》の剣《つるぎ》で賊の火攻めを防いだ焼津の戦いだが、姫の歌では、戦いの舞台は相模の小野、つまり今の厚木飛行場付近だ。それで場所は二説ある。「さねさし」とは、相模の枕詞で意味不明とされる。

神社手前に御所ヶ崎公園と由緒ありそうな名前のバス停があったので降りてみる。案内板に「ここが日本武尊《やまとたけるのみこと》の本営で、后《きさき》・弟橘姫《おとたちばなひめ》はこの岬で身を投げられた」と書いてある。あれ、姫の入水《じゅすい》は海峡の真ん中で、突然の嵐のためではなかったのか？　二百メートルほど歩いて神社に到着。早速宮司さんらしき人に質問すると、「港を出てすぐの海上なので、確かに岬のそばになります。侍女十名もいっ

しょでした」と、昨日見てきたかのような答えだった。なおも詳しくて、「一行はヤマトの桜井を五十九人で出発。焼津《やいづ》の戦いで五十人に減り、対岸に渡ったのは三十九人。姫の一行は従軍巫女《みこ》集団でした」とのこと。

太古の戦いは従軍巫女《じゅうぐんみこ》を連れて行く。天孫降臨も軍の先頭は女神アメノウズメノミコトだ。神武東征の軍でも女軍が活躍する。それにしても軍勢の五分の一とは多いな。白川静博士の説では中国ではこの手の従軍巫女部隊が最大三千人の記録があるという。そこまではあるまいが、兵站《へいたん》業務も兼ねるならあり得るか。神武天皇の軍の男軍《おいくさ》女軍《めいくさ》の編制については、男女別部隊説と強弱部隊説があるが、筆者は、男軍は前線部隊で、女軍は後方部隊と解釈している。これなら後者の軍内に兵站（補給・炊事）業務を司る多くの女性がいて、巫女業も兼ねていたとしてもおかしくない。それにしても港を出てすぐ入水《じゅすい》なら原因は嵐ではない。すぐ戻れば済むことだ。また、どんな嵐でも一両日待てばここは渡れる。あるいは火攻めの戦いはまだ続いていて、ミコトたちは追撃を受けていて、天孫族の東の地盤である常陸の国に脱出中だったのか。そうすると、姫と侍女たちは従軍巫女として敗戦の責任をとったのだろうか。

歌の謎を古語で解いてみる。「さねさし」というのは相模《さがみ》の枕詞《まくらことば》だが、サネは実・種で、サシとは焼き畑のことだ。そうすると、燃ゆる火とは種まき前の野焼きのことではないか。「問う」とは、妻問《つまど》い（求婚）のことだろう。そうするとこの歌は、「ああ、あの人は私に結婚を申し込んでくれた！」——焼き畑の作業中にプロポーズされた田舎娘の喜びの東《あずま》歌・相聞歌ということになる。

『感動の后《きさき》の歌はもしかして　あづま娘の喜びの歌？』

対岸の富津岬《ふっつ》まで、太平洋からの上げ潮に乗れば、あまり漕がずとも到達しそうだ。帰りは下げ潮に乗ればここに戻れる。太古の東京湾は今の数倍の広さがあるから潮も今より速かっただろう。走り水とは分かりやすいネーミングだ。それで対岸の地名も姫にまつわるものが多い。ヤマトタケルは姫の死を悼《いた》んで、『君さらず　袖《そで》しが浦に立つ波の　その面影をみるぞ悲しき』とうたったという。これはまた随分と後世の調べである。これが木更津《きさらづ》と君津《きみつ》の語源になり、姫の着物の袖が流れ着いた海岸が袖ヶ浦《そでがうら》、姫の衣（布）が流れ着いたところが布流津《ふるつ》（富津）となったというわけである。地名伝説は嘘ではあるが、誰が主人公なのかは大事なところだ。長崎の地名伝説はほとんどが神功皇后《じんぐう》。ミコトの義理の娘にあたる。ここ東京湾一帯の地名伝説の主人公は、ミコトの后の弟橘姫《おとたちばな》である。

今度は地名から解いてみよう。房総半島先端安房《あわ》の国は、四国の阿波《あわ》（徳島）の移民が建てた国なので同じ名だ。そうすると、仲間の紀州の移民も来ただろう。君津も紀州の移民が作った港で、紀津が転化したものと考える。彼らが新しい港（津）を作ると「紀サラ津」となる。袖ヶ浦とは中世地名で、袖の形をした浦のこと。これは全国にみられる。富津岬は細長い岬である。フツは古語で刀の威を表すので、刀のような尖った岬の意味ではなかろうか。

古代の恋歌を解き終わり、姫の神社と港、走水の海峡を一望できる国道の歩道橋に登り写真を撮る。ここは松任谷由実《ユーミン》の歌『よそ行き顔で』に歌われる歩道橋ではなかろうか。

「♪砂埃《すなぼこり》の舞うこんな日だから　観音崎の歩道橋に立つ　ドアのへこんだ白いセリカが下をくぐっていかないか　私は明日から変わるんだから――今の相手はかたい仕事と静かな夢を持った人――♪」

内容は青春の挽歌で、追い詰められた幻想我を歌っている。あの頃乗っていた青のセリカを思い出す。岸田秀によれば、人間の自我には、幼児全能感に根ざし幻想の幸福を司る幻想我と、ひからびた

姫をまつる走水（観音崎）の神社と港と歩道橋

現実に適応するための現実我がある。歌の主人公は、青春という幻想我を捨てて結婚という現実我に自我の座を明け渡した。そんな私を、幻想我の相棒であった友人たちは好きなだけ笑って——と歌っている。

「♪よそいき顔ですれ違うなら いやなやつだとおこってもいい よそいき顔ですれ違ったら 好きなだけ笑って——♪」

——という悲鳴のリフレインが続く歌だ。現実我による幻想我の撲滅は、誰もが通る辛い道なので、歌詞が心に突き刺さる。人はいつかは現実に生きるために青春の自由と夢を、友と共に捨てる時がくる。現実我が選ぶのは「つまらない仕事と退屈な人生」であるが、それを——

「♪今の相手はかたい仕事と静かな夢を持った人♪」——とは優れた言い換えである。

しかし現実我は人生の基盤にはなるが、無味乾燥でひからびていて砂埃が舞っていて、よそゆき顔で、幸せはもたらさない。幸せを主管するのは幻想我だからである。太古の恋歌は未来への喜びがあるばかり。現代の恋歌は失う青春への未練が強い。『いちご白書をもう一度』も同じテーマといえる。しかといって、幻想我で自我を運営していると、幸福ではあるが世間からは笑われ、かつ道を誤る。しかしドンキホーテはいう。「理想を求めて笑われるのは本望じゃ。むしろ夢や理想をなくした者達こそ笑われるべきなのじゃ！」……。これは幻想我への賛歌といえる。

歴史研究にあたっては、現実我が史料と地形で、幻想我が地名と伝承だろうか。紀行集をもとにしているためか、つい後者の比重が大きくなってしまう。孔子様からは、「思うて学ばざればすなはち危うし」――と叱られそうであるが、ドン・キホーテからは褒められるかも知れない。弟橘姫を思う「吾《あ》妻《づま》」という日本武尊の言葉で始めた関東の城・江戸城論も、同じく姫の神社で幕を閉じることにする。

『江戸城の謎と二つの歌の謎　解いて眺めるソーダ水の海峡《うみ》』

第二章　大坂城を解く

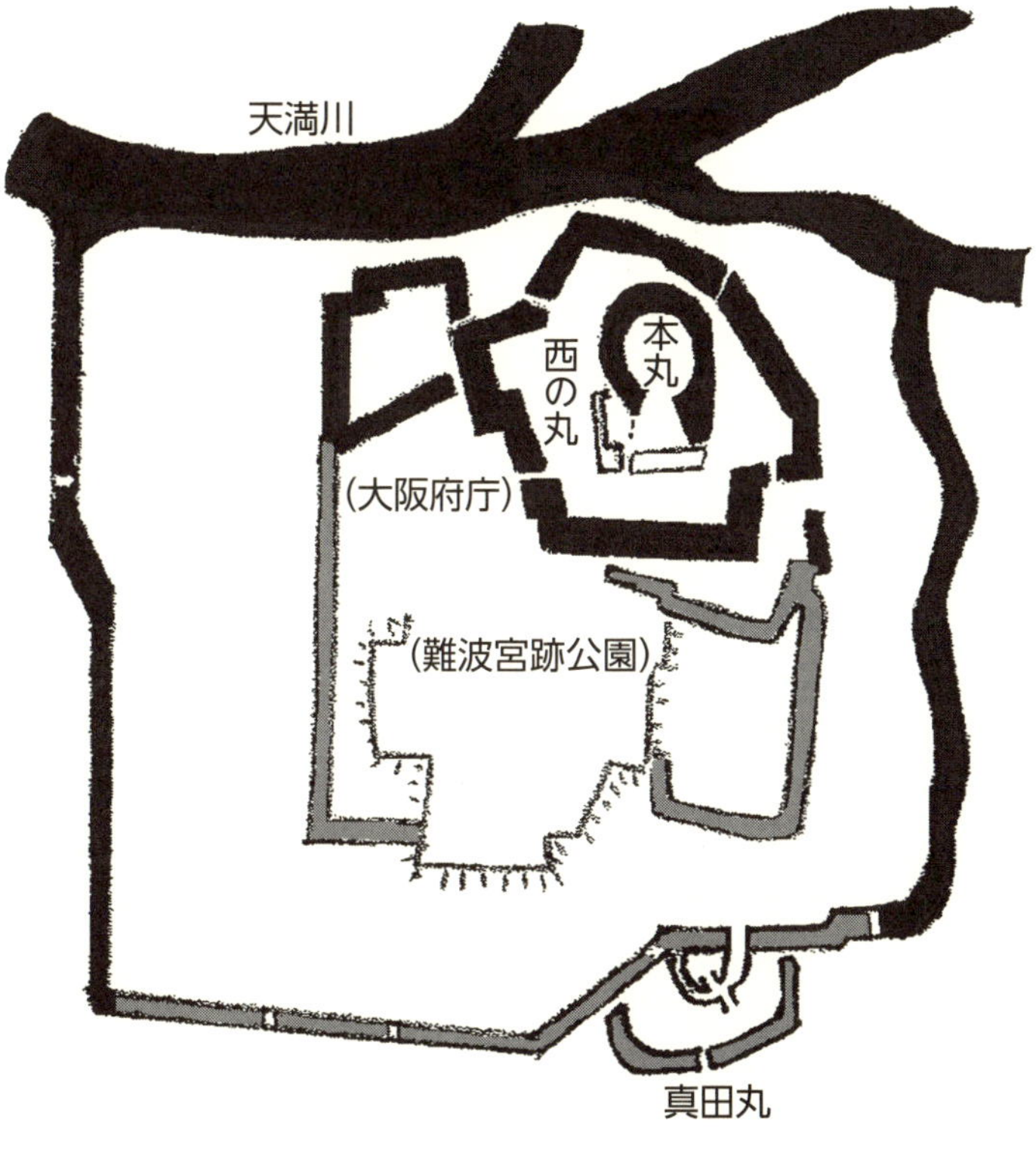
天満川
本丸
西の丸
（大阪府庁）
（難波宮跡公園）
真田丸

大阪のシンボル大坂城

太古の大坂の地勢調べ

次の夏は大阪。連日のフィールドワーク。いつも五時起床、六時出発だ。「さあ今日もぎょうさん回るでー」自然に口をついて出る関西弁が恐ろしい。長く苦しめられた英語はもちろん東北弁にも伝染性はなかった。その点、関西弁は二日も聞くと脳にインストールされ、三日目からは自分の口から出てしまうという恐ろしい言葉だ。口語日本語の極相なのか。今日は月曜日。筆者の意気込みとは逆に、電車の中は朝から疲れ果てた顔でいっぱいである。我こそは世界で一番不幸なりといった顔が並んでいる。「みな、もっと楽しく生きんとあかんでー」

三つ目くらいの駅で女子高生が大勢乗ってきて電車も一気に若返った。連日の疲れでうつらうつらしていたら、突然左側の女の子から「好きやねん！」と告られて目が覚めた。すかさず右側の女の子も「うちもやねん！」(おいおい、お前もかい、こらおじさんかなわんわ)一体何の話をしていたものやら。思い違いでご機嫌の電車を降りて天満川沿いを歩く。川筋沿いには前島密《ひそか》、五代友厚、木村重成――と、様々な時代の有名人の銅像が並ぶ。しかしかつての日本の中心の目抜き通りも今は閑散として仰ぎ見るものもいない。みんな地下鉄で移動。大阪人も地底人となったのだ。

天満川とは大坂城のすぐ北を流れる旧淀川のこと。(写真)ここは、ゼネコンの祖・仁徳天皇が切り開かれた「難波《なにわ》の堀江」という運河である。その昔、大阪平野は巨大な湖のような入江だった。河内

天満川は古代天皇が造った運河

湖ともいい、草香江、日下《くさか》江、河内潟、難波潟など、様々な呼び名がある。この水域は難波堀江による排水で干しあげられ今の大阪平野へと変わっていくのである。この広大な水域はかつては京都・奈良盆地の中央にあった湖へとつながっていた。葦の広がる岸辺がどこまでも続き、岸辺のそこここで水田耕作が行われていた。「豊葦原瑞穂《とよあしはらみずほ》の国」とはこの湖ネットワークのことだろう。この中で一段高く水はけの良い奈良盆地が「葦原の中ツ国」だと思う。ここの太古の酋長はナガスネヒコというが、中ツ根《ね》彦ではなかろうか。

　この広大な内海と瀬戸内海を分ける防波堤のような岬が南から伸びる。断層で出来上がった上町《うえまち》台地と、そこから更に尖端を伸ばす天満砂州《てんまさす》である。上町台地の北端に置かれた都を難波の宮という。台地は北へいくにつれて高く細くなってゆき、その先端に石山本願寺や大坂城の本丸が置かれた。ここで台地は突然、崖となって消え、天満砂州へと姿を変えるのである。このような階段状の岬は、普通、階崎（しなさき）と呼ばれる。椎名という姓も千葉県の椎名崎（階崎）から。川なら階川《しながわ》（品川）。野原なら階野《しなの》（信濃）である。単層の岬で、尖っていればイラ処《こ》崎（伊良湖岬）、刀のようであればフツ崎（富津崎）、長い岬は、場所を表すラを付けて長ラであるが、柄の字をあてて長柄《ながら》崎などと呼ばれる。重要な港の集まる半島北部は「津の国」とされた。半島根本《ねもと》は泉の国。この国名はさらに根本の泉郡からとられたというがどうだろうか。東方の伊豆の国も、海に突き出た「出《い》ずの国」だと考えられる。日本の中枢の内海を瀬戸内海と隔てるこの長大な岬の国を太古の人は「出《い》ず水《み》の国」と呼んだのではなかろうか。和銅六年の「地名は二字のめでたい字にせよ」という法（二字好字令）により、「泉の国」は和泉国へ、隣の「木の国」は紀伊国へと改名された。「津の国」から摂津の国への改名の経緯は少し複雑であるが、この法令の影響もあっただろう。

運河築造

上町台地から北に延びる天満砂州と、千里丘陵から南に伸びる吹田《すいた》砂州との間の水道は、神話時代（おそらく二～三世紀）は船が通れたが、しだいに堆積が進み、五世紀には流れもよどみ、船も座礁するようになってきた。それで上町台地と天満砂州の境目に運河兼排水路を掘り切った。これが「難波《なにわ》の堀江」、今の天満川である。十数年を要したと思われる工事の完成時の様子はどうだったろうか。水位の低い海側からぎりぎりまで掘り進め、雨期の増水時に切れるように設計。いったん切れたら、沸き起こる激流が工事の仕上げをしたのではなかろうか。

この難工事を成し遂げた仁徳天皇にとっては、世界最大の古墳作りなど簡単だったろう。しかし天皇は、自分の陵《みささぎ》をこの運河を見下ろす崖の上、今の大阪城の地に作ると思う。工事の残土が山のようにあるし、造り上げた大運河と難波宮、並行して建設が行われた茨田《まむた》の堤《つつみ》も望むことができる超一等地だからだ。事実、大坂城はその昔は古墳だったといわれる。それなら今の仁徳天皇陵は別の天皇のものか？　まあ仁徳天皇を代表とする数代に渡る大工事だったのかも知れない。

この難波の堀江の急流には船は着けづらいので、下流の窪んだところを港にした。これが窪津《くぼつ》。ここは運河によって切り離された北側・天満砂州への渡り口なので、渡辺津《わたなべのつ》ともいう。「渡辺《わたなへ》」とは古語で「渡るところ」という意味である。平安後期には渡辺橋が架けられた。この落成式で、文覚上人《もんがくしょうにん》は人妻の袈裟御前《けさごぜん》を見初め、中世には、楠木正成《くすのきまさしげ》がこの橋を巡って見事な攻防を見せた。その場所を探してみたが全く分からず、川近くの横断歩道をみて、だいたいここらあたりだろうと想像するばかりだ。宇治橋や瀬田の唐橋《からはし》と並んで日本を代表する橋なので、長崎の思案橋のように目印となる欄干くらい作って欲しい。この渡辺津の南にも入江がいくつかあって、その総称が難波津《なにわのつ》である。これらの運河港が開かれるまでは、少し南の住吉津《すみのえのつ》が使われていた。

石山本願寺も大坂城も、西側の難波津に向けて正門が置かれていたと思う。城内（寺内）に登る小坂が大坂と呼ばれるようになり、明治からは字が大阪に変えられた。大坂（難波）に造られた都について簡単にまとめてみよう。

①十六代仁徳天皇　難波堀江《なにわのほりえ》開削、茨田堤《まんだのつつみ》築造、難波高津宮《たかつのみや》の造営。
②三十三代推古天皇摂政の聖徳太子、四天王寺を築く。当初はこの辺りといわれる。
③三十六代孝徳天皇、六四五年に難波長柄豊崎宮《なにわのながらのとよさきのみや》に遷都。ここで中大兄皇子は大化の改新を断行。その後、飛鳥へ群臣を連れて移動、残された孝徳天皇はここで憤死。
④その後、四十代天武天皇や四十五代聖武天皇も難波を副都とした。

この他、神話時代のニギハヤヒのミコトをまつる磐船神社も本来この地で坐摩《いかすり》神社本宮もそばにあったという。日本列島有数の一等地である。

ナニワとチヌの語源を考える

記紀（古事記・日本書紀）によれば神武天皇東征のみぎり、浪が速い国だったので浪速（なみはや）の国と名付けたとある。なみはや→なみは→なには→なにわ――の順の変化である。その場所は大阪の生玉《いくたま》神社だといわれるが、当時の生玉神社もまた今の本丸あたりだといわれる。神武天皇の水軍は、ここから流れを遡《さかのぼ》って生駒《いこま》山麓に到達したのであるが、少しおかしい。神話時代の地形なら河内湾の入り口は今の千里丘陵の麓になる。万博が開催された丘である。今の大阪城下あたりが浪速で、川を遡って生駒山脈に達したというのは記紀の作られた八世紀の地形で二～三世紀の神話時代の話を説明したものだろう。もっとも内陸大湖沼地帯への入り口が違うだけで、終点の港は同じ草香《くさか》津である。ちなみに草香に部《べ》をつけると草壁になる。

また、仁徳天皇が皇居・難波高津宮《なにわのたかつのみや》の北に堀江を造ったとも書いてある。これも順序はどうだろうか。高津宮とはおそらく「河津《こうづ》宮」で、川港の宮殿という意味だろう。それなら運河開削後に置かれた宮になる。この運河があってはじめて大坂の地は一等地となり、宮も置かれるのだ。場所は不明とされているがおおむね今の難波宮跡公園周辺と思われる。建設工事は、堀江の完成→港の築造→宮殿の築造→陵の築造――の順になる。まず、台地の北端の高所に運河の開削工事を指揮する本部事務所を置く。運河が出来れば港も作れる。その次に台地の上に都を建設する。最期は建設工事の本部事務所を置いたこの丘に陵を作る。これが自然な順といえる。もう一度まとめてみる。

①河内湖の排水と運河を兼ねた水路を開削する。
②水路横に港を開き、大和、筑紫、大陸を結ぶ。
③台地の上に離宮、あるいは都を置く。

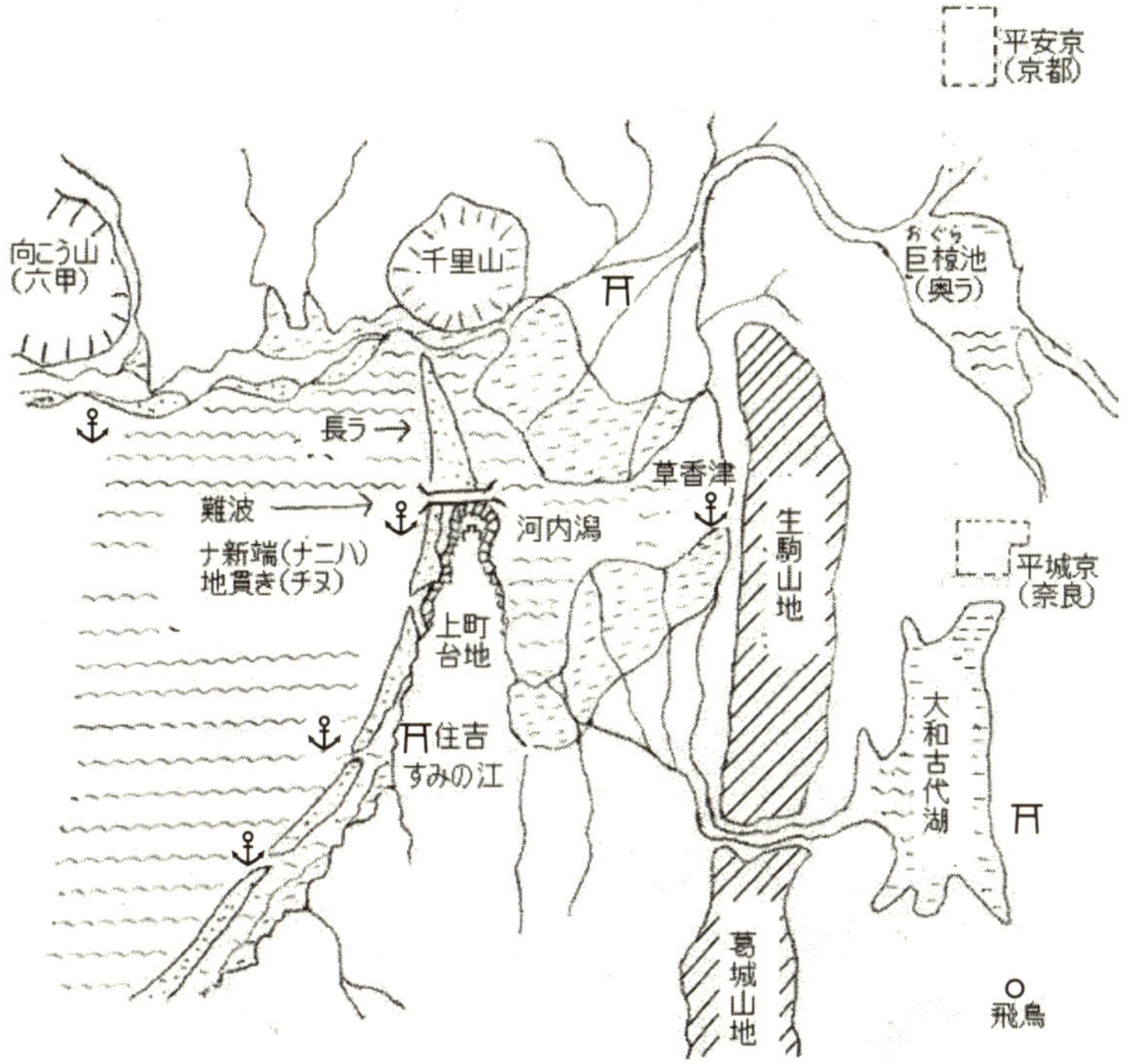

大阪平野の太古の姿

④台地北端の最高地点に、自分（工事を行った天皇）のための陵《みささぎ》を作る。

以上を地形古語で考えればどうなるだろうか。大地はナで港はツである。博多駅の海岸側は今でも「ナの津」口である。地震を古語でナエというのは大地（ナ）が壊れる（エ）からだ。南から延びる上町台地――天満砂州の半島は、難波の堀江により切断され短くなった。運河に面する台地の先端は「大地の新しい端」なので、「ナ新端」（ナニイハ→ナニハ）となる。そこの川港に都を造るとナニハのカワのツの都――難波高（川）津宮となる。更に地霊《ちれい》を褒《ほ》めて「大地の端の長い岬の豊かな都」と名付ける。これが難波長柄豊碕宮《なにわのながらのとよさきのみや》。仁徳天皇の難波高津宮から二十代およそ二百二十年を経た六四五年に中大兄皇子が建設した都の名で、場所も重なると思う。大化の改新の大事業はここで行われた。日本で初めての大陸的な都城は従来は藤原京とされているが、その五十年前に造られたこの後期難波宮がどうも雛型のようである。これらの日本史の豊かな史跡はすべて今の大阪城の地と重なっている。

次にチヌ。大阪湾はチヌの海と呼ばれ、黒鯛がよく釣れた。それで黒鯛をチヌと呼ぶようになったという。茅渟（ちぬ）とは和泉の国の古名。一般には、茅《ちがや》の生えた、つまり、その種の草の多い国の意である。水に乏しく土地も痩せているが、狩猟には向いているということで、茅渟《ちぬ》の宮という離宮が置かれた時期がある。難波宮の天皇も毎日、船を淡路島まで出して良水を求め、陸続きの和泉からは求めていない。

チヌを地形古語で解釈するとどうなるだろうか。通常、川の自然堤防が切れたところを「切れ」とか「ヌキ」という。一般的な地名古語である。たとえば、拙宅の近くに嬉里《うれり》郷と洗切《あらいきり》小学校とがあり、大貫《おおぬき》さんや綿貫《わたぬき》さんが住んでいる。洗切とは「新《あら》切れ」。嬉里とは「切り」。大貫とは大きく堤防が決壊して貫かれた場所、ワタ貫きとは海（ワタ）沿いの堤防の決壊を指す。すべて河川海岸の氾濫《はんらん》地名だ。これらから考えると、陸地を貫いて内海の水を導けば、そこの地名は地貫（チヌキ）となる。チヌの国とは「運河で掘り抜かれた国」の意味になる。ナニワもチヌも地形古語上は、運河開削から発生した地名に思える。

列島の海運を司る神々

神武東征着岸の港は前述のように、生駒山麓の草香津（日下《くさか》）。ここはナガスネヒコ等の酋長たちの治める大和の国の外港・玄関なので、太古の大阪港みたいなものである。神武天皇は、九州から来て初代天皇を名乗るので分家である。倭人伝に「女王国の東、海を渡る千余里、また国有り、皆倭種なり」――とあるのがそれだろう。以後の欠史八代を兄弟相続とみると、十代崇神天皇が実質五代目くらいになる。この頃、北九州の皇室本家が史書通り南九州のクヌ国から滅ぼされる。邪馬台国は東西二つあって卑弥呼も二人いたというのが自説であるが、巫女政治の我が国では村も国もヒミコだらけで石を投げたら当たるほどいたのだ。今でも沖縄には各村ごとにいる。

実質七代目くらいの景行天皇からヤマトタケル、仲哀《ちゅうあい》天皇、神功《じんぐう》皇后までの四代に渡って繰り返し行われる熊襲《くまそ》征伐はレコンキスタ（国土回復運動）といえる。滅びた本家の領土を畿内分家が取り戻す戦いである。仲哀天皇は記紀では変死だが、地域神社の伝承では上陸してきた新羅兵を破り、熊襲との戦いで亡くなられたとなっている。ここで住吉大神が現れ神功皇后に三韓と高句麗を授けた。これはどういうことだろうか。皇后は熊襲反乱の元を絶つためには半島の制覇が必要と考え三韓征伐を企画、志賀島を含む糟屋郡を根拠地とするアヅミ族に玄界灘の遠征軍の渡海をお願いした。部族にお願いすることは、太古ではその部族の神にお願いすることである。神功皇后は干満を支配する玉を豊浦《とゆら》津でもらったので、今の下関でアヅミ族との協約が成ったといえる。

皇后の三韓征伐を海運面で大きく助けた阿曇《あづみ》族船団は、そのまま皇后の畿内帰還も担当した。しかし神武東征からおよそ十代の間に、大阪平野の堆積が進み、船団は内海にも河口にも入れず、河口両側の隅の入江を使うようになった。これが隅の江で、住吉《すみのえ》の字を充《あ》てて、大阪と神戸の住吉神社になったと考える。古事記には仁徳天皇（皇后の孫）が住吉津として定めたとある。現代では住吉、堺の港は大和川の付け替えによる堆積で埋まったが、神戸港は日本の貿易港としてまだ機能している。ついでながら阿曇族はその後、東遷したのが地名から読み取れる。渥美、熱海、安住、安積……など全国に多い。本家は信濃の安曇である。

もうすこし古代史に寄り道すると、本来、瀬戸内を支配していたのは大三島の三島大神（日本列島総鎮守）であったが、この時代にはすでに畿内に東遷している。物部家、皇室、阿曇族のみならず、出雲家も三島家も東遷している。列島は東西に長い。神々の世界は複雑なので、とりあえず住吉神とワダツミ神とツツノ男神は同じ。三島神とシイネツヒコとオオヤマツミも同じ。そして後者・三島神が、葛城氏＝鴨氏＝息長《おきなが》氏へ衣替えしたと考えると分かりやすい。三氏ともに皇室も敬う名族であり、現在の皇室も息長系とされている。

古墳と古代宮殿とお寺の上に築かれた大坂城

台地端に築かれた城としては大坂城も江戸城と似ているが、三方を川で囲まれているところが違う。ここは難波の堀江の開削により日本列島の一等地となった。難波宮、石山本願寺、大坂城――は、いうまでもなく、おそらくは巨大古墳も原初の生玉宮も聖徳太子の四天王寺もここである。日本列島に統一政権が出来たときは都と並ぶ繁華な地となるのであるが、権力が地方に分散した中世では都と同じく寂《さび》れていた。

中世の古図では石山という山が描かれてある。国の中心で一番見晴らしの良い丘が石山と呼ばれていれば、それは石で葺《ふ》かれた古墳。まずは難波堀江の工事にたずさわった天皇のものだろう。古墳群をもたずに、たった一個だけ仁徳天皇陵クラスの大墓があっただろうかとは考えるが、地形上、巨大古墳は、ひとつしか作れない上町台地の末端部なのである。豊臣《とよとみ》大坂城の本丸は二段の帯郭を持つ三段重ねの構造になっている。古墳も基本三段に造るので、そのままの姿での再利用だと思う。これでも堺の仁徳天皇陵よりひと回り小さい。前後二つの難波宮も豊臣大坂城の南側、二の丸から三の丸にかけてあったと考えられる。すでに広い街区を整えていたならば、それは藤原京に先立つ日本初の都城となる。ついでながら全国に古墳流用の城はいくらでもある。最初から国を見渡す一等地に人工の丘が築かれ掘で取り巻かれてあるので、そのまま転用されてしまうのだ。

大阪平野で一番の一等地の丘である大坂城の地に古墳が無いという方がおかしい。奈良の多聞山城《たもんやま》は古墳の上に築いた城として有名。太閤秀吉の水攻めで有名な備中高松城も、吉備《きび》の国の中原《ちゆうげん》にあってあの形であるから、大規模古墳の再利用だと思う。過日、京都の勝竜寺《しょうりゅうじ》城を調べたら、北側の城壁を横から援護射撃する横矢掛かりの部分がなんと円形であった。普通は直角か斜線に造るのである。この造りは、本丸最上部が前方後円墳の再利用だからではないだろうか。以上、畿内に限らず一等地の丘には必ずといっていいほど古墳が築かれ、中世からは城に転用される。この点、山城の場合は、ライフラインの整った山寺を転用することが多い。

石山本願寺城と織田信長の構想

本願寺は、もとは京都東山の大谷にある宗祖親鸞上人《しんらんしょうにん》を祭る小さな寺だった。八世・蓮如上人《れんにょしょうにん》は叡山から攻撃され、北陸に逃げ、越前と加賀の国境の吉崎御坊で布教に努め、北陸を本願寺王国に育てた。やがて応仁の乱がおさまったので京都に戻って山科《やましな》本願寺という城郭仕立ての寺内町を作った。晩年、大坂の地に隠居坊を築こうとしたら、地面の中にすでに礎石が用意されていた。それで石山なのだと上人の孫にあたる人物が地名の由来を記している。まあ、そんなこともあるだろう。ここは千

重要な櫓・千貫櫓

年前から何度も都が置かれたところだから、宮殿や神社仏閣の礎石が出てきても何の不思議もない。

室町幕府の最期の管領《かんれい》・細川晴元は、山科本願寺を焼き討ちしたり、法華宗を弾圧したり、石山本願寺を攻めたりとミニ信長のような一生を送った。畿内の宗教団体は比叡山や本願寺に限らず武装軍団としての性格を持っており、合戦の規模も大きい。比叡山は六万の兵で法華宗を攻め、京都の町は、また応仁の乱の規模で焼かれたという。宗教軍事勢力と幕府大名の軍事勢力が入り交じる畿内地方は、今のシリア、中東のような混沌《こんとん》の中に有った。

蓮如上人は、先祖の親鸞聖人の名と浄土真宗の教えを世に広めた事実上の教団の開祖である。山科本願寺はいくつもの土塁に囲まれた城郭造りであったが、四方から攻められ焼き落とされた。落城というべきか落寺というべきか。必然的に大坂石山の御坊が本山に昇格した。もともと要害の地であったが、戦訓を入れて更に堅固な城郭造りにした。広さは五町×七町とされているが、信長公記には方八町と書かれている。これは攻防の為に寺内町の周りに砦を組んで広くなっているのだろう。方八町といえば一キロ四方弱になる。現在の大阪城とほぼ同じ広さである。どの時代も正門は西側の難波津の町を向いていたと思う。そうしないと各地との連絡も兵糧米の搬入も出来ない。南東側の玉造《たまつくり》が大手と書かれている本もあるが、南東側は野原しかないから違うだろう。

西側の大手門、大手坂を登ると、左側から横矢を射かけてくるのが千貫櫓だ。（写真）名前の由来は謎で、石山本願寺時代からだそうだ。ここの激戦で信長軍が苦しみ、信長が「黄金千貫出しても欲しい」といったから名付けられたのだといわれる。千貫とは貴重という意味なので、重要な櫓だったのだろう。それとも本願寺系のお寺の鐘楼《しょうろう》は櫓《やぐら》を兼ねるから釣り下げられていた鐘の重さなのだろうか。あるいは茅渟《ちぬ》の海に面しているので千貫《ちぬ》櫓かも知れない。

織田信長は石山本願寺を接収したとき「本丸」と「千貫櫓」を別々の武将に預けている。千貫櫓はただの櫓ではなく、港方面を支配する準天守閣であったのだろう。この櫓は、石山本願寺、豊臣、徳川大坂城——と、三代の城で名を受け継ぎ、なんと徳川大坂城築城当時の櫓が現在まで、あの大阪大空襲もしのいで生き残っている。重要文化財に指定されているが、国宝でも良いのではなかろうか。黄金千貫とまではいかないが、銀三千貫の値打ちはある。

戦国大名以上の力を持つ本願寺勢力と戦ってきた織田信長は、総本山の大坂・石山本願寺の地を、安土に引き続く本拠に考えていたとされる。信長が、勢力圏の拡大につれ居城を移してきたこと、この地の攻略に執着したこと、彼の南蛮趣味や、弟子の秀吉が本拠とした事実などから考えると、この通説通りなのだろう。しかし、太古からの日本列島での一等地である今の大坂城の地を石山本願寺が簡単に立ち退くはずもなく、十年にわたる戦いが行われた。そして信長は貴重な人生を費やしてしまった。時間切れである。ようやくこの地を手に入れたときにはもう本能寺の変が迫っていた。この失われた十年と本能寺の変がなければ、信長による政教分離と大航海時代がみられたかも知れない。

豊臣大坂城と徳川大坂城

通説通り、秀吉は信長の構想を引き継ぎ大坂築城にかかったと考える。信長・秀吉・家康の三代にとって、城は単なる攻防の施設ではなく、その偉容で人々を従えさせるものだった。秀吉は、信長の

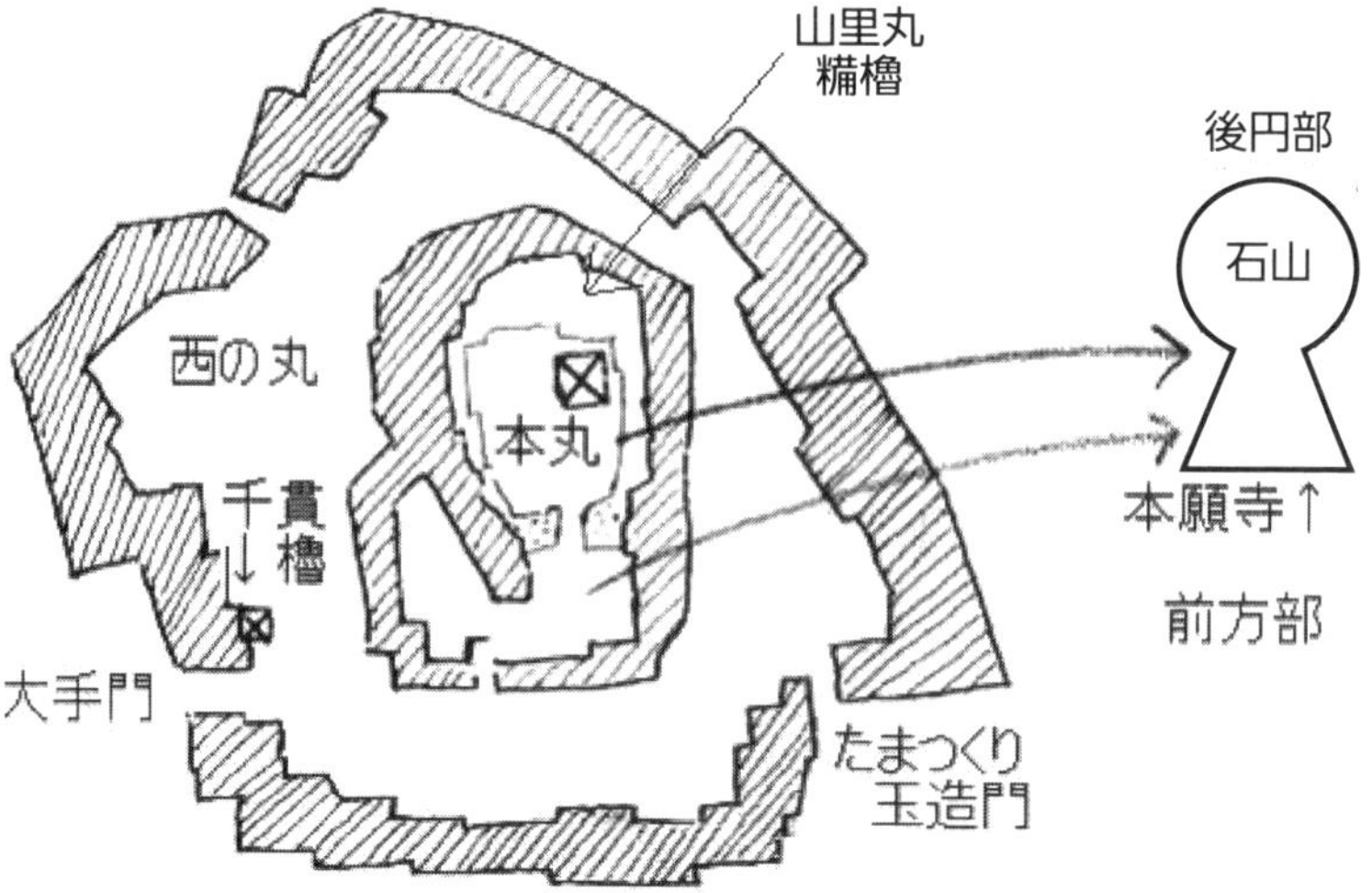

豊臣大坂城主要部

安土城以上に、見ただけで諸大名が圧倒される巨城造りを目指していた。それで大坂城の築城工事は秀吉の一生を通じて行なわれた。三の丸の範囲について諸説あるのはその時期が違うからで、どれも正しいものだといえる。昔は外郭＝総外堀＝三の丸であったが、近年の研究結果に従い、今回は外郭を三の丸ではなく、総外堀の用語を使って述べていきたい。

　秀吉の大坂城の本丸は、前面に突き出た広い郭《くるわ》があり、表御殿が置かれている。遠い昔は巨大前方後円墳の前方部で、蓮如上人の御坊もここにあったと思う。後ろに後円部と思われる石山があるからである。この広い郭は、左右二カ所で二の丸に通じている。それで築城時は、練兵も閲兵《えっぺい》もできる馬出郭《うまだしくるわ》だったと考える。しかし無用に広すぎるし、ここでの攻防はまずあるまいということで表御殿に転用されたものだろう。後ろの高所・石山を造成して、天守閣の載る本丸が築かれたと考える。

　城は、この巨大前方後円墳のような馬出郭と本丸で形作られた内郭を、五角形の二の丸が囲む輪郭式である。本丸最北部は山里丸といって自然を楽しむコーナーであるが、大坂の陣では秀頼・淀君最後の地となってしまった。城下を囲む総外堀は一辺が二キロの正方形で、北と東は川、西側は船場の港――と、三方を水で守られているが、南側は上町台地続きなので空堀を掘り切って守っている。本格的な攻城砲登場以前の十六世紀までならば、ほぼ完璧な巨城といえる。

本丸の全周を取り巻く二の丸のうち最も広い西側は、西の丸とも呼ばれる。ここには当初はおそらく政務所が置かれただろう。政務が伏見城に移っていた頃は、北政所《きたのまんどころ》・ねねが住んでいた。近年は「おね」と書かれるが、「お」は、接頭語だろうから、名は「ね」で、多分「寧《ねい》」だろう。これなら愛称がねねで文書がおね――と、皆説明できる。彼女が西の丸を引き払った後に家康がここに入る。通説通り、家康に政権を禅譲《ぜんじょう》する意志を北政所ねねは天下に示したのだろう。家康はここに四層の天守を建てたので、大坂城には二つの天守閣が並列する事態となった。三層の櫓程度なら良かったと思うのであるが、これは意図しての挑発だったのか。城はただの住居ではなく、天守閣は支配者の権威を示すものである。この件は関ヶ原の開戦原因のひとつとされた。

現在の大阪城は、幕府が築造し直した徳川大坂城であるが、城門の置かれた場所や天守閣の位置など、全体の構成は豊臣時代とほぼ同じである。巨城・大坂城は豊臣家のシンボル。徳川幕府はこれを更に高く築き直すことで、徳川家が豊臣家に勝る存在であることを目に見える形で天下の民に示した。ここに幕府を置く訳でもないので、面積こそ内郭だけの四分の一に減らしたが、堀幅を広げ、豊臣時代の三段の石垣を、更に三割方高い一段の高石垣にまとめあげた。城門内の枡形には巨石を置いて、城に入る者を圧倒した。徳川時代も「見せる城」の時代が続いていたのだ。それで今の大阪城では、縄張り設計や石垣や天守だけでなく、玄関に置かれた巨石も鑑賞したい。人に見せるべくそそり立つ豪壮な石垣や天守閣は、豊臣大坂城の「より高く、より目立つ」というテーマパークのようなコンセプトをはっきりと継承している。

それで豊臣大坂城を想像するには、今の高石垣を三割低く、それが更に三段に分かれていたと思って眺めなければならない。そうすると石垣一段の高さは今の四分の一くらいになり、随分と迫力に欠ける。しかし大坂城の完成当時は、まだ江戸城、名古屋城、姫路城、熊本城などの大型の城はなく、空前の巨城であった。

久しぶりに天守閣を間近から見る。コンクリートの復元天守閣だといって馬鹿にしてはいけない。あの全国を焼きつくしたアメリカ軍の空襲という実戦に耐えているので、戦歴は現存する他の城の天守閣と同等以上である。豊臣天守閣を復元するなら黒の漆塗りと金箔仕上げ。徳川天守閣なら白一色である。現実にはどうか。四層までは白で、五層目のみ高欄付きの黒。この姿は、豊臣・徳川の折衷・混血といえる。まあ二つ並べて建てる訳にもいかないので、このあたりが落としどころか。

天守閣というものは入母屋の大屋根の上に見張り小屋が突き出す形が基本である。やがてピラミッドのような総塔式に進化してゆく。進化の果てにできあがった、いくつもの小天守を巡らす複合連立天守閣の美しさは西洋の城郭やカテドラルに匹敵する。今の大阪城は独立天守で復元してあるが、となりに小天守用の台座がしっかりと造ってある。徳川大坂城では建設を割愛したかも知れないが、豊臣天守閣には必ずあったはずだ。今からでも遅くないからぜひ復元してもらいたいものである。

学生時代にはじめて大坂城を見たときには　これは見せるための城だと思った。普通の城はまず樹木でその姿を隠す。これを「かざしの植えもの」「しとみの植えもの」という。大坂城にはこの考えが見当たらず、見せることを第一義としている。ここはプレゼンテーションの城、人に見せるための城だ。すべてが石で覆われた西洋の要塞のような印象が残っている。天守は天主とも書かれる。初期の望楼型天守から大坂城天守閣のような層塔型天守に発達するにあたっては宣教師たちの影響があっただろう。彼らは度々信長秀吉に、西欧の城とカテドラル・天主堂について話していたのである。秀吉はこの城と、もうひとつの居城・伏見城の二つの城で日本を治めるつもりだった。

『南蛮の空にそびえる天主堂《カテドラル》に　負けぬ天守を皆拝み見よ』

豊臣大坂城を攻める・大坂城砲撃戦

この項はいつも推理して書くのだが、大坂城の場合は実際の攻防が行われているのでそれを土台に考察してみよう。西軍の真田幸村の構想は、進んで畿内を押さえ、陣を近江の瀬田に敷いて琵琶湖のほとりで会戦というものだった。豊臣恩顧の大名が西国に多数残っている頃ならばあり得る策である。しかし、中国、九州の大名が幕府側となって攻めてくれれば、背後を襲われて簡単に壊滅してしまう。話し合いの中で当然却下されて籠城《ろうじょう》となった。この真田幸村による前方展開案は専ら軍記もので、文書史料はない。しかし大いにあり得ることだ。どうにか攻める手立てを考えない限り、この東西の勝負に西軍の勝ちは無い。援軍の見込みの無い籠城策は負けたも同様だからである。

こうして冬の陣が始まった。鴫野《しぎの》・今福の戦いは、城の東北方面の川向うの水田地帯に築かれた柵での攻防である。この辺りにも付け城を築こうとする徳川側と小競り合いになったのだ。「真田丸」とは、城南の台地側四か所の城門のうち、平野口に造られた大型の馬出郭であるが、篠山という微高地に築かれたので城外砦ともいえる。真田兵三千で守り、華麗に徳川軍を翻弄《ほんろう》した。これが「真田丸の戦い」である。城域近くの小山は築城上の頭痛の種である。江戸城では、日吉神社の丘は外郭に取り込み、神田山は崩して駿河台に変えた。熊本城の場合では西郊の段山《だにやま》を取り込んで城郭化しかけていたが、敵軍に奪われ面倒であった。このような城外の小山は、そのままにしておけば敵の本陣になるので、兵力に余裕があれば城域に取り込んで砦にするのは悪いことではない。

攻城用の大砲については、昔は北側に十二門並べたと教わったが、近年は百門を越して、南側台地にも同数が並び、計二百門以上となっている。思うにこれは大砲と鉄砲の間の大きさの中砲というか、抱え大筒《おおづつ》クラスのものも数に入れるようになったのだろう。幕府側は夜も砲撃を続け、京都まで届く砲声は城兵の恐怖と不眠を誘った。轟音による心理戦である。直近の北側から天守閣を砲撃。天守の陰になる本丸表御殿は南側から長距離砲撃を行った。——とはいっても当時の砲弾は野球のボールくらいの大きさで、炸裂しない。壁に穴はあけても石垣に効き目はない。日本の城は木造とはいえ西南戦争での熊本城のように、砲撃には十分耐え得る要塞であった。しかしたまたま一発の砲弾が侍女たちをなぎ倒したことで主権者の淀君がヒステリーを起こし、講和となった。この天守・本丸御殿砲撃が講和の決め手になったのならば心理戦の勝利といえる。

二十二年後の島原の乱において、幕府は平戸のオランダ船に艦砲射撃を依頼した。砲撃はキリシタン農民の立て籠もる原城に実害を与え得なかったが、キリスト教国の船から砲撃されたことは、信徒農民兵たちに大きなショックを与えた。援軍に現れたと思った西洋帆船から砲撃されたからだ。プロテスタントとカトリックの仲の悪さを日本のキリシタンが知るはずもない。木造船や西洋の中世の城に大きな効果がある砲撃は、日本では実効よりも心理戦に大きな効果があった。豊臣方にも大砲はそこそこあったのだが、火薬が潤沢ではなかった。原料の硝石はこの時代は輸入なので、貿易港・堺を押さえている攻城側が有利であった。

幕府軍は、砲撃と平行して大坂城を巡る川を干しあげ始めた。城北を守る淀川（天満川）は、本来は千年前に造られた運河なので、もとの流路に戻せば干上がる理屈である。そのために長柄堤《ながらつつみ》が築かれ、この結果、大坂城の北と東を囲む川は、歩いて渡れる浅さになった。西側の船場側でも堀埋め工事が始まった。南側の台地では塹壕《ざんごう》を築いて城壁に迫り、砲撃戦と並行して坑道を掘り、地中に軍を送り、空中、地上、地底と三次元の攻勢を進めていた。このあたりの土木作業戦は、日露戦争での旅順城攻めや第一次世界大戦のようである。

夏の陣・河内の戦い――真田遅参の謎を解く

徳川家康は最初から講和に持ち込むつもりだった。締め上げた上で豊臣家を移転させ、小さな大名にして残したかったのだろう。砲撃戦、坑道戦、河川の干し上げ、埋め立ての開始などの圧力だけで、予定した講和に持ち込んだ。かくして冬の陣は終了。講和条件は、本丸の堀以外はすべて埋める。徳川がだまして内堀まで埋めたというのは俗説で、講和条件の通りに行われた。もう大坂城を裸にしたので争乱は起きないはずだった。しかし、浪人兵は処罰しないという条項を豊臣方は雇用の継続と取り、その齟齬《そご》から僅か五カ月で再戦となった。

大坂城を攻めるのは南側の上町台地からと決まっている。ここに布陣するには、大和（奈良盆地）から入るのが、近くて安全である。徳川家康は大和川が奈良盆地から流れ出す大和口から大阪平野に現れ、予定戦場の大坂城南方を目指すだろう。ここ大和口で待ち伏せをして峡谷から現れる東軍を順番に撃破すれば、兵が少なくても勝てるというのが大坂方（西軍）の作戦であった。ここに主力の浪人四将。京都から街道を南下してくるのは多分秀忠の別動隊なので、押さえは城将・木村重成と浪人大

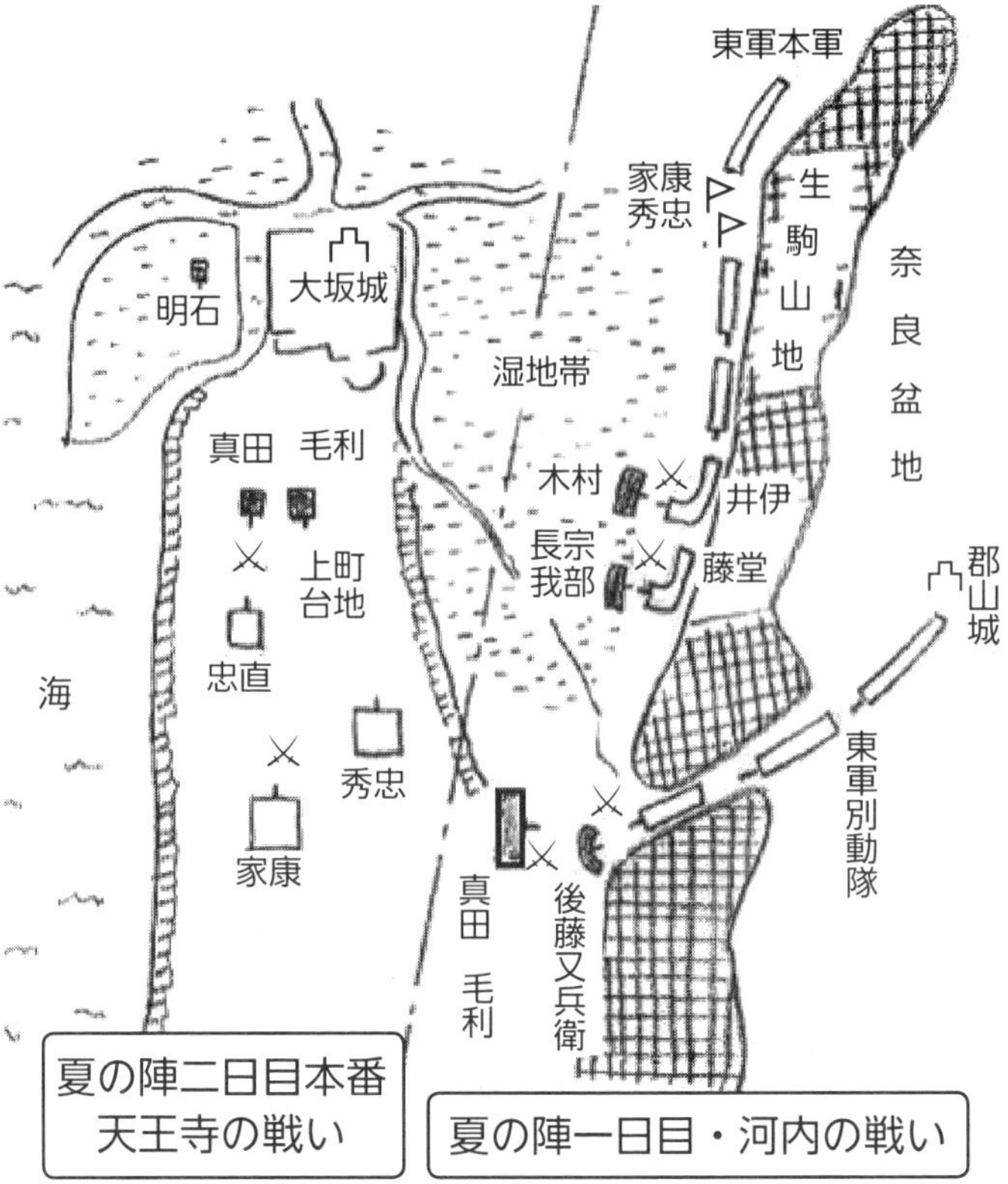

将の長宗我部盛親。この二人は湿地帯に布陣して、あわよくば秀忠の中軍を襲おうとも考えていた。

——といってもこのように明確に統一指揮するものはおらず、常に指令は談合により混乱している感じである。

図は、二日にわたる戦いを同じ地図に描いてみたものである。右半分が一日目の河内の戦い。普通、大坂夏の陣といえば二日目の左側の天王寺の戦いの方をいう。

運命の五月六日、大和口に現れた東軍は三万五千。西軍先鋒の後藤又兵衛六千は孤立して壊滅、討ち死にした。真田以下三将の一万二千の兵が霧で遅刻したのだ。もくろみとは逆に、西軍の方が到着順に撃破されることになった。お粗末である。おまけにこの東軍はただの別動隊で、家康、秀忠の本軍十二万は、京都から河内街道（東高野街道）を南下してきたのだ。バルチック艦隊はどちらから来るかという賭けに西軍は敗れ、おまけに戦場に逐次到着という愚を犯した。軍法会議ものである。真田以下の三将は、小競り合いのあと、古墳地帯に布陣。にらみ合いになり、城に引きあげた。東軍も損耗が大きく、追撃を見送った。

考察

西軍は事前の諜報戦に敗れているので、一日目の豊臣方の将たちは名将とはいえない。猿飛佐助や霧隠才蔵のような優秀な忍者はやはりお話だけなのか。真田幸村は遅刻の責任をとって割腹も考えたという従来の説に対し、近年は、最初から後詰《ごづめ》をしていたとの説もある。名将は霧を利用して勝利をつかむもので、自分が霧で遅刻していては話にならない。どちらが本当か考えてみよう。

まず、道路の四通八達した狭い大阪平野で数日前から移動を続けていた地元の将兵が、霧で道を間違えるだろうか。待ち伏せ作戦を行うべき決戦場へ、各部隊がバラバラに行ってしかも遅れるとは面《めん》妖《よう》なことである。時間はあったのだからみんなでさっさと行って、現場で綿密な配置をすべきだろう。

筆者の推測ではこうだ。真田幸村、毛利勝永の本軍は、最初から後詰《ごづめ》が出来る位置にいた。しかし、遅まきながら戦場諜報《ちょうほう》、つまり忍者からの報告で、奈良街道から来るのは別動隊であることを知って動かなかったのだ。予定戦場で、先鋒・後藤又兵衛の戦闘が始まってはいたが、家康も秀忠もいない戦場で主力が戦力をすり潰す訳にはいかない。家康・秀忠の本軍は北だ。しかし、このまま北に向かっても、街道上を進んでくる長い縦列隊形の先頭と戦う形になる。はるかな先の家康の本陣を急襲することなど望むべくもない。霧の中、移動迂回《うかい》し、湿地帯からの奇襲を考えたが、すでに湿地帯からは銃撃戦の音。木村重成、長宗我部盛親が激戦中であることを知る。湿地帯と霧と戦場に阻まれ敵本陣に近づく手立てがない。次のチャンスを待つしかない。こういった逡巡《しゅんじゅん》のあげく、引き返し、遅ればせながら大和口の東軍を攻撃。多少とも後藤又兵衛の仇《かたき》を取った後、次回に備え、軍を古墳地帯に温存。大坂城からの撤退命令を待って引き上げた。後藤又兵衛を見殺しにした理由として、濃霧で迷ったということにした。実際、霧の中、北の戦線に軍を動かしかけたのだと思う。

後藤又兵衛も被害者ばかりとはいえない。戦場諜報という先鋒の役目を果たしていない。彼は先鋒の役目として、①奈良方面にしっかりと忍者を送り、②大和口から侵入して来る部隊は、ただの別動隊で、そこに家康も秀忠もいないことを早くに本軍に知らせ、③霧を利用して退却すべきだった。しかしこの報告は彼のプライド上、出せないだろう。東軍本軍はここから出てくると声高に唱えていた彼の戦略が間違いであったと全軍に知らせるものだからだ。後は華やかな死に場所を得るばかりである。

湿地帯に布陣していた木村重成と長宗我部盛親《ちょうそかべもりちか》の一万数千の兵は早くも街道を南下中の東軍の先鋒、藤堂・井伊から発見された。彼ら東軍は命令通り街道を直進南下するか、この右手に発見した敵を攻撃するべきか迷った。そして決断、右折して湿地帯の西軍を攻撃した。これが乾燥した広野なら、東軍が十倍の兵力にものをいわせて囲んで殲滅《せんめつ》できただろう。しかし湿地帯の中の攻撃路は、数条のあぜ道と川の堤《つつみ》だけなので、先鋒の部隊しか戦えない。長宗我部盛親は霧を利用して堤に銃隊を伏せて藤堂勢を壊滅させたが、しだいに木村重成が井伊直孝に兵力差で敗れ、討ち死に。巻き添えをくった長宗我部隊も敗れ、大坂城に引きあげた。

この合戦に参加した両軍四将の兵は消耗が激しく、次の日の本番・夏の陣天王寺の戦いでは、第二線に下げられている。消耗とは普通人馬の喪失をいうのであるが、この頃になると、火薬の消耗も大きいと思う。もう半分近代戦みたいになっているにもかかわらず、兵站《へいたん》は各自、各大名で持つのが当たり前で、近代アメリカ軍みたいな総本部からの潤沢な補給態勢は無い。自前の火薬を使い果たした大名は、人馬にまだ戦闘力が残っていても、次なる戦いに参加出来ないのではなかろうか。

夏の陣・天王寺の戦い

翌日が真田・毛利勢が家康本陣を襲った天王寺の戦い。激戦である。普通、大坂夏の陣といえば、この戦いを指す。浪人五将は、後藤又兵衛が前日敗死、損害の多かった長曾我部元親と明石掃部《かもん》は予備軍。同じく前日敗死した木村重成の他にも位の高い城将は数名残っているが、城番・後詰程度である。それで前線は真田幸村、毛利勝永の残る浪人二将となる。この二将は善戦して徳川軍を追いつめ、家康本陣を蹂躙《じゅうりん》した。明石掃部《かもん》は決死隊の騎兵三百を率いて船場《せんば》に待機。迂回《うかい》突入する役であったが、結局主力軍の敗北で戦機を逸して戦場離脱。一説には南蛮へ逃げたともいう。熱心なキリシタンだったからね。それでもいわせてもらえば、上町台地で幕府の大軍に真田、毛利の精鋭が突撃して揉み合っているときに、船場から僅かな数の騎兵隊が迂回して台地の上の奥深くにある敵の本陣を突ける訳がない。これは嘘だね。明石の部隊は前日の河内の戦いで消耗したので後方の船場に後置。前線の敗報を聞いて、船で逃げたものだろう。同じく河内口の戦いで消耗、大坂城の守りにあたっていた長宗我部盛親は、捕縛され京都でさらし者にされた。しかし「古来より名将が捕まることは多く、少しも恥ではない」と語り、最期までチャンスを待って刑死したところは関ヶ原敗戦後の石田三成に似ている。

毛利勝永は敗軍を上手にまとめ、城内に退却、秀頼を介錯《かいしゃく》後、切腹した。「真田日本一の兵」といわれるが、攻めるも退くも最期の始末も、どこをとっても幸村に勝れども劣ることのない名将である。

ついでながら配下の勇将・毛利重能《しげよし》は日本和算の祖で、落城後は京都で「割算天下一」という看板の塾を開いたという。「当方落ち武者」と書いていたかどうか。弟子・吉田（角倉《すみのくら》）光由《みつよし》の著した和算書『塵劫記《じんこうき》』は江戸全期を通じてのロングセラー。世界で初めて行列式を考えた関孝和は曾孫弟子くらいになる。

シミュレーション考察

西軍の予想通り、奈良から家康八万、京都から秀忠が七万で南下してきたらどうだっただろうか。南下する秀忠の軍の方は、湿地帯に引きこめば木村・長曾我部一万の軍でも拘束《こうそく》できる。西軍の本軍が三万で大和口の峡谷出口に待ち伏せして、順番に出てくる東軍を囲んで叩《たた》く。多分もくろみ通り、先鋒《せんぽう》、次鋒《じほう》を壊滅させ得るだろう。しかしこの戦術の欠点は相手の本陣を突けないことだ。山向こうの中軍の家康が、先鋒・次鋒の敗戦を聞いて、順番通りに叩かれに出てくるわけがない。いったん、軍を大和郡山城《こおりやまじょう》に退《ひ》き、作戦を練り直すだろう。この戦法の長所は初戦に勝てること、欠点は、家康・秀忠の首を取れないことだ。家康は、吉野、紀州経由で大坂城南方に出ることもできる。それ以前に、攻め口と兵を増やし、紀伊《きい》、播磨《はりま》、丹波《たんば》を併せて五道から攻め直して来るだろう。

次に史実通り、大和口から別動隊四万弱が、家康秀忠十二万が河内街道を南下して来た場合はどうすればよかったのだろうか。後知恵でもいいから勝てる方策はなかったのだろうか。

まず実際の計画通り、大和口に兵二万を置いて奈良からの別動隊を隘路《あいろ》で順次撃破。次に兵三万が北から現れる徳川の先鋒と街道で対峙。上手に負けながら東軍の目的地である天王寺まで撤退戦を行う。これは困難だが、あらかじめ陣地群を河内、和泉に用意して、順次捨てながら行けばなんとかなるだろう。こうして東軍の行軍体形を伸ばせるだけ細長く伸ばしておいて、大坂城に残る本軍三万が淀川水系を舟で機動、街道後方に上陸して南下、徳川の後陣を破り、四条畷《なわて》あたりで家康・秀忠の本軍を後方から襲う。街道上の十二万の大軍は、先鋒二万が南の戦線に吸収され、次鋒二万、脇備え二万は沼沢地《しょうたくち》に阻《はば》まれ引き返せない。この状態で、後詰《ごづめ》の三万を破れば、家康秀忠の中軍三万と決戦できる。沼沢地を利用して兵力比率を西軍に有利にできるのはこの形しかないが、さて、秀忠はともかく千軍万馬の家康が後ろに隙《すき》を見せるかどうか。豊臣側も前記の二戦場に良将が多数必要なので、幸村クラスの人材をこの決戦場に回せるかどうか。

まあこの形がうまくいけば西軍は大きな勝利を得られる。しかし東軍も敗戦と街道の混雑で兵の移動はきかずとも、主将くらいは動ける。家康・秀忠は混雑する街道を南下、大和口に近い信貴山の麓あたりで兵を再編するだろう。出し抜かれたということは無傷の大軍を擁《よう》しているということだ。これは川中島の戦いに似ている。武田の主力を出し抜いて信玄の本陣を襲った謙信は勝利を得た。しかし、戦いの後、出し抜かれた武田には無傷の大軍が残ってしまい。結果、謙信は軍を退かざるを得なくなった。

戦場の混乱が収まったとき、東軍には道明寺に少なくとも六万の精兵が残り、大坂方はすべての兵と火薬を消耗し尽くして再戦に耐え得ないだろう。街道の混乱が収まらない場合は、東軍は旧信貴山《しぎさん》城《じょう》経由で一旦大和に退却、郡山城《こおりやまじょう》に入る。それからあらためて進出、天王寺に布陣となる。

このように夏の陣で、西軍・大坂方には一回だけ戦術的勝利を得られるチャンスはあるが、東軍・徳川方は何度でも再戦できる。次は秋の陣だ。たとえ家康の首を取ったところでもう徳川の天下は揺るがない。浪人軍団は、大坂城を囲むべく造られた巨城群（姫路城・丹波篠山城・彦根城・伊賀上野城など）をどれひとつとして落とすことはできない。戦術上の勝利は戦略上の敗北を撤回できないというのは兵事のテーゼである。

○夏の陣紀行

真田丸を目指し、城南の玉造《たまつくり》門から出発。この門の東側には日本最大の砲工廠《こうしょう》があった。明治以来、日本軍の大砲や砲弾の多くがここで作られたのだ。タマツクリという地名ならば古代に勾玉《まがたま》でも作っていたのだろうが、近代もまた、タマツクリの地であった。

二キロ近くひたすら南に歩く。途中のお寺の前に母子の銅像。ここが、「ととさんの名は？」「阿波の十郎兵衛と申します」のセリフで名高い「傾城阿波の鳴門」の舞台だと書かれてある。誰もがセリフだけ知っていて筋を知らないお話である。またしばらく歩くと、地形がえぐれたようになっており、電柱には外堀町と書かれてある。それならここを登れば真田丸公園だろう。真田丸は外堀の外側にあった高地に作られた臨時の出丸なのだ。このように外堀ラインの外側に高所がある場合は捨てるか出丸にするかどちらかである。ようやくついた真田丸は運動場のよう。説明版、銅像のひとつも見当たらなかった。これは少し寂しい。

茶臼山は、大坂城南方にある古墳であるが、山頂部分は古墳にしては平たい。本陣として整地されているようだ。家康は冬の陣で、幸村は夏の陣で、この茶臼山に陣を敷いた。すでに天下が定まって家康の兵は死にたくないと思っている。そこが幸村の付け目、この生きたいと思う部隊に自らの死兵をぶつければ相手は数倍でも瓦解《がかい》するだろう。

徳川家の先鋒、井伊、藤堂の軍はすでに消耗していて使えない。代わりに先鋒が務まる外様大名はいくらでもいるが、手柄を立てさせれば、領地を与えなければならない。関ヶ原のときには徳川本軍が到着せず、当時は同輩であった外様大名たちを使って勝ち抜いたので、多くの所領を与えねばならなかった。今回の大坂城攻めは朝鮮の陣と同じく、勝っても与え得る領地に乏しい。奪える領地はわずか大坂六十五万石だけ。しかも余人には与えづらい日本の経済の中心地だ。褒美として与える領地のない今回の戦いは、なんとか身内ですませたい。そこで家康は、前回の冬の陣で失敗し、今回も河内道明寺の戦いで、いくさに参加しなかった孫の松平忠直を痛罵《つうば》した。大軍の展開できない河内の湿地帯では仕方がないと思うのだが、分かっていて家康は叱責したのだろう。これで翌日の天王寺の戦いで松平忠直の部隊は死兵となって敢闘した。それでも幸村から中央突破され、後方の家康本陣まで蹂躙《じゅうりん》された。もし忠直の軍が決死の兵になっていなかったなら徳川軍は全線で大崩壊していたかも知れない。

　松平忠直は二代将軍秀忠の兄・結城《ゆうき》秀康《ひでやす》の嫡男である。秀康の方が家康の後継者に選ばれていれば三代将軍となる位置である。御三家を上回る越前松平家七十五万石の大封は、家康から結城秀康への詫びだろう。忠直はこの徳川親藩中最大の兵力と毎回の叱責により、天王寺の戦いでは、いったんは破られたものの、後半では真田幸村を討ち取り、大坂城一番乗りも果たした。これらの大手柄に対して家康から、信長、秀吉、家康の三代に伝わる名物茶器・初花《はつはな》の茶入れが与えられた。その昔は楊貴妃の油壺であったという伝説もある。

　しかしどのように尊いものであろうと茶碗一個では死戦敢闘した家来たちに褒美を与えることができない。怒った忠直は茶碗を床に投げつけた。それで今でもひびが入っているそうである。また一説に、忠直の軍は戦場で真田の精兵とすれ違って大坂城に向かったともいわれる。その場合は先鋒の役

真田幸村最後の姿

徳川勢発砲の地から糒櫓跡をみる

を果たしていないので、茶碗一個でも仕方がない。

幸村最後の地は、戦場となった台地上ではなく、台地端の崖地にあった。境内に疲れ切って座り込んだ姿の真田幸村の銅像。どうぞ撫でて下さいと書いてある。うーん、これが名将の最後の手詰まりの場かと感動しながら、お疲れ様と撫でてみる。その後、天王寺駅でコインロッカーの場所を忘れ、探し回ること四十分。ようやくみつけて、へなへなと座り込んだところは、この像以下であった。

城に戻り、秀頼の最後の地・山里郭《くるわ》を見る。山里郭とは、城内に作られた自然を楽しむコーナーである。隅の藪の中に鳥居とホコラがある。井伊家の記録によれば、あのあたりに淀君と秀頼が最後にたてこもった糒櫓《ほしいやぐら》があった。写真は徳川勢が銃陣を張った郭の中央から糒櫓跡といわれる場所を撮ったもの。あたりは意外と狭く、すぐ向こうは堀である。しかし数寄屋の贅を尽くした山里郭に糒櫓とは無粋である。地図には菱櫓とある。最後は食料庫に隠れたように貶《おとし》めるべくヒシをホシイと変えたのかもしれない。

秀頼は男らしく天守閣での切腹を希望したのだが、淀君が未練でここまで連れてきたともいう。織田信長の最後は実に格好良いので繰り返し歴史が終わるまでテレビや映画やマンガで再現され続ける。柴田勝家も北の庄城の天守閣最上階で敵味方全軍を見下ろしながら切腹したという。秀吉は畳の上で死んだが立派な辞世の句を残した。秀頼も、天守閣での切腹を望んだのは立派だった。男はそうあらねば。秀頼も最後はママを卒業して男になって死ぬべきだった。——と、言うは易く行うは難しである。筆者は誘われずとも真っ先に糒櫓に逃げていきそうだ。次の写真は城の外側から撮った山里丸と天守。本当の天守閣跡はもう少し左であるが、現代では標高の最高地点は水道局が配水池として使っている。これは伊賀上野城もそうであった。

堀を隔ててみる山里郭と天守閣

考察

大坂の陣では、もっぱら真田幸村の劇化が行われる。彼は悲運の武将で日本人好みである。どこか源義経に似ていて、判官《ほうがん》贔屓《びいき》の対象になれる。冬の陣の真田丸での善戦は事実だ。夏の陣最期の奮戦。これも事実だ。幕府がダマしての堀埋め。これは約定《やくじょう》通りなので非難できない。物語にするには名前も真田信《のぶ》繁《しげ》より幸村《ゆきむら》の方が語感がいい。大坂入城時は無名の浪人だったので、名高い真田昌幸《まさゆき》の子と分かるように幸村と名乗ったのだと思う。幸は真田家の通字である。

当初、真田親子は高野山《こうやさん》に追放の予定だったが、懸命な工作の結果、麓の九度山《くどやま》ですんだ。高野山は寒いのだ。ここを本拠に真田十勇士、猿飛佐助、霧隠れ才蔵などのお話が作られる。モデルはいくらでもいただろう。物語にするには悪役が必要。かくして家康は性悪タヌキ親父になった。家康は半分趣味ではないかと思うほど、多くの旧家を残した。織田家を織田有楽《うらく》斎で残し、今も有楽《ゆうらく》町がある。豊臣家も残してやりたかったのだと思う。総じて大坂の陣は家康性悪説より「家康若干《じゃっかん》性善説」の方が流れを説明できる。

　大坂の地は、大化の改新から、本願寺と織田の最期、豊臣の始まりと終わり、徳川時代――と、江戸城をはるかに上回る歴史の大舞台である。戦国時代は織田信長の攻城に十一年耐えた石山本願寺。この寺城が進化して大坂城となった。それがなぜ夏・冬の陣、あわせて半年で落ちたのか。援軍のない城は保《も》たないということか。石山本願寺攻囲のときには、毛利家、雑賀衆《さいかしゅう》はじめ援軍がたくさんいた。中央を押さえたばかりの織田家と、全国をすでに支配していた徳川幕府では、取り囲む圧力に各段の差があったということになる。

　結城《ゆうき》秀康と松平忠直。この親子は、共に貧乏くじを引いている。結城秀康は秀吉の養子になったばかりに、二代将軍になれず、関ヶ原のときには、誰もが嫌がる関東の留守番を押しつけられ、手柄を立てることができなかった。その子・忠直は、夏の陣の褒美の代わりに改易となり、豊後の国に流された。「狡兎《こうと》死して走狗《そうく》煮らる」の形だが、身内から煮られるのはつらかろう。このむごい仕打ちの理由付けとして、褒美の代わりに暴君伝説が江戸時代を通じて腹いっぱい作られた。こうして忠直は話の上では日本史上最大の暴君になっていった。幸村の方は悲劇の名将として作りあげられ語り伝えられていく。行政も庶民も無情である。

幕末の徳川大坂城を攻める

大坂冬の陣、夏の陣についで、幕末の大坂城を論じてみたい。

鳥羽伏見の戦いの後、薩長軍が大坂城を取り囲むことになるだろう。しかしまずは大丈夫。落城の恐れはまったくない天下の堅城である。しかし将軍慶喜は見事な大演説の後、ひとりで勝手に逃亡して謹慎モードに入った。考えてみれば関ヶ原のときの毛利輝元も、大坂城に鎮座する西軍の総大将なのに、この総大将そのものが内応者みたいなものであった。毛利の二川《にせん》といえば吉川家と小早川家のことで、毛利宗家に代わって毛利の大軍を指揮する伝統と権限がある。吉川は内応し、小早川は決定的な局面で裏切り、東軍を勝利へと導いた。「なんやねん」といいたくなる戦いである。将棋でいえば王と飛車角が寝返って、残りの金銀が真面目《まじめ》に戦った形だ。小さな兵力で敵中突破を果たした島津は香車といえるか。これでは将棋にならない。幕末も同じで、王将が逃げ出したのでこれも将棋にならない形だ。王将といえば同じ上町台地を舞台に関東を圧した将棋の坂田三吉を見習えといいたくなる。

さて、幕末の将軍慶喜が逃げずに大坂城に真面目に籠城すればどうだっただろうか。薩長の少ない兵力ではとても歯が立たない。薩長の方に付いた諸藩も遠巻きにしてお手並み拝見といった形になるだろう。戦局は西南の役の熊本城攻囲のような形になる。関東からの援軍は京都に迫り、瀬田から逢坂あたりが田原坂になる。薩長の少ない軍勢は、京の防備と大坂城攻囲に分けられ、大和方面は隙だらけになる。家康の再来という慶喜が腕を振えば、いくらでも再回天のチャンスがある。薩長が、盛り返そうと思えば、外国の力を借りるしかない。といっても大坂城近辺に大型の砲艦は入りづらく、攻城用の炸裂弾《さくれつだん》が極東に現れるのもまだ時代が早い。たとえイギリス海軍が加勢をしたところで大坂城は落ちない。また、幕府に親しいフランス、オランダも黙ってはいない。

水戸学の宗家に生まれた慶喜は、自分が身につけた学問との戦いに負けて、現実の勝敗より、歴史上に刻まれる名の方を選んだ。侍は名こそ惜しめとはいうが……。捨てられた大坂城は原因不明の火災を起こし自滅した。もったいないことだ。すでにイデオロギー（思想）の時代が始まっていたのだ。幕府の思想における対戦相手は、天皇家を立てる国学になる。その大きな流れを起こした水戸学の宗家出身者が将軍になったという矛盾が痛い。彼の敵前逃亡は、ご先祖様である学者大名・水戸黄門の責任でもある。彼が尊皇の水戸学を興したのだ。このように自身の学問に負ける将軍というものは欧米人には考え難く、内戦は十年続くとみて武器弾薬の先行投資に励んでいたグラバーは倒産した。

ちなみに現代は思想に飽きたところである。一世を風靡した共産主義理論であるが、その昔の赤軍派の総括やカンボジア虐殺、ソビエト滅亡、中国の金満共産党——と、幻滅が続いていった。これでは欧米の拝金資本主義の方がよほどましだと誰もが考えている今日この頃である。考えるに共産主義の理想を全うし、民に富を公平に分配するには強権が必要。しかし強権を握るとたちまち堕落するのが人間なのだろう。

○寄り道　堺・南宗寺《なんしゅうじ》に家康の墓を訪ね、以て茶道に至る

南宗寺は堺の町最南端の堀の内。千利休修行の寺で、弟子の古田織部《おりべ》設計の庭園がある。この寺は三好家の菩提寺《ぼだいじ》で、かつては寺域も三百町あったそうだ。それなら堺の町をはみ出て仁徳天皇陵近くまで含まれるのではなかろうか。三好家は最盛期には、阿波《あわ》、讃岐《さぬき》、淡路《あわじ》、和泉《いずみ》、河内、山城、大和の八カ国を治め、室町幕府も従えていた。いいかえれば摂津や堺の町に三好幕府があったようなものである。しかし、しだいに上杉謙信や織田信長や家来の松永弾正久秀《だんじょうひさひで》から圧迫されていくようにな

る。

旅行中の台湾娘たちと一緒に案内された三好一族の墓の横に、目標とする徳川家康の墓があった。実は大坂夏の陣で後藤又兵衛の槍で刺され、ここまで運ばれて死んだとの説明である。その後の江戸幕府を開いた家康は影武者だとのこと。「全国民びっくりの話だねえ」と思わずチビマル子ちゃん風につぶやく。証拠は駕篭《かご》の屋根に空いている穴で、これが槍の跡だとのこと。駕籠の実物は日光東照宮宝物館に「伝家康公所用網代駕籠」として移されているそうで、写真だけだった。ふーん、後藤又兵衛は前日の道明寺《どうみょうじ》の戦いで討ち死にして天王寺の戦場にはいなかったはずだが。それに戦場を一代の英傑が駕篭で逃げるかな。馬でなければ輿《こし》だと思う。槍の穴の証拠もどうだろうか。ゴルフ部の息子が「これがホールインワンの証拠」といって、穴の中のゴルフボールの写真を見せたのと似ているぞ。

今度は「千利休はシンプルティーを始めました」との説明。侘び茶がシンプルティーとは利休もびっくりだな。台湾の娘さんたちは、自分たちのお茶よりさらに簡単なお茶の飲み方を想像している。同朋衆に茶をたてさせる室町期の荘重豪華な書院茶や唐物《からもの》数寄《すき》の茶会を説明しないとシンプルティーが分からないだろう。しかし将軍義政と東山文化を説明するには英語の力が少々足りないというか大分足りない。堺の町人・村田珠光は一休和尚の影響もあって人生を見つめる簡素な茶を始めた。後を嗣いでここで修行した武野紹鴎や千利休は、純粋な美の組み合わせを求め、生き方の美をも求める現在の茶道の様式を創った。うーん、シンプルティーはやはり誤訳だ。茶道は複雑な総合芸術である。漱石の『吾輩は猫である』では、苦沙弥《くしゃみ》先生が番茶をサベージティー（野蛮な茶）と翻訳するが、それといい勝負だ。スマホで調べるとセレモニーティー。これも駄目だ。これでは豪華な形式の室町茶になる。他にいい翻訳はないのか。

侘び茶の説明をあきらめて、庭園について、坐るポイント、見るポイントを解説。あれが海岸、あれが島、こっちが川で橋がかかり、前庭全体が海なんですよ……と英語で説明する。英単語を並べただけであるが……。庭の見方が分かると表情が一変して目が輝いている。よかった。通じたぞ。これで少しは日台友好に寄与したか。荒磯や船石はともかく八つ橋の意匠がなくて助かった。あれば伊勢物語の東下《あずま》りを説明せねばならず、涙落としてほとびにけりだ。名庭に小宇宙を楽しんだ後、座禅のためのお堂を見る。あの棒で叩く役ならやってみたいものだ。娘さんたちとの大変なカタコト英会話タイムも終わり、写真を撮りあって別れた。

『利休訪ね　一期一会《いちごいちえ》の娘たち』

車へ戻る途中に、千利休と与謝野晶子の屋敷跡があった。こんなに近いのか。町内に黄金の釘が二本だねえ。丘の上の駐車場に到着。閉めきられた真夏の車内は極暑《ごくあつ》の世界。運転席に置いたボトルは沸騰していた。（少し大げさかな）それを紙コップに正しく注ぎ一句。

『訪ね終えペットボトルの野点《のだて》かな』

第三章　熊本城を解く

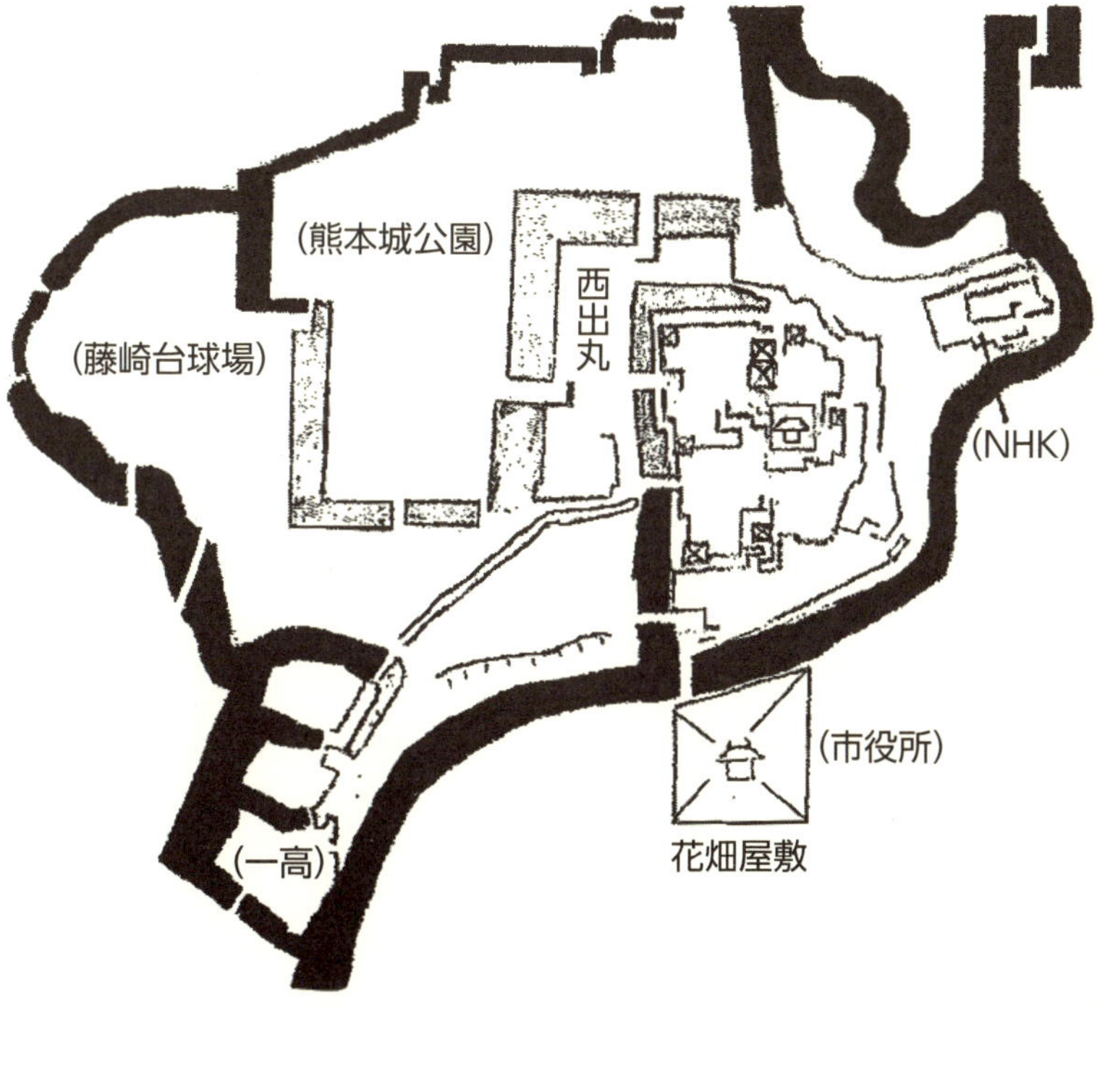

手まり歌の謎、三つの隈本城《くまもと》

♪——あんたがたどこさ　肥後さ　肥後どこさ　熊本さ
熊本どこさ　せんばさ　せんば山にはタヌキがおってさ
それを猟師が鉄砲で撃ってさ　煮てさ　焼いてさ
それを木の葉で　ちょっとかぶせ——♪

この手まり歌には謎が多い。まず、せんば山という山があるのか？　熊本城の東隣りにある古城・千葉《ちば》城はセンバ城とも読めるから、ここの城主をタヌキ扱いした歌なのか。しかし中世に手まり歌はない。次にタヌキは猟師が鉄砲で撃つものなのか。熊本は昔から肥後の国の中心・国府の地であって、猟師が鉄砲を持ってうろつけるところではない。煮たり焼いたりも、どちらかひとつにして欲しいものだ。しかし、最後は木の葉で隠しているので、タヌキは実は生きていて、猟師をだましただけなのではないか……等と考えつつ熊本へ向かう。

この手まり歌は、関東の川越《かわごえ》に駐留した熊本兵に対し、現地の子供が尋ねた歌だとの説もある。センバ山のタヌキとは、仙波東照宮に祭られている徳川家康のことだそうだ。おもしろいが、川越は幕府のお膝元の城下町だ。そこの子供が家康公をタヌキあつかいするかな。肥後↓熊本↓せんば…と、地名が包含関係になっているところも説明できない。

中世、今の熊本城の東方、ＮＨＫのある丘に千葉《ちば》城があり、隈本城とも呼ばれていた。後に剣聖・宮本武蔵は細川家に仕え、この千葉城の地を屋敷にもらった。うれしかっただろう。彼は人生の最後に気分だけでも、生涯の望みであった城主・侍大将になれたのである。やがて、西南部に突き出した

熊本城の天守群

丘に新たな隈本《くまもと》城が築かれた。秀吉から肥後一国を賜《たまわ》った佐々《さっさ》成政が後《のち》に入ったのはこちらの隈本城である。肥後の国衆は一揆を起こし城を囲んだ。落城は免れたが佐々成政は切腹。あらたに加藤清正が入った。清正は佐々の兵を引き取り、千葉城、隈本城の背後に大きく横たわる茶臼山丘陵全体に、二つの城と連結した巨城を築いた。そして「隈」の字を「熊」に改め、「熊本城」とした。この城は二百七十年後の西南の役にその真価を発揮することになる。

　さて手まり歌にいうセンバ山とはどこだろうかと考えつつ、まず千葉城跡を探索。それから坪井川を一キロ下り、中世の隈本城を見に行く。大手口は熊本第一高等学校の正門に変わっている。武田信玄の躑躅《つつじ》ヶ崎館《やかた》や上杉氏の米沢城のように、中世城館の構えを十分に残す重厚なたたずまいである。この大手はそのままかつての国府に向かっていた。逆に言えば、武家が、国府を望む丘に政庁を開いたものだ。国府そばに城館を構えると、国一番の武家の風格が備わる。室町時代に国府は滅んでいるとは言っても、腐っても鯛というか、多くの国府は商業都市として残り、国の資本が集まっていることが多い。お城の値打ちには、石垣の高さや堀の深さばかりではなく、商業交通の要衝、政治的な立地という項もある。

　この隈本城大手の橋の名前が船場《せんば》橋。タヌキの彫刻が付いていて、鞠《まり》つき歌の地だと書かれてある。近くに洗馬《せんば》というバス停もある。センバとは、こちらの隈本城のことか、しかし千葉城の方もセンバ城と読める。——ということは、どちらも「船場」つまり川港だったのではないか。阿蘇から流れてくる大河・白川はその昔は幅広く乱流する大河だった。九州を縦断するかつての西海道や薩摩街道は、どうしても白川横断には渡し船に頼らざるを得ない。この川港を船場といい、渡河点の目印となる山を船場山と呼んだのではないか。「渡し場の位置を示す山」の意味である。それなら今の熊本城がそびえる茶臼山丘陵ということになる。この丘陵は、北から伸びる細長い京町台地が先端で円形に膨らんだ丘陵山地で、東側と西南側に突起が出ている。この二つの突起が、千葉城と隈本城なのである。加藤清正の熊本城は二つの古城の間の茶臼山に築かれた。数式で書けば、千葉《ちば》城＋茶臼山＋隈本城＝熊本城となる。

　茶臼山とは柄のような細長い丘がついている山を云い、全国にある。それで前方後円墳も茶臼山と呼ばれることが多い。今の我々には鍵穴型に見えるのであるが、昔の人は鍵穴なんぞ知らないので茶臼に似ている山と名付けるのである。しかし茶臼にはまったく似ていない。これはおそらく銚子《ちょうし》が「ちゃうし」と書かれ、それに茶臼の字が宛《あ》てられたものだろう。銚子とは、雛飾りで三人官女の右側が持っている柄杓《ひしゃく》みたいな道具である。丸くて注ぎ口が両側にある。これはまさに前述の三つの城が載る茶臼山丘陵の姿そのものといえる。長崎の五島列島の古名は、若松島が狩俣《かりまた》の島、久賀《ひさか》島がひさご島である。カリマタとは狩り用に先が二股に分かれた矢尻の形、ひさごとは瓢箪《ひょうたん》の古名で、どちらも上空から島の形を見たかのような的確な命名である。多分島々の正確な形を知ることは海に生きる人々にとって生死にかかわることだったのだろう。それで太古の人が、熊本の丘陵台地の形を既存の道具・長柄《ながえ》銚子《ちょうし》になぞらえているのは特段不思議なことではない。長柄《ながえ》銚子《ちょうし》は今でも神社では使われる。筆者も結婚式の三々九度のときにお世話になった記憶がある。この長柄銚子に酒をつぎ足す道具が、三人官女の左側が持っているヒサゴで、「加え銚子」という。順番としては、急須で酒を温め、長柄銚子と加え銚子で器に神酒を注ぐ。銚子は神酒を温め注ぐ神聖な酒器で、今日、下賤な徳利《とっくり》が銚子と名乗っているのは一種の下剋上で、許せないことである。長崎では急須のことをキビショと呼ぶ。その昔の中国では、湯沸かし器が「急焼《きびしょ》」で、酒温め器が「急須《きゅうす》」であった。お茶を入れるのであれば全国より長崎の方が正しいといえる。

　この熊本の広大な茶臼山に接する白川の渡し場・船場《せんば》は、上流側から下流側に移っていったと考える。つまり古い国府は水前寺公園方面にあったので、官道は千葉城側を通り、千葉あたりが船場となる。その後、国府が洪水で流され、下流の花岡山の麓に国府が移転。それに伴い官道も移転。西側の隈本城下近くの白川の渡し場が「船場」となる。それで船場山とは茶臼山の別称で、形状を表す茶臼山を、機能上「船場山」と呼んだのだと考える次第である。このようにセンバが今の熊本城のある茶臼山丘陵全体の別称だと考えると、タヌキとは、ここに立て籠もった政府軍の大将・谷干城《たてき》のことになる。「せんば山にはタヌキがおってさ」とは、「熊本城にはタテキがおってさ」との意味ではないか。……となると、猟師というのは、「両士」もしくは「両師」で、薩摩と肥後の不平士族軍ではなかろうか。この両士族軍が、熊本城《せんばやま》の干城《タテキ》（センバ山のタヌキ）を、煮たり焼いたりして攻め続けた。

　最期の「それを木《こ》の葉でそっとかぶせ」とは何だろうか。そもそも木《こ》の葉はタヌキが化けるときに頭に乗せるもので、猟師が木《こ》の葉を使うのはおかしなことだ。

　考えるに「木《こ》の葉」とは、政府軍の本営が置かれていた地名としての木《こ》の葉。つまり現JR木葉《このは》駅付近のことだろう。ここから南下した政府軍に、タヌキ（干城《たてき》）は助けられてしまった……。――ということではなかろうか。鞠《まり》つき歌は主に明治からなので、作ったのは熊本の不平士族ということになる。以上をまとめて一句。

『古城巡り　謎解きあかす　手まり歌』

熊本・肥後の地名について

さて、大津、千葉、隈本…と、白川水系の川港は、時代と共に下流へ移動、今は河口沖に作られた熊本港である。白川水系は、古代は入江。中世は乱流状態で、氾濫《はんらん》も繰り返すが、一方、良い船だまりを諸処《しょしょ》に作っていたと思われる。有名な織田信長の清洲《きよす》城も行ってみると、川港に作られた城だった。千葉《ちば》城も隈本《くまもと》城も多分、同じような川港《みなと》の城だったろう。乱流地帯に堤防を築き河川の分流工事を行えば、氾濫原《はんらんげん》は豊かな穀倉地帯へと変わるが、一方水上交通の便は失われる。加藤清正の河川分離の大工事を以て、肥後の中原は、水上交通から陸上交通の世界へと完全に移り変わったと思う。

クマモトの地名は中世からで、白川の曲流したところだといわれる。それなら「曲間本」（くまもと）か。しかし普通、川が曲流すると輪を描くので地形古語では「川輪《かわわ》」という。また、曲がるは古語でカネなので、金川とか鐘ヶ淵といった地名になる。

山頂には藤崎八幡宮の奥の宮があったとの説があり古い陶片が出土するそうだ。寺院、古墳があり、奥の宮が置かれる奥山は、神聖を表すクマの地で、その麓はクマモトとなる。小地名であればこれで解決であるが、クマモトの場合は九州全域にかかる大地名に思える。ここはクマソの国のふもとだ。菊池城は中世の肥後の中心で、隈府《わいふ》城と呼ばれる。南には球磨《くま》郡、球磨川、熊本城南方にも天守閣を持つ隈ノ庄城があった。これだけクマという言葉が並んでその真ん中の地であれば、古墳神社や曲流地点ではなく、肥後の国全体を太古から表すクマモトの地ではなかろうか。

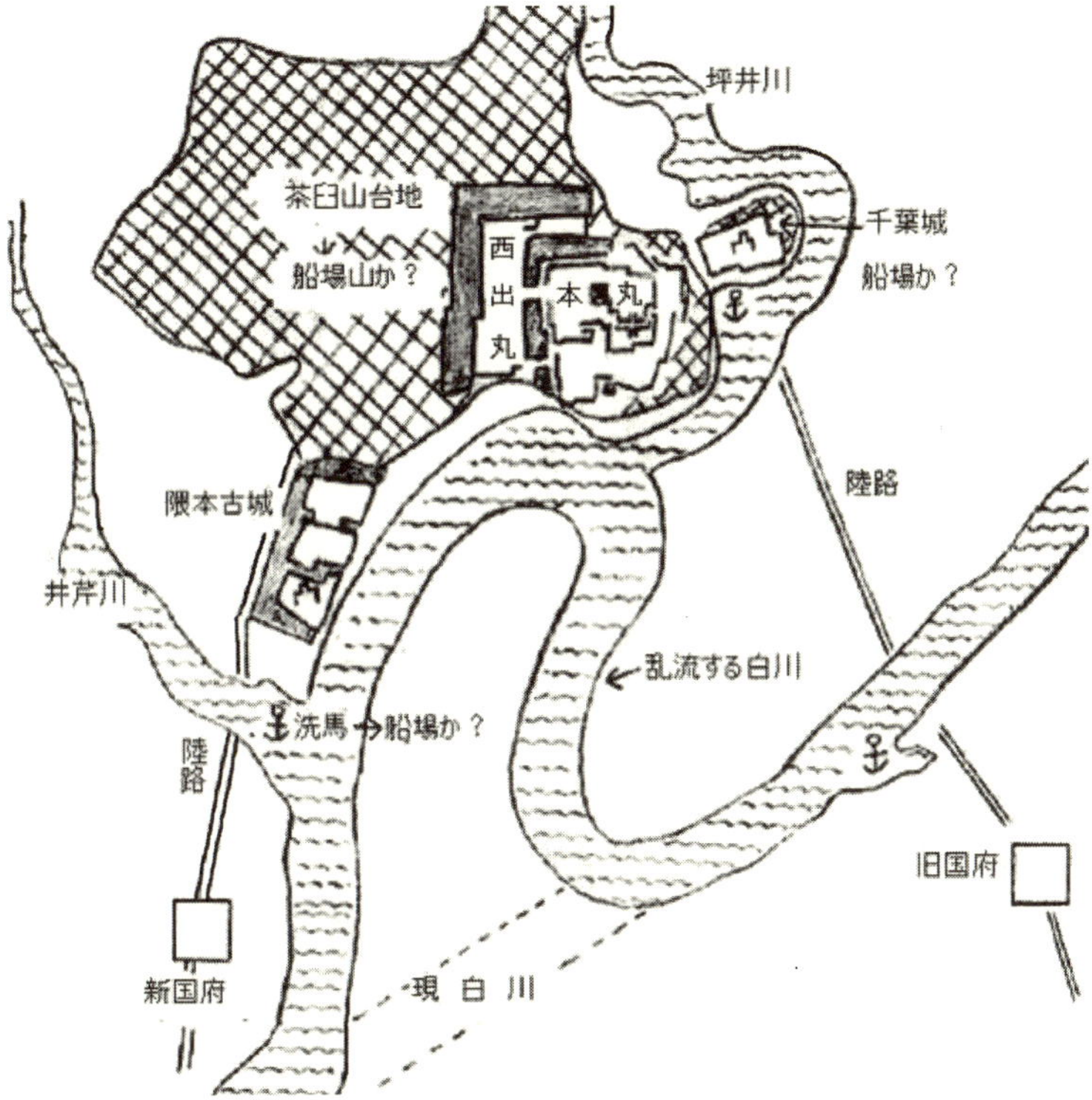

熊本平野の地誌

クマには、隈取りという言葉で分かるように周辺部という意味もある。その場合、クマモトとは「周辺の真ん中」という意味になる。地名はそこに住んでいる者ではなく、旅行者が海路から付けることが多い。この広い地方を「クマ地方の真ん中」と呼ぶ人々は、玄界灘を挟んで交易にたずさわる先進地・博多・北九州の人々が考えられる。北九州一帯を、太陽神を拝む皇室元祖の「日の国」だとすると、九州の地名をすべて順番に説明することができる。

熊本地方は、「日の国の隈（クマ）の国」。九州山地の向こう側は、日の国の向かい側で、ひむか（日向）の国となる。その後、狭端《さつま》（薩摩）・大隅が日向から分かれる。日の国

九州の国号の成立過程考

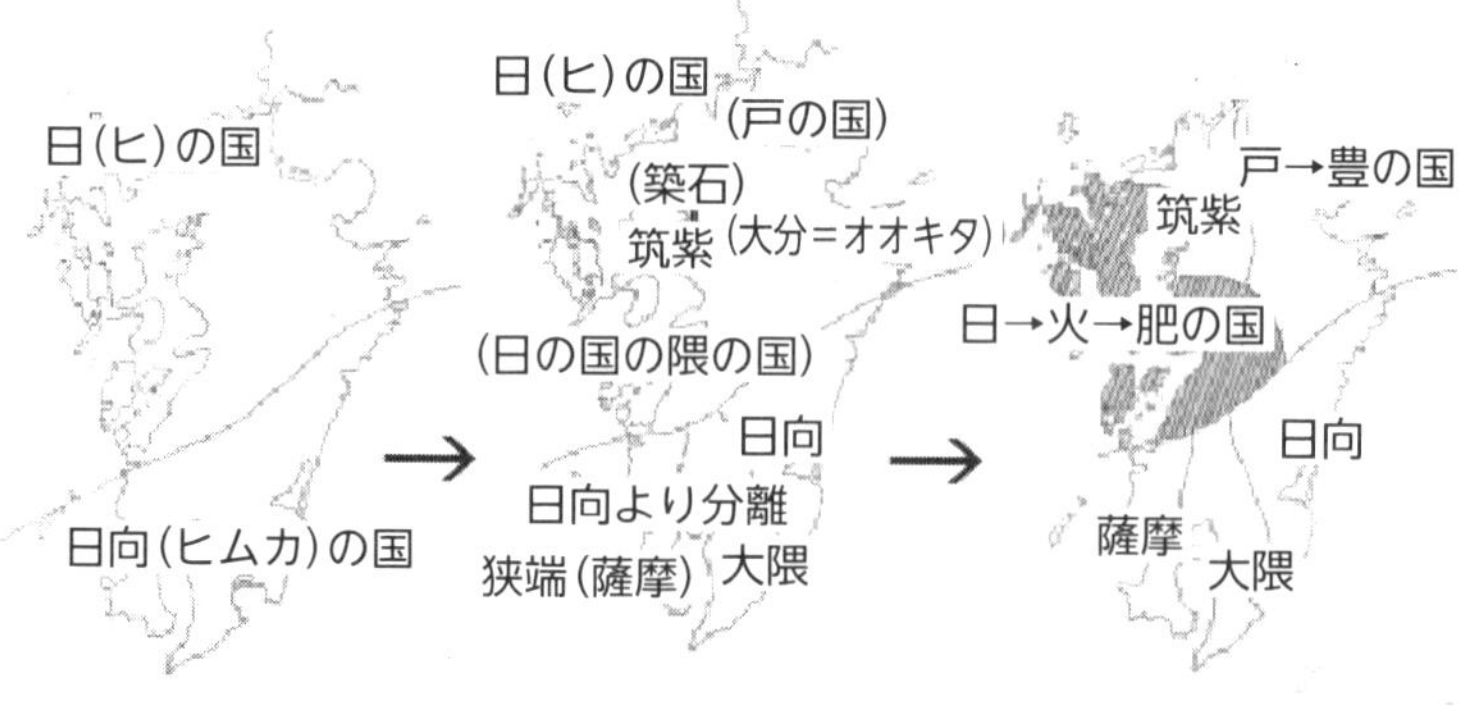

は都市国家の連合体。それぞれの国邑集落の背後に神籠石《こうごいし》城が作られる。そうして「築石《つきいし》（筑紫《つくし》）の国」と呼ばれる地帯が、日の国の中に発生したと考える。結果、日の国は分断され、日前（肥前）、日後（肥後）が発生、肥後は「日の国の中のクマの国」ということになる。

残る大分県は、豊《とよ》の国と呼ばれるが、これは「日の国の中の戸の国」で、豊は戸の佳字、つまり瀬戸の国という呼称ではなかろうか。瀬戸内海に面する部分すなはちハヤトモの瀬戸（関門海峡）とハヤスイの瀬戸（豊予瀬戸）の間をいうのだと考える。ご先祖様たちは海洋民族だったらしく、地名には海から見て名付けられたものが多い。

熊本城の謎

千葉城、隈本城の探査を終えて、二つの城の背後に位置する本城・熊本城へと登る。加藤清正によって熊本城に変えられた茶臼山は、阿蘇の火山灰でつくられた凝灰岩《ぎょうかいがん》の崩れやすい台地であった。清正は、崩れ谷を空堀に整形し、大地に負担をかけない絶妙なカーブを描く高石垣を築いた。このゆるい地盤に高石垣を築いただけでも、十分名城なのだそうだ。

始めて熊本城に入ったのは小学校の修学旅行の時である。掘を渡るとすぐに天守閣だ。石垣の入り組んでいる南側が入口じゃないのか。本丸には空堀みたいな通路から登っていき、南側に出丸もあって、本丸を守る仕組みが分かるぞ。天守閣は、小天守にかかる屋根が大きすぎて不格好だ。一度階段を降りてから登って入る小天守入り口は一体何なのだ。なんと真下で抜け穴発見。本丸の外に通じてるぞ……。

大人になってあらためて入ると、復元された豪華本丸御殿に驚く。原初の本丸と南側出丸との間の通路兼空堀の上に覆い被さるように建てられている。それで通路が真っ暗。「暗がり廊下」と呼ぶそうだが、これは感心しない建築だ。敵が刀や槍で攻めてくれば、真っ暗で困るかも知れないが、これでは火攻めに弱い。というよりカマドの焚き口みたいで、燃やして下さいと言わんばかりである。この部分はあきらかに名城失格。原初の本丸内に建てればよいのに。別に古い御殿代わりの建物があったのか、それとも万一火災を起こした場合、天守閣に燃え移らないようできるだけ離したのか。こんな有害無用な豪華御殿を増築したのは、やはり豊臣秀頼公を受け入れるためとしか考えられない。自分用には快適な城外の花畑屋敷がある。

小天守前の上り下り階段は、大人になってよく見ると、下にあったであろう古い城門を高石垣で無理矢理ふさいで潰したものだ。城は守るだけの施設ではなく、城内に敵を引き入れて破るのも大事な役目。東側が大手だった頃はここから出撃して、大手門内に侵入してきた敵を挟撃する仕組だったのだろう。同時代の姫路城や名護屋城にも同じ造りがみられる。ここを完全にふさいだということは、「もう東側での決戦は企画しない！」という宣言だ。「東側は徹底的にふさいで、西側で決戦をするのだ！」と叫ぶ改築者の声が聞こえる。清正の声ではない。

「城門を入ってすぐに天守閣」という疑問についても今では答えが出ている。今の正門・頬当御門は、どうも搦め手の仮橋程度だったようだ。現在西側にある立派な三重の大手の門は、清正没後に西向きに改造されたときのものだ。こうして子供の時の疑問は解くことができたが、新たな疑問が湧いてくる。

熊本城あらたな謎

① 石垣の謎。やはりあのカーブは極端すぎる。地盤が弱いからというが、江戸城、大坂城をあげるまでもなく、たいていの城は水際にあって地盤は弱いのだ。伊賀上野城に藤堂高虎が築いた日本一の石垣も、三十メートルの高さを水際から直線積みだ。これに加え、石の量も謎である。天下の豊臣大坂城が四十万個なのに、熊本城は清正時代にすでに二十万個で、いち地方の城として大規模過ぎる。

② 土居や石垣造りを「普請《ふしん》」といい、櫓・建物を造るのを「作事《さくじ》」という。熊本城は作事面も豪勢で、高層櫓が林立していた城だ。現存する宇土櫓（写真）は、そのあたりの城の天守閣より、はるかに大きく品格がある。熊本城には、このような天守クラスの五階櫓が六つもあったのだ。優れた材木を大量に使う天守閣や高層櫓は、金がかかるもので、中古・使い回しが当たり前である。たとえば彦根城の天守は大津城の中古。伏見櫓とくれば伏見城の中古物件である。

③ また、築城と平行して行われた七つあまりの支城の整備。その中には天守閣を持つ大型の城もい

天守の風格宇土櫓

くつかある。同じく並行して行われた菊池川の治水。白川、坪井川の流路変更の大工事と新田開発。なおかつこの間に二度にわたる朝鮮出兵をおこなっている。

今でいえば、普通のサラリーマンが、人の二倍の仕事をこなしつつ二度の長期海外出張。その合間に町内会の改革をしながら独創的な豪邸といくつかの別荘を同時着工といった感じである。どこから金が出たのか、財政も大きな謎である。実質わずか十七万石の身上で、万余の軍を動員、朝鮮の陣の先鋒として遠く満州境まで攻めていき、王子たちを捕虜にした。彼が進撃した朝鮮半島東側の咸鏡道《かんきょうどう》は貧しい辺境で、戦利品は望めない。金銀を得たとの話は疑わしい。得意の新田開発分と関ヶ原後には二十二万石の加増分があるが、とても足りないだろう。苛斂誅求《かれんちゅうきゅう》なしにこの巨城と支城群、河川工事と街道の整備ができたのは不思議である。どう計算しても算盤《そろばん》が合わない。島原城は重税を課しての築城により、天下の大乱・島原の乱を起こしている。しかし熊本城には領民の感謝が溢れている。朱印船貿易のもうけを還元したのだともいわれるが、それなら島原城の松倉氏もおこなっていることだ。濃尾の下層階級出身の一武将が、貿易に慣れた九州・堺の大商人たちや大名たちを押さえて、大もうけができるものだろうか。

朝鮮の陣での学び

そもそも欧州、中国の城の城壁は垂直なのに、なぜ我が国の城壁は斜めなのか。これはまず、地震国ゆえの耐震構造だといわれる。次に、火山国なので、重く加工しにくい石が多い。これを垂直に高く積むのは難しくて危険だ。欧州は堆積岩《たいせきがん》の国で、大量にある石灰岩は、スカスカで軽く、簡単に加工できて垂直に積めるのだ。湿度が少ない気候で木材にも乏しいので、家も石で造る。日本に大工がたくさんいるように、向こうは昔から石工《いしく》がたくさんいるのである。

次に地形。欧州では平地や氷河の残丘に城を築くのに対し、我が国は山国なので山を階段状に削って城を作る。降水量も極端に多いので、山崩れが起きやすい。城壁はそのまま土止めの堤防役も兼ねるので必然的にダムのような傾斜構造になる。熊本城のようなアーチ形は一番効果的だろう。それで日本の城壁は西洋の城とは違い、大砲には強い。なにせ石垣の中は地山なので撃ち抜かれるということが無い。

熊本城観光は韓国人に人気で、韓国の技術で造られた日本一の城だと声高にいっているそうだ。これはかの国特有のオリジナル主張である。韓国の城の城壁は垂直積みなのでまったく違う。しかし日本一といわれる清正の築城技術はまぎれもなく朝鮮の陣で培《つちか》われたものだ。清正は彼の地で責任者として実戦的な城を短期間にいくつも造らねばならなかった。倭城《わじょう》と呼ばれる日本式の城は二十六を数え、どれも急造の城にもかかわらず落城したものはひとつもない。こうして清正のもと最前線の地で、最高の石垣技術を持つ近江の穴太衆《あのう》を核に国内各地の築城技術の融合が行われた。この間、築城ライバルの藤堂高虎は、城造りから離れ、水軍の将を務めていた。

清正は朝鮮に学んだのではなく朝鮮で学んだ。実戦からの学びである。蔚山籠城《うるさんろうじょう》では兵糧《ひょうろう》が足りずに死ぬ思いをした。清正は熊本城築城において普通の城とは桁《けた》が違う百二十の井戸を掘り、壁や畳にも保存食を埋め込んだ。有名な話である。そして筆者が着目するのは清正が攻城側に回った晋州城《しんしゅうじょう》の戦いである。清正は「亀甲車《きこうしゃ》」という攻城兵器を考案した。屋根が鋭い三角形になっていて、城壁の上から石を落とされても壊れにくい構造の車である。これを城壁直下にくっつけ、中に入っている兵士がテコで城壁の根石を引き抜く。城壁は崩れ、そこから突撃して晋州城を落とすことができた。この手の攻城器具は大陸には古くからあるので、向こうの技術者に学んで作ったものだと思う。

以下も自説であるが、あの極端に裾野が斜めになった清正流の石垣は、根石が抜かれにくい形状を目指した結果ではなかろうか。垂直の石垣なら、石は横方向に水平に移動させて抜けるが、あの極端にカーブした形状なら、根石抜きの作業は斜め上からとなり、石の重力が邪魔をして、抜歯の大手術のように難しい形になる。巨石を使えばもう不可能だろう。いまひとつはあのカーブに沿って石や丸太を落とした場合の効果だ。真下に迫った攻城兵器を潰せるだけでなく、ボウリングのように後方に続く兵員をなぎ倒すことができる。

熊本城の石垣は、現地の凝灰岩では弱いのか、少し離れた金峰山系《きんぽうざん》の山々から丈夫な安山岩を大量に運び込んでいる。石垣積みには、清正が連れてきた穴太衆《あのう》が活躍したとされる。穴太衆《あのう》とは、比叡山の近江側の麓・穴太《あのう》に住む石工集団である。京都・奈良の膨大な寺社仏閣の台座部分はどこも切石造りの見事なものだ。その後のメンテナンス、修理のためにも、技術者集団は必要。渡来人の国である近江の国の、京近いところに石工の集落があるのは自然である。

いや、穴太《あのう》はその後の宣伝で有名になっただけで、ただの上手な野面《のづら》積み集団だともいわれる。また、安土築城で有名になったのだとの説もある。それで安土城を見に行ったが、あまりに雑な切り方・積み方でがっかりした。あれが穴太《あのう》の仕事だろうか。ともあれ穴太衆《あのう》は、朝鮮の陣の後の築城ブームに全国から引っ張りだこだった。つまり故郷に戻っても全国に散っても十分暮らせる。特に清正に付いて来たのが本当なら、上司であったことに加え、趣味の石垣積みで意気投合したのだろうか。しかし熊本城石垣のカーブはそれこそ清正流で、穴太《あのう》以上のものである。

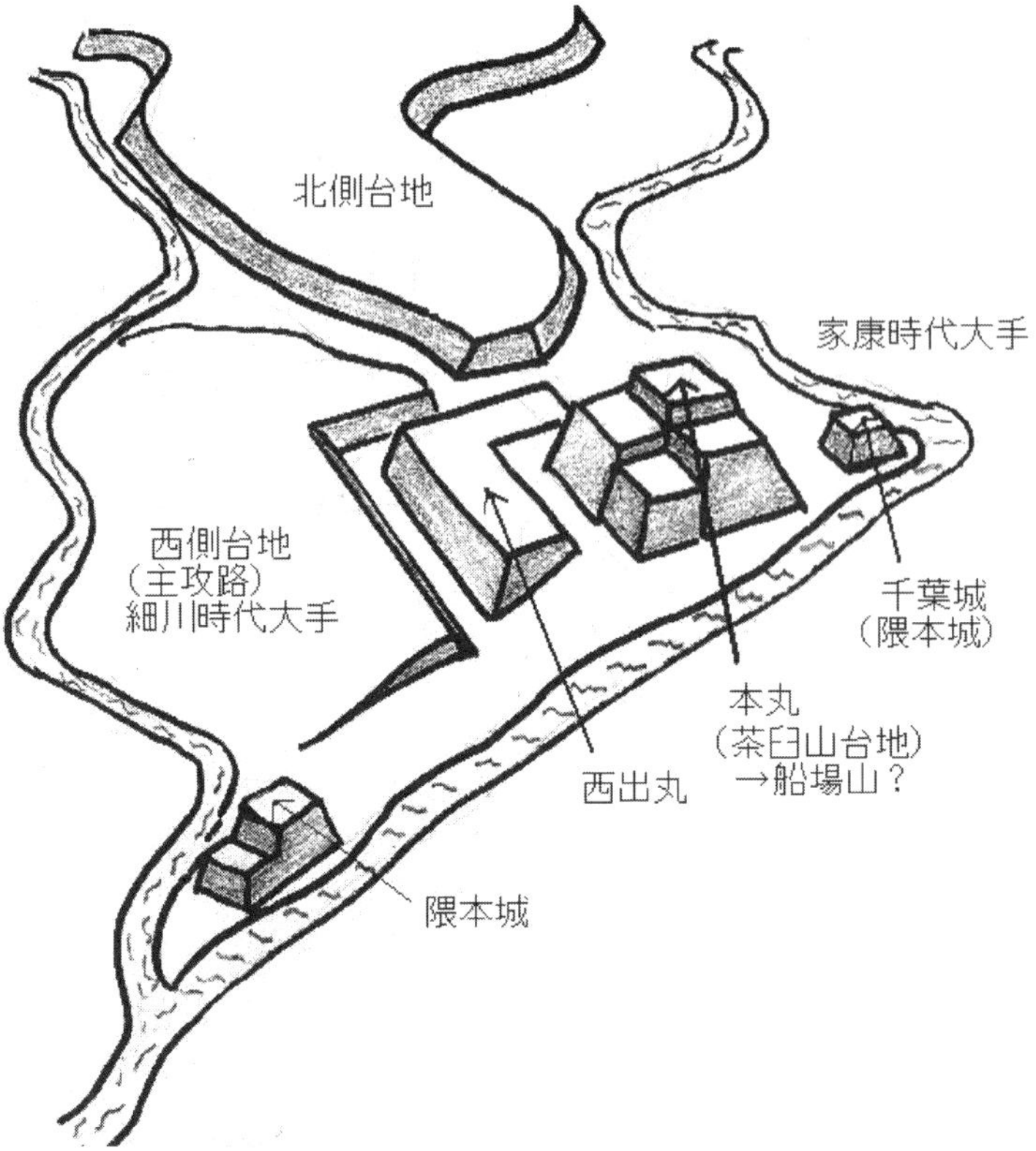

城郭に造成される茶臼山丘陵

南向きの城から東向きの城へ

朝鮮より帰陣した頃の日本国内は、どこも戦国の再来に備えての築城ブームだ。熊本城の築城は関ヶ原の後とされているが、穴太衆《あのう》を連れて帰国したのが事実なら、この時期に築かない訳がない。「（盟友）黒田如水を迎えるために新城の天守の建設を急ぐ」といった慶長五年（関ヶ原頃）の史料が残っている。この時の仮想敵国は、西側・石田三成に与《くみ》した宇土城の小西氏や島津氏で、いずれも南側の国である。それで当初の城の姿は、中世の隈本城を根城《ねじろ》として、背後の茶臼山に築かれた「詰《つ》めの城」だったろう。それで大手は南西側・中世隈本城の真後ろに、連続するように置かれたはずである。このころの結構は多分、宇土櫓のある平左衛門丸が二の丸で、東竹の丸と西竹の丸（飯田丸）が三の丸。本丸と合わせ、四つの郭を田の形に持つ碁盤のようにそびえ立つ城だった。その後の城域の拡大に伴い、今はこの四つの郭の全てが本丸に昇格している。

慶長六年の関ヶ原の戦いでは、加藤清正は九州にあって小西行長の宇土城を攻撃・開城させた。この勝利の後、鍬《くわ》始めをおこなっている。それまでの城郭を一新、朝鮮の陣での戦訓を生かした本格的な築城を新たにおこなったということになる。今度は徳川家に対してなのかどうか、大手門を東向きに変え、慶長七年、弱点の西側台地に西出丸を築いて、台地との間を二重の堀で完全に切り離した。蔚山籠城での反省から作られているので「徹底した籠城」がテーマである。樋口隆春氏の論文『肥後熊本城』には西出丸は完全な独立郭で本丸から完全に独立しているように書かれている。しかし今の正門・頬当御門のところに木橋くらいは架けられていたと思う。頬当御門は、天守閣を顔に見立てると頬当にあたるのでこの名称があるそうだが本当だろうか。このような場所には普通、切り落としできる木橋か、跳ね橋か、繰り出し橋が架けられているものだ。頬当御門とは頬杖橋で、橋の形状をいったものか、頬当のように取りはずし自在なことをいったものではなかろうか。

城の外郭は、坪井川と白川を直線に整形、内堀と外堀にする。肥後国内の守りとしては、七つの支城と街道を整備。完璧な領内支配と、割拠も可能な体制を作った。そして城外に花畑屋敷も建設。全くどこから金や資材が出てくるのか。まだこの時点では接収解体した小西領の城も二つに過ぎない。やがて慶長十二年に大天守が完成。隈本を熊本と改名した。第三の天守といわれる宇土櫓《うとやぐら》は宇土城の天守であったといわれてきた。近年は否定されているので、それならば前時代の隈本城天守の移築ではなかろうか。ただの櫓とは思えない風格がある。現在の小天守こそ移築された宇土城天守であるとの説がある。

慶長十五年につくられた豪華な本丸御殿については、武断派大名筆頭の加藤清正には似合わない。彼は家康に仕えながら豊臣家の保護も真剣に考え、その両立を図っていた。薩摩藩はその武力により関ヶ原の戦いに敗れても、本領を安堵された。これを見習って九州の中央に陣取って、自分の武力を担保にして豊臣家を引き取る算段をいろいろと考え、秀頼のために住居設備のある小天守と、本丸通路上に無理して豪華な本丸御殿を建てたのではなかろうか。もちろん首尾一貫した考えではなかった。人の心は様々に揺れ動く。清正も同じである。それで史料も様々なものが残る。

熊本城の発展と支城の増減

戦国時代の肥後の国は五十二家あまりの国衆が支配する分割統治の国だった。右代表といえるのは、菊池・隈府城の隈部親永《くまべちかなが》。中央の隈本城に全体の国主として佐々成政《さっさなりまさ》が秀吉から封じられて入城。しかし国侍たちは従わず国一揆をおこなった。それで秀吉は喧嘩両成敗の形でほぼ全員の領地を取り上げた。そのうえで肥後北部は加藤清正へ、南部は小西行長へと与えられた。

次の表は、『加藤清正の端城と地域の文化財』という論文を参考にまとめてみた肥後の国の本城と支城の一覧である。太字は主城の隈本城と宇土城。太線内は熊本城の増築の経過。傍線付きの城は天守閣があったといわれる城である。

①戦国期の各地の城	隈本城	菊池隈府《わいふ》城／山鹿城／南関城／宇土城／御船城／高森城／矢部城
②清正、小西時代	隈本城	一宮、南関、佐敷城／宇土城／隈庄《くまのしょう》、木山、矢部、八代城
③清正、熊本に改名	小天守、御殿	一宮、南関、佐敷、宇土、八代、矢部、水俣城
④藤堂高虎指導？	西向改造櫓移築	一宮、南関、佐敷、八代城（旧小西領支城破却）
⑤一国一城令	支城の櫓を移築	八代城を残して、残りの支城破却↓天守櫓の移築
⑥細川家による改造	二の丸、三の丸、南側石垣築造	※支城八代城は連立天守閣

横幅日本一の大津街道

街道のくふう・大津街道

田原坂や白川・菊池川・緑川の河川工事、熊本城の結構《けっこう》は言うに及ばず、熊本から阿蘇の麓まで大杉の並木が続く大津街道は四十メートル近い幅を持つ。ＪＲ豊肥線も中を通っており、その気になれば六車線以上とれるだろう。とても昔の街道とは思えない。普通戦国時代の田舎街道の幅は三メートルもあれば上等なのである。諸本を調べてみると、この杉街道の役目は、①戦時には、大杉を倒して街道を塞ぐ。②部隊の移動を隠す。③熊本城の修理用材。④杉が小さい頃は陣笠をかぶせて並んだ兵隊にみせかける――という楽しい説もあった。軍用

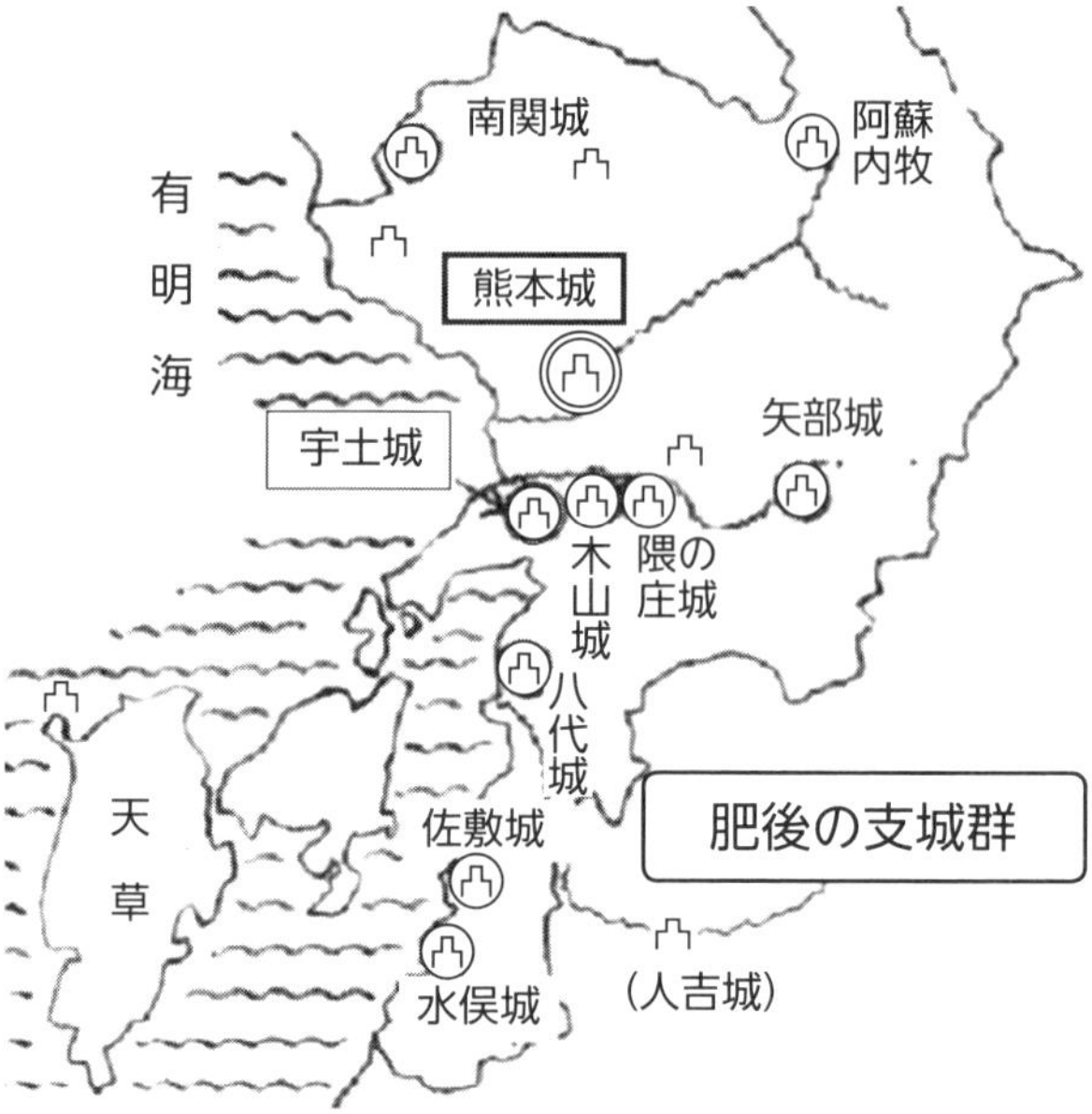

道路だとの認識は誰にでもあるのだ。

考えるにこの大津街道はヒットラーの造ったアウトバーンと同じ性格のものではなかろうか。アウトバーンは高速道路の元祖で、機甲師団のすばやい移動の他、臨時滑走路にもなる多目的軍事道路である。熊本平野を横に分断するこの幅広の大津街道は、単なる街道ではなく、軍の急速な移動、調練、陣地の役目を兼ね備えた国防のためのベルト地帯だと思う。加藤清正は独創的な武将だった。戦国期の軍用高速道路としては他に武田信玄が作った棒道《ぼうみち》がある。甲斐から信濃に短時間で大兵を送るために、直線の街道を複数並行して建設したものである。

現在の西向きの城に改造された謎を解く

清正が東向きに造り直した城を、今のように西向きの城に変えたのはいつか？　誰か？　子の加藤忠広はまだ幼かったので違う。長じても清正の城の構造を逆転することはカリスマでないとできない。膨大な資金と政治力もいる。清正没後、分裂抗争を繰り返していた家老たちには無理だ。いろいろ史料をあたってみたが、清正が亡くなった代替わりのときに、「監国」（後見）として藤堂高虎が入って家老たちを指導している。彼の家臣が派遣されただけだとの説もあるが、家臣程度で済むなら高虎の指名は必要なかろう。

日本一の築城の権威である藤堂高虎が選ばれたのは、豊臣恩顧の大名・加藤家を掌握するだけではない。対薩摩戦となった場合に熊本城がどのように使えるかを調べさせるためだと思う。高虎もこの役目を受けて現地に赴かないわけがない。築城ライバル加藤清正の作品は是非とも見たいはずだ。そして多分高虎は下向。清正が蔚山《うるさん》籠城の経験から築いた徹底的な籠城指向の城をみる。そして対薩摩用の城として整備したいという幕府の意を受けて、高虎は家老たちを指導。熊本城を東向きの完全籠城用の城から徳川家が拠点として使える普通の城へと改造したと考える。

まず、独立していた防御用の別城であった西出丸に、現在の正門・頰《ほお》当て御門と西大手門を造ることで、本来は独立した別城の性格を持つ西出丸を巨大な馬出郭に変え、その外側に広大な現在の二の丸を築いた。城と断絶していた西方の台地に敵を招いて決戦が出来るようにしたのである。この台地側が本来の攻城軍主攻の地なのである。——以上が現在の西向きの城になったいきさつだと考える。

幕府は七つの支城のうち、三つの城の破却を命じた。いずれも肥後南部の旧小西領の城なので、ここを取り上げ、加藤家を関ヶ原以前の二十万石程度へ戻すことを意図していたのかも知れない。旧小西領の支城には天守閣を持っているものが多い。領内の八代《やつしろ》港は、その昔は長崎港のような有力な海外貿易基地で、秀吉の直轄貿易港でもあった。小西行長は貿易のもうけを築城に注ぎ、豪華な支城群を造っていたのである。清正が小西領を併合したときに二つの城、その後三つの城を破却したのは多

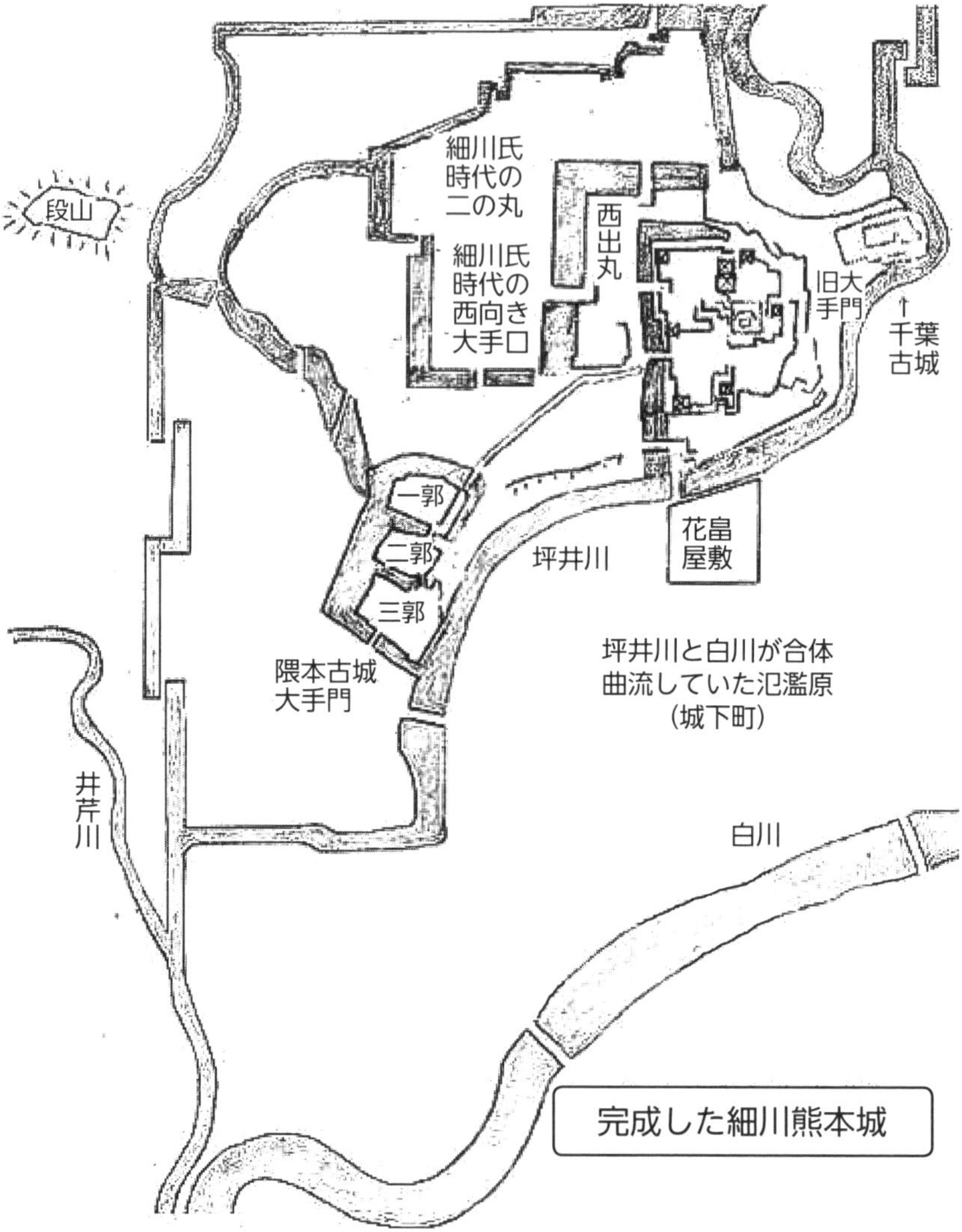
段山
細川氏
時代の
二の丸
細川氏
時代の
西向き
大手口
西出丸
旧大
手門
↑
千葉
古城
一郭
二郭
三郭
坪井川
花畠
屋敷
隈本古城
大手門
坪井川と白川が合体
曲流していた氾濫原
（城下町）
井芹川
白川
完成した細川熊本城

分高虎。その後の大坂の陣で豊臣家滅亡。戦後出された一国一城令により、残りの支城も、薩摩をにらむ八代城を残しすべて破却された。これら多くの支城の天守閣や高櫓が毎回熊本城に運ばれたと考えれば、林立する高層櫓の謎が解ける。

この後二十年を経て、幕府は予定通り因縁《いんねん》を付けて加藤家を改易。幕府と仲の良い細川家を熊本城に入れた。細川家は幕府に膨大な修理箇所を申請。また別に、櫓二十四、櫓門四、城門十二の新築も申請、八年後に櫓八、城門三を完成させている。石垣を多少修理するだけでも改易にする幕府が、膨大な修理箇所と新設を認めるのは奇妙だ。これも幕府の指導ではなかろうか。「小倉三十九万石から肥後五十四万石に加増するから、その分、薩摩征伐の為の幕府拠点の城として整備せよ。ついてはそちらから申請せよ」とのことだろう。

こうして細川家は、城の南側、飯田丸や東竹丸に清正もびっくりの高石垣を増築。追加工事は、二の丸の残り半分と三の丸に及び、さらに西に離れた独立丘陵の段山《だにやま》も整備。十万の軍を収容して、進退、決戦のできる巨城に増強した。仮想敵国・薩摩との城外での決戦を予定して西側の台地に決戦場を設けたつくりに変えたといえる。

清正伝説は、幕府と細川家がひそかに進める熊本城大増築工事のいい隠れ蓑《みの》になった。また、清正という人物が、人格も業績も、この伝説作りに耐えられる人物であった。熊本城も中央のひときわ優れた部分は正真正銘の清正の作品なので、外側に色々付け加えても、細川家によって後世完成された巨城であることを見破られないのだ。これをいつものようにまとめると、

『清正が築きし城に高虎と　細川仕上げて作る伝説』……ということになる。

一国一城令の例外として、八代の支城は許された。しかも連立天守閣まで持っている堂々の城である。これも対薩摩の最前線基地として優遇されたものだろう。

ついでながら肝腎の幕府対薩摩の戦いは、熊本城や八代城ではなく、三百年後に京都南郊の鳥羽伏見でおこなわれた。幕府軍は、先鋒の名誉を担う家柄・藤堂家の裏切りにより、まさかの敗北。大坂城の徳川慶喜は船で江戸へ逃げ、幕府は瓦解した。どうした藤堂。

細川家について

加藤清正の後をついだ細川家は、京都郊外の勝竜寺城《しょうりゅうじじょう》二万石から丹後《たんご》宮津城十一万石、九州小倉城三十九万石、そして熊本城五十四万石。乱世と太平の中で大国に成長している。宮本武蔵を召し抱えた細川忠利《ただとし》は、病弱ながらも剣士にしてイケメン。母が伝説の美人ガラシャだからね。外様大名ながら幕府から好かれたところは藤堂高虎と似ている。細川家は京都の由緒ある武家貴族で、知性教養に優れ、古今伝授《こきんでんじゅ》を受けたことで分かるように、その辺の公家は足もとにも寄れない。そのせいか庭園・水前寺公園の特徴は京都の文化を畏《おそ》れていないところだ。他の大名庭園のように、必死になって京の庭園に学ぼう、対抗しようという気構えがないところにいつも感心する。よく考えたら日本庭園文化の頂点「桂離宮庭園」を造った八条宮は、細川藤孝から古今伝授を受けている。それで細川家の方が師匠筋ということもいえるかもしれない。

この細川忠利（藤孝の孫）が熊本城入城に際して土下座をして清正の霊に挨拶したそうだ。熊本の人間ならば子どもでも知ってる話だという。居並ぶ公家衆を教養で上回る武家貴族の細川氏が、濃尾の土民が建てた城に土下座ねえ。これは演技だね。しかし、清正公を好きな肥後の人々は喜んだだろう。

細川三代の、世の変転に対する感覚は鋭敏であり、人情の機微も知っている。このあたりが戦国の世を二万石から五十四万石にまで登りつめた秘訣だろう。いや、藤孝、忠興、ガラシャ、忠利……と、一筋縄ではいかない魅力ある一家である。

『細川氏　文武に亘《わた》り世渡り華麗　必要あれば土下座も厭《いと》わず』

考察

学生の頃は、九州にあんな巨城はあり得ない。清正は、朝鮮攻めの先鋒として秀吉から軍資金をもらい、帰国後も秀頼公の「詰めの城」とするために、豊臣家から莫大な築城費用をもらっていたのだろうと考えていた。神社仏閣に大金を注ぎ、浪人・兵士を万単位で雇う金があるのだから、豊臣恩顧の大名に密かに資金を回しても不思議はない。清正公人気は、大坂の豊臣家人気と相通じるものがある。地域に公共投資の形で富を分け与え好景気をもたらしたのではないか。

『大坂の城の金銀流れゆき　皆人《みなひと》喜ぶ巨城誕生』――ではなかろうか。

しかし今考えると、石田三成がいる間は清正に資産分与はあり得ない。次の淀君時代、清正は懸命に豊臣家との仲をとりもってはいるが、属しているのは家康陣営だ。豊臣家から資金を得るとすれば清正領内に預かっている豊臣直轄《ちょっかつ》領二万石分くらいだろう。

この謎を解くには加藤清正の能力についていま一度考えなおさねばならない。諸本・史料を考えあわせての考察の結果は以下の通りである。

①彼はただの濃尾の百姓の息子ではない。濃尾の大坂といえる繁華な港町・津島育ちだ。織田家が、

経済力で他の大名を圧倒していたのはこの津島を領していたからである。清正はもともと計数に明るく、朱印船貿易でのもうけは九州の地付き大名や商人たちとも互角だった。特に治水、築城にかけては、ひとりゼネコンという異能の人で、貿易の利益を注ぎ込み、民を水害から救い、多くの耕地を得させた。それで景気が良い方向に循環した。朝鮮の陣の折には苛斂誅求《かれんちゅうきゅう》もおこなっていたが、細川家による清正伝説のおかげで、功績は肥大化し苛政《かせい》の分は隠された。

②清正没後、藤堂高虎は幕府の使者として加藤家に入り、家老たちを指導して籠城用の城から、幕府軍の根拠地の城となるよう改造整備したと考える。後に幕府は、まず南部の支城群、後に北部の支城群を棄却させた。毎回それぞれの城の天守、櫓が熊本城に移築され、熊本城特有の高櫓群を形造った。

③外回りや西側に並ぶ現在の大きな城門はたいてい細川時代のものだ。南側の美しい曲線を持つ清正流の石垣も重要な部分が実は細川時代のものである。江戸時代は築城工事関係はたてまえとして禁止なので、幕府の意を受けた細川氏は工事の結果を清正伝説で隠しつつ巨城に整備したと考える。

してみるとまとめの短歌も以下のように変わる。

『朝鮮の陣から学んだ城造り　貿易治水で割拠もＯＫ』　加藤清正

『国中の天守を集め高櫓　薩摩を睨《にら》む普通の城へ』　藤堂高虎

『清正の伝説巧みに作りつつ　隠して進める巨城の仕上げ』　細川忠利

以下の謎解きもまだ十分とはいえないが、これまでの論をまとめてみる。

①石垣のカーブの謎
・亀甲車を使った根石抜き取りによる石垣崩壊を防ぐ為と、城壁の上からの投下物の落下エネルギーを水平方向に変える為かと考える。
②石垣技術と量の謎
・朝鮮の最前線で全国の石工の築造技術を融合、規格石のスピード生産と運搬の新たなノウハウを得た。
③豪華高層櫓群の謎
・国中の支城を破却するたびに、天守、高層櫓を中央の熊本城に集めた。特に貿易で栄えた小西領の城は、多くの支城が天守閣を備えていた。
④苛斂《かれん》誅求《ちゅうきゅう》の有無
・多少あったが清正伝説で隠された。
⑤巨城になった訳
・幕府の方策による。対薩摩の根拠地の城として細川家が幕府大軍による攻防ができる城に整備した。
⑥財政の謎
・清正自身が多能な経営者、異能の「ひとりゼネコン男」で、貿易、築城、開発工事を上手に運営、富国強兵策が進んだ。

熊本城を攻める

さて、次に攻防のシミュレーション。南から攻める場合、内堀代わりの坪井川は、流れを切ると本来の流路である真南に流れるので、干しあげることができる。そうすると川沿いの低地に築かれた竹の丸は大軍の突撃で簡単におとせる。しかし、次の飯田丸——東竹の丸の高石垣、その上にさらにそびえる本丸——平左衛門丸の高石垣と、二層連なる高石垣を越えることは難しい。北の台地からは、高低差なく西出丸の北側を攻めることが出来るが、地峡《ちきょうぶ》部なので狭く、大軍の進退には足場が悪い。東側は本来の崖地で坪井川と旧千葉城もある。加えて南側と同じ二段の高石垣も聳《そび》える一番厳しい攻め口である。

そこで西側となる。まず、城外の「段山《だにやま》」を基点にして、三の丸、二の丸、西出丸——と、ゆるやかな雛壇《ひなだん》を一段ずつ攻め登ることができる。西出丸からは、本丸に直結する頬当御門《ほおあてごもん》を大筒《おおづつ》を並べて破壊し、攻め込む。ここは清正の当初の設計にはない増築された城門なので、熊本城本丸の正門にして弱点である。高低差もさほど無いので掘を埋めさえすれば強襲して破ることもできる。このラインを突破すれば、すぐに天守閣の下で、攻め口には本丸御殿が載《の》っかっている。ここも熊本城の弱点で、入り口の暗がり廊下に大量の火矢を打ち込めば本丸御殿が炎上し、攻城は終了となる。

以上、まことにつまらない時間のかかる正攻法だが、碁盤《ごばん》のようにそびえ立つ本丸四郭に迫るには、高低差の少ない西側からがやはり一番である。神風連のときも西南の役のときもこの形だった。

最後に熊本城は現代の軍隊の攻撃を防げるだろうか。熊本城は西南の役で、近代戦にも役立つ姿を見せた。地下壕を設ければ、第二次大戦クラスもある程度防げるかも知れない。しかし火力が極端なまでに進化した現代の戦闘では、動き回ることが防御といえる。冷戦時代から、米ソはミサイルの固定シェルター方式を止め、陸上移動式、トンネル移動式、戦略潜水艦方式等、全て動き回りながら敵を撃つスタイルに移行した。これらの最初の姿であるナチスドイツのV二号は、最初からトレーラーで動き回って発射する形であり、実に未来を先取りした先進的な兵器であった。ちなみに現在使われているスカッドミサイルも設計はV二号と基本同じだそうである。

現実の戦い西南戦争——熊本城は落ちず、主戦場は田原坂へ

西南戦争では、予定されていたように南から来寇《らいこう》を受け、予定通り弱点である城の西側から攻めら

れたが、どの一角も落とされなかった。籠城政府軍の勝利である。政府軍の失敗は、直前に本丸で火事を起こし兵糧米を失ったこと。これには失火説、忍者説もあるが、自焼説が一番強い。近代砲撃戦の邪魔になる天守閣を自焼してはみたものの、それが本丸全域に及んだという。類焼して兵糧米《ひょうろうまい》まで焼いたのが事実なら参謀・児玉源太郎には切腹して欲しい。おまけに薩摩の砲撃はたいしたことはなかったから、自焼策は完全に誤りだった。しかし焼米が出土してないとのことで、まだ最終判断はできない。

増援の政府軍はすぐに南下してきた。薩摩反乱軍は熊本城攻囲に兵三千を残し、主力の薩摩兵一万を田原坂方面に向けた。反乱軍の総数は二万五千である。菊池川から熊本までの間は一望の台地で守るポイントは台地への登り口・田原坂しかない。この地点を土木工事に長けた加藤清正は上手に設計したのだという。しかしそれなら谷道を作って台地上から側射できるようにすべきだ。現実にみる田原坂は、台地から延びるごく自然の尾根道である。

戦いの帰趨《きすう》を決めたのは、田原坂の失陥より、政府軍の海からの八代方面、日奈久への上陸が大きい。これで北部戦線は意味を失い、撤退。阿蘇外輪山の裾野の城東方面が次の戦線となり、結構派手な戦いがおこなわれたが、記録・小説は田原坂一辺倒で、その次は延岡、ついで鹿児島・城山戦にワープする。田原坂の戦いは、日露戦争の旅順の戦いに同じく、実質の価値より、看板・象徴なのだろう。当時少佐であった乃木大将は緒戦でいったん、田原坂を占拠、この地点の保持を訴えたが司令部からしりぞけられた。確かに田原坂は南軍が陣地にするにはよいが、北軍が寡兵で占拠しても守りがたく、消耗戦の戦場になるばかりである。以下、戦闘の考察。

① 火力で官軍に劣る薩摩武士は、銃砲があまり使えない夜間に斬り込みをかけて昼間奪われた陣地をたびたび奪い返した。これに対抗すべく政府軍が編成したのが、警視隊抜刀隊。薩摩郷士が多いので、ほとんど薩摩勢同士の戦いのようになった。

② 前線は数キロに広がってゆき、最終的には中央部の「七本柿木台」の陣地を政府軍が早朝の奇襲（斬り込み）で突破した。前日、離れた峠に官軍は陽動の猛攻撃をかけ、この手に乗せられた薩軍は精兵を峠に移し、同陣地は高鍋藩兵だけだったのである。こうして田原坂の陣地は孤立し、立ち枯れていった。

慰霊碑で両軍の戦死者を数えてみたが、ほぼ同数。薩摩軍もまた多国籍軍で、熊本県人も多かった。戦場を日露戦争並の大量の銃弾が飛び交ったが、攻防共に斬り込みが勝敗を決したのが興深い。これは当時でも驚きだったそうだ。薩摩の斬り込み隊と互角に戦った警視隊抜刀隊の軍歌「抜刀隊」は、フランス国歌も参考にしてフランス人が曲を付けたものだという。しかし、敵を心底憎むラ・マルセーユズの歌詞と違い、敵の西郷隆盛と薩摩兵を誉め称えているところが違う。今でも警視庁が行進曲として使っているそうである。

♪——敵の大将たる者は、古今無双の英雄で　これに従うつわものは　共に剽悍決死の士——

○寄り道　熊本大地震

思いもかけない熊本大地震の勃発。長崎でも安普請の我が家が不気味に揺れる。大地とはこんなコンニャクみたいに頼りないものだったのか。「大地を讃えよ」という歌はもう歌いたくない。熊本城は相当崩れており、宇土櫓の付櫓も崩壊している。コンクリ製の天守などどうでもいい。あの天守閣レベルの五階櫓こそ九州の宝だ。石垣は二十年かけて積み直すそうだが、加藤清正築造の部分の被害は少ないので、ざっとでいいから三年で修復して欲しい。熊本城の地震被害の記録は知っているが、こんなにひどいのは初めてだろう。支城の八代城は江戸初期の地震で大崩壊。中州の城だったので揺れがきつかったのだと思う。

日本列島で、地球のプレートが一番せめぎあうのは関東の小田原。小田原城は何度も地震で倒壊している。列島は活動期に入っている。どうやら生きている間に、富士山噴火と東海・南海大津波、畿内濃尾地震を見そうな気がする。豊臣秀吉も長浜城と伏見城とで、二回も大地震に遭遇して助かっている。あの強運にあやかりたいものである。

第四章　佐賀城を解く

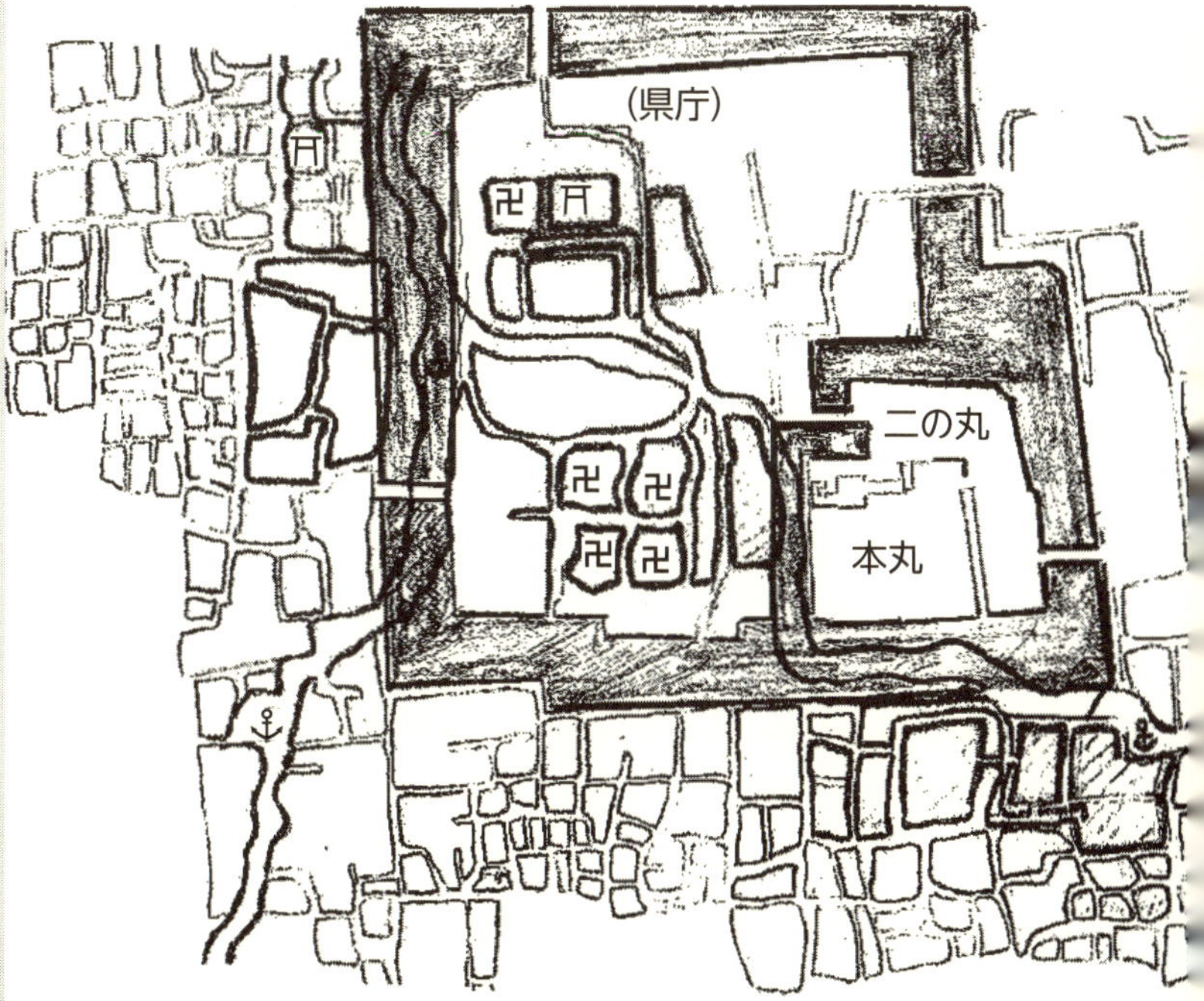

佐賀城の謎

江戸城、大坂城、熊本城と天下の名城を論じ終わったところで、地元・肥前の国からもひとつ。太閤秀吉の名護屋城や島原の乱の原城、島原城など魅力ある城が多くあるが、国の中央にある佐賀城は、わが国には珍しい純粋な平城なのでこれを論じてみたい。

・一等地の謎

今は家が建ち並んだとはいえ、佐賀は一望の大平野である。中世の佐賀城は、村中城といい、龍造寺城ともいう。今の佐賀西校である。ここが一等地で、今の本丸や支城・水ヶ江城の方が端っこだといわれても……。みんなどこも変わらない佐賀の平坦な田舎である。こんなところで、一等地や二等地の区別があり得るのだろうか。佐賀平野での一等地とは、まず、佐嘉川（嘉瀬《かせ》川）の流れが平野に出てくる川上の地。ここから扇のように広がる佐賀平野の軸にあたる場所である。邪馬台国の比定地でもあり、かつては国府も置かれていた。だいたい偉い人はきれいな水が手に入る川上に住むのだ。これに次ぐ一等地は、平野伝いに博多に近い神埼《かんざき》や吉野ヶ里《よしのがり》あたりである。

・天守台の謎

天守台の登り口は本丸側ではなく、外の堀側についている。あり得ないというか、お城の設計としては零点である。攻撃側が堀際に鉄砲隊を並べて射撃を加えれば、天守台と本丸が簡単に遮断されてしまう。ここは有明海の干潟《ひがた》で出来た泥の国。城の石垣に使う一個一個の石も、遠く離れた北山からはるばる運んできた貴重なものである。その多くがこの天守台に使われている。この阿呆な設計には、どのような意味があるのだろうか。

・支城・水ヶ江城の位置の謎

三つめの謎は、東南部にあった重要な支城・水ヶ江城の位置である。村中城の弱点である東南方向を守る城だという。どうして東南が弱点なのか？　佐賀城の弱点は誰が見ても、微高地の北側である。三重の堀の配置も北からの攻撃に備えたもの。築城者の鍋島直茂も決戦場を城北の平原と定めていた。この三つの謎を学生時代から実に四十年考えていた。そしてその後も謎は増えていく。

唯一の本格的城門・鯱の門

・櫓と城門が一つずつしかない謎

前章の熊本城には六十二の櫓、近くの島原城には四万石ながら、平櫓も含め四十九の櫓がある。佐賀城は縦六百メートル横七百メートルの広大な四角形の城である。大陸の平城では四十メートルごとに櫓を置くことを考えれば、熊本城に同じく六十ほどの櫓が必要である。最低でも四隅に三層櫓、四角形の一辺上に最低二つずつの二層櫓か城門櫓——と、合計十二基は要る。それが一番必要性の薄い南側にひとつあるだけだ。

鯱《しゃち》の門（写真）を見て、戦乱に耐えてよくぞここだけでも残ったと学生のときは感動していたが、もとから城門はこれだけで、それも結構後の時代に建てられたものと知ってガックリきた。たいていは柱二本の簡単なお屋敷門だったという。入口を枡形に組んでいるのは一番重要でない南西側の門だけ。それも土手だけ。天守台から櫓、城門、枡形に至るまで、どれひとつとしてまともでないのは謎である。だいたい天守閣と櫓と城門が一つずつでは、城の体《てい》をなしていない。

・沈み城の謎

沈み城とは本丸に向かうに連れて標高が低くなっていく城をいうが、佐賀城の場合は自ら水没させて防ぐ城の意味だそうだ。平山城ならその策もないこともないが、純粋な平城を自分で水没させるのは自滅行為以外のなにものでもない。佐賀平野は一見、真っ平らであるが、南に行くほど低くなっている。それで一番南に位置する本丸が一番低い。この沈み城の戦術をとると、本丸から順に重要な郭が沈んでいき、城を北から囲む敵軍はこれを見物する形になる。天守台と写真の鯱の門だけは水上に浮かぶが、二百名も残れない。佐賀藩は朝鮮の陣に一万二千、島原の乱に三万五千出兵と、大兵力が持ち味だ。その大軍が水浸しとなっては使えまい。

・与賀城の謎

与賀城は佐賀村中城の西隣りにあった少弐《しょうに》氏の城である。龍造寺・鍋島氏の上司で、かつての国難・元寇の折は日本軍の事実上の総大将であった。室町時代の守護大名としても北九州三カ国を支配し、また、ここ与賀荘の直接の地頭でもある。与賀荘は少弐氏の肥前南部における根拠地で、北部の根拠地が、神埼郡の勢福寺城。これは史跡・吉野ヶ里の山手になる。もっともこれらの城は少弐氏の奥座敷であって、本拠地はもちろん筑前国の太宰府とその近辺の城である。

佐賀村中城は佐賀荘の中の龍造寺村の真ん中だったので村中城だという。一方、与賀城も少弐氏の大荘園・与賀の荘の中心である。どちらの城も地域の中心なのに、大声を出せば届く近さにある。これも謎である。

謎解きは作図とフィールドワークの後で

佐賀平野は満潮時に沖の泥が内陸部に運び込まれることで陸化が進む。沖に向かって成長してゆく干潟は、堤防と排水路（クリーク）を掘ることで容易に農地に変えることができる。これが干拓である。水田まわりの掘割となったクリークの形で時代ごとの海岸線が分かる。古代の律令国家の時代は比較的整然とした縦横のラインを描く。これが中世の武士の時代になると、誰もが自分勝手に干拓するので、ジグソーパズルのようになり、そのまま複雑な郭《くるわ》の城にもなる。近世、近代で、藩や県が開発するようになると、また縦横整然とした形に戻り、現在の海岸線に至る。俗に縄文時代の海岸線はJR線で、弥生時代のそれは北堀端の国道であるといわれる。それなら今の城内はすべて干潟であったということになる。

龍造寺村の地名説話では、ヤマトタケルのミコトが天子の船、龍船を造った地なので龍造なのだそうだ。話の真偽はともかく、平野中央の佐賀市が太古は海岸だったことを語っている。干拓が進んだ戦国時代の頃の佐賀村中城は内陸の川港の城に変わっていただろう。その後の港は、水ケ江城を経由して筑後川河畔の三重津へ。ここには幕末には佐賀藩の蒸気軍艦が並び、立派なドックも造られ、今日では世界遺産になっている。離れていく海を求めて港も南下していったわけである。

実際に歩いてみる。佐賀城のお堀を西に渡ってすぐに与賀神社。楼門は佐賀平野で一番の古建築で

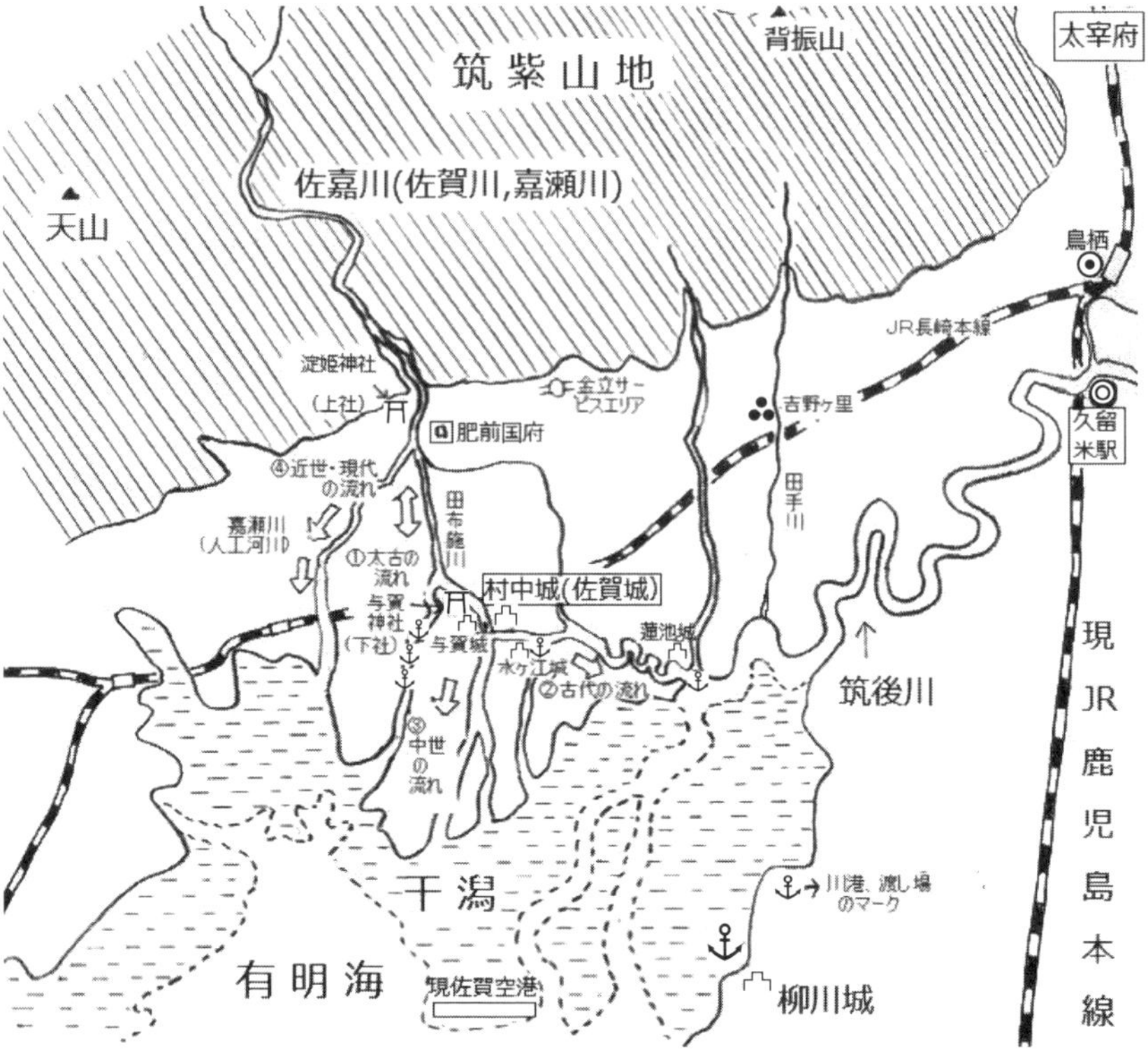

佐賀平野成立のしくみ

ある。隣りの泰長寺が与賀城本丸部分のはずだ。案の定、ここを基点に少弐氏が川を開削、川下にいくつもの川港を整備したとの碑文をみつけた。――とすると今渡った西堀が当時の佐嘉川の川筋で、与賀城と村中城の間を流れていたのか。この二つの城は、深い入江の両岸の川港《みなと》城だと考えると、近いのに、それぞれ別の荘園村の中心であったことがなんとか説明できる。

与賀の語源はヨガムで、普通は潟地のことをいう。しかしここは神代から栄えた淀《よど》姫神社の真南に作られた下社である。これが淀下《よか》神社と呼ばれ与賀の地名になったとも考えられる。太古の佐嘉川はここを直進南下していた。さが川に逆《さか》川の字を宛てれば「逆向きに流れる川」の意味で、満潮時の流れに乗れば、山裾の上社まで遡航できることを表している。なんといっても有明海の干満の差は日本一で、六メートル近いのだ。佐嘉川は時代ごとに流れを変え、田布施《たふせ》川、佐賀江川、嘉瀬《かせ》川など様々な名称を持つ。以後、本稿では「佐賀川」の名称で統一して論を進めたい。

佐賀川は海水が遡ってくるといっても比重の関係で上層部はアオと呼ばれる真水なので用水に使える。遡上《そじょう》地点に川水が溜まって淀《よど》んだところは川港になる。そこの女首長（巫女）が淀姫だ。この地の伝承では神功皇后の妹だそうだ。三韓征伐を助けた九州ヤマト国の神聖姫巫女だろうか。伝承の豊玉姫であるともいう。それなら淀姫神社がワダツミのイロコの宮（竜宮城）となり、筑後川対岸の高良山の神・玉垂れ命がホオリのミコト・山幸となる。淀姫神社の支社は河上峡を遡って点々と続く。海を渡って対馬豊玉町にまで至るのかも知れない。我が国の国邑は基本、巫女が治めるのでたくさんの巫女がいた。神武天皇妃はじめ、我が国の神聖姫巫女には多くの名がある。これは代々の姫巫女が話の上で一人に統合されているのだろう。

佐賀川は、この川上の淀姫神社を基点に、東、南、西へと時代ごとに流れの向きを変え、佐賀平野を創りあげている。撒水機というか、ホースで国造りの泥水を撒いている感じである。奈良時代は東に流れていて、「佐賀江川」という。それで太宰府から肥前国府まで川船で東西に行き来できたそうだ。鎌倉時代は南東方面に水ヶ江経由で八田江へ。室町時代は、太古の神々の時代に戻り、南流して与賀本庄江へ。現在は「嘉瀬川」として西南に流れているが、これは人の営為つまり龍造寺・鍋島氏の武将・成富《なりどみ》茂安による治水工事の結果である。

治水の神様と川上・川下の一等地

戦国叩き上げの武将、成富《なりどみ》兵庫茂安の本姓は吉野ヶ里氏。川上に「石井樋《いび》」という水分け施設を作り、佐賀平野を平等に潤す仕組みをつくり、現代の人々にまで治水の神様として感謝されている。この水分《みずわけ》設備はなんと平成始めまで現役だったそうだ。佐賀平野に一度として水争いがないのは、彼が最初からほぼ完璧な治水を行ったからだという。時代を超えて明治天皇からも褒詞を頂いた。彼の名をとった町村名が今でもいくつもあり、神として祭られている。彼の治水は、佐賀城下を洪水から守りつつ、佐賀平野のすべての水系をコントロールするものであった。佐賀川を嘉瀬《かせ》川という名に変えて西に流し、必要なだけの水量を佐賀の城下に取り入れた。これを田布施《たふせ》川という。今は人工の支流となったが、かつての本流筋である。この一連の工事は、徳川家康が江戸城下を流れる平川を神田川と名前を変えて迂回させ、城下を洪水から守った工事を思わせる。今、嘉瀬川と名を変えた佐賀川の広い河川敷は熱気球の聖地になっている。

治水の神様の子ども時代はさぞや優秀な神童だったのだろう、武将になってからの戦場での手柄はどうだったのだろうか。期待を込めて川上の記念館に行く。なんと子供の頃は名うての悪童で、戦国時代にもかかわらず一門が集まって殺す相談をしたそうだ。これは意外だ。大友氏六万の大軍を破った「今山の戦い」では子どもながら物見を務め、その明晰な物言いの様《さま》から龍造寺隆信の小姓となったという。その後の筑後の城攻めで一カ月の間に十回手柄を立てて「これよりは十右衛門と名乗れ」と、褒美の言葉を頂いた。十回も手柄を立ててドラえもんみたいな名前が褒美だとはあんまりである。戦乱の時代が終わると共に、治水に活躍。乱世の勇将・治世の能臣としての見事な一生であるが、いつ治水の極意を得たのかは分からなかった。縁あって度々戦場で加藤清正を助けたので、工事名人である彼から受けた教えも多いと思う。成富茂安の業績は精密膨大で、佐賀城の広大な堀も、もちろん彼の施工である。

『悪童も勇将を経て神となる　称賛の言葉は民から天子から』

川上の淀姫神社近くにあった国府は、中世には国主・少弐氏の拠点である川下の与賀荘にその繁栄を移していたと思われる。ここは当時は有明海航路の中継港で、東西を結ぶ陸路の渡し場でもあった。すなはち一等地の意味とは、北九州を支配する少弐氏の、肥前での根拠地の川港で、館や寺社が立ち並ぶ肥前の都といえる町だったことなのであろう。龍造寺氏は、少弐氏の与賀館を東方の脅威から守る位置つまり佐賀川東岸に村中城を構えた。村中城とは龍造寺村の真ん中との意味ではなく、与賀荘間近だけど龍造寺村の中心地ですよという意味ではなかろうか。

肥前の関ヶ原・丹坂《にさか》峠の戦いと、九州の桶狭間・今山の戦い

筑前・肥前を治める少弐《しょうに》氏は、家来の龍造寺氏があまりに強いので、島原半島の有馬氏と共に攻めた。そして城を開いて立ち退く龍造寺一族をまとめて謀殺した。場所は淀姫神社と神埼の祇園原の二カ所である。このとき長老の龍造寺家兼はすでに九十歳を越えていたので見逃した。しかし家兼は反撃に出て勝利、曾孫の龍造寺隆信をお寺から還俗させて後を継がせた。曾祖父と曾孫の信じられない年の差リレーである。こうして一五四七年、少弐氏は龍造寺氏から滅ぼされた。一応、下克上である。お芝居の水戸黄門の設定が六十代だから、龍造寺家兼はたいしたものだ。しかし長生きするとこのように一族全滅の悲哀をみることもあるのだなあ。龍造寺隆信は、この一族謀殺の件で人間不信になっ

たものか、周囲の大名に対し、だまし討ちや人質の処刑が多かった。お寺では何を習ったのだろうか。人望の厚い義弟の鍋島直茂が国主になってゆくのはしかたがない。

一五六三年、東肥前の覇者となった龍造寺氏は、西肥前の覇者・有馬氏と牛津川を挟んで対陣、東西決戦に及んだ。両者半年近い対陣の後、丹坂峠《にさか》で決戦、有馬勢が敗退、四散したという戦闘内容のよく分かっていない戦いである。それでこの丹坂峠の戦いの現地の布陣を調べるべくフィールドワークをおこなってみた。丹坂峠は戦国時代の街道が堤防のような台地を横切る峠道だった。この細長い台地は西側が崖で、東軍である龍造寺勢が陣をしくには絶好の地形である。この自然の城壁を失えば後は佐賀城まで平野が続くばかりである。有馬勢はＪＲ肥前山口駅あたりに置かれた本陣を、この龍造寺勢の布陣する台地の西向かいにそびえる両子山《ふたごやま》に移したと考えられる。両軍の間には牛津川が流れている。この形は、先に渡河した方が不利である。先手必敗の陣地戦だといえる。そしてここでの長陣は、地元の龍造寺勢には有利であるが、海の彼方に本領を持つ有馬本軍には補給に不利である。この形は諸葛孔明が北伐で苦労する秦嶺《しんれい》山脈越えに似ている。かつてこの山脈を逆に超えて蜀を攻めた曹操も敗れている。山を越えた方が補給の問題で自滅するのである。魏の司馬仲達は征討を行わず、毎回大軍で待ち受けて、諸葛孔明の自滅を待った。ロンメル将軍の活躍で名高い北アフリカ戦線も同じで、砂漠を超えた方が補給戦で負けている。

この丹坂峠の戦いも、おそらく長陣での補給を厭《いと》う有馬勢が我慢できずに、川向こうの堅陣に攻めかかり、敗れたものだろう。半年近い対陣にも倦むことなく、戦勝のその日のうちに回り込んで後方の多久城を落とした龍造寺隆信の動きは、プロのバスケの選手のようだ。しかし、大会戦の後、十五キロを移動しての攻城戦は、歩兵には無理である。少数の騎馬隊で移動して落城させたのであれば、最初から裏切って手引きをする内応者がいたか城主逃亡後の無血入城だったのだろう。

以上は『北肥戦誌』と両子山《ふたごやま》に残る陣地跡を合わせての考察である。史料はあと二つあり、どちらも丹坂峠を有馬軍が先拠して合戦が起こっている。『歴代鎮西要略』では隆信は別軍を率いて多久城をおとし、『歴代鎮西志』では、鍋島直茂が多久の地侍の案内で長駆両子山の裏側をすり抜けて現JR肥前山口駅付近の有馬本陣を襲っている。

一五七〇年に北九州六ヵ国の守護大友宗麟は筑紫平野の中心・高良山《こうらさん》に陣を置き、弟の大友親貞《ちかさだ》を先手の大将として六万の大軍で佐賀に攻め寄せた。龍造寺隆信の義弟・鍋島直茂はこれを親貞が本陣を置いた今山に奇襲して破った。この戦いは、油断して酒盛り気分の大軍を寡兵で破るところが桶狭間の戦いとよく似ている。未だに場所の確定していない桶狭間と違い、今山の陣所は確定している。それで登って眺めてみる。本陣跡から望む佐賀村中城は遥か彼方に霞んでいる。腰が引けているというか、ここでは攻城の本陣とはいえない。戦略的な攻囲の段階、示威《しい》運動といえる。東西は尾根筋で南北は絶壁である。この本陣より西側には部隊は配置されていない。それで正確には大将というより先鋒ではないかと思う。この最も前線であるべき西側の尾根続きはフラットなので野戦築城の必要がある。空堀も掘らずにここで酒宴とは阿呆であろうか。いや、日本の兵法は違う。日本の兵法は勢いである。勢いを作り出し、その勢いに乗った方に皆がなだれこんできて戦いに勝つ。国侍《くにざむらい》たちは、どちらが強いかどちらが勝つかと鵜《う》の目鷹の目で大将の様子を見ているのだ。これは一応大友軍に属している国侍《くにざむらい》たちも同じである。牛津川の西側に並ぶ有馬氏系列の諸大名も、高良山に陣する大友宗麟の招きによって佐賀平野を囲んでいるが、戦力となるかどうかは大友方の勢いしだいである。従って前線での酒盛りは悪い方法ではない。その余裕の様《さま》をみて皆は安心、喧伝《けんでん》する。そうすると勢いがついて、その後の決戦にも勝ち進むのである。これがこそこそと堀など掘っていれば、その様子をみて国侍たちは不安になる。この大将は弱いのだ。あるいは負けるかも――とか思われ、それが本当の負けへとつながってゆく。勝利の第一要素である「勢い」を失うからである。

結局、大友方の攻撃の前夜に鍋島直茂が裏山に登り西方の尾根から奇襲を実施。これは朝駆けの強襲ともいえる。首尾よく大友親貞を討ち取った。この戦勝により龍造寺氏は五国二島の太守と呼ばれる大大名に成長してゆく。鍋島直茂は戦勝の記念に大友家の家紋を自家の家紋にした。一種の戦利品である。これは当時にあっては九州一の大名を破ったという金メダルの輝きがあった。今は鍋島氏の紋所として有名で、大友家のものであったことなど誰も知らない。

九州の関ヶ原・沖田畷《なわて》の戦いの謎を解く

今山合戦の後、龍造寺氏は有馬氏を連破、西肥前の大名を残らず従えていった。大村氏は大切な長崎を奪われないようイエズス会に寄進、その後有馬氏ともどもいったん降伏した。こうして肥前の国は統一され、戦国の九州は、龍造寺、島津、大友の三氏による巴戦《ともえせん》となった。最強の大友氏が島津氏を攻めに行って耳川の戦いで敗けたからである。残る龍造寺対島津による決勝戦は、有馬氏が叛旗をひるがえしたことにより、熊本平野ではなく海を隔てた島原半島で行われた。島津氏が家久を将として三千の援軍を船で送ったのである。

有馬氏は、傘下《さんか》に戻らない深江城と浜の城を囲んだ。浜の城は島原氏の居城である。島原港内に点在する島を城郭化したもので、陸橋で繋《つな》がれた対岸には原の付く地名が多い。合わせて島原なのだろうか。白亜の天守が聳える今の島原城は、当時は森岳という丘であった。

天正十二年三月（一五八四年）龍造寺隆信は、囲まれた二つの城を救い、かつ有馬氏にとどめを刺すべく三万五千の大軍を興し、これも船で島原半島に渡った。三〜四千丁の大型銃と二門の大砲を装備、その重厚で華麗な進軍の様子を宣教師ルイス・フロイスが記録している。この近代装備の大軍が負けるのだから人生は分からない。迎え撃つ有馬・島津連合軍は合わせて六〜八千。普通なら二つの城の囲みを解いて軍を退《さ》げ、布津断層の崖の上に陣を布いて本拠の有馬地区を守るだろう。しかし島津家久は森岳に陣を置いてそのまま浜の城の囲みを解かず逆に沖田畷《おきたなわて》まで北上し、大木戸と柵を築き戦闘体制をとった。沖田畷は深田の中の一本道。今の国道・島原街道である。龍造寺軍は、攻めにくいこの中央路を鍋島直茂が担当。攻めやすい山手を竜造寺隆信、浜手を弟の江上家種——と、三軍に分かれて島津・有馬の本陣が置かれた森岳の丘を目指す予定だった。この進軍案に対し、「中軍が鍋島で龍造寺が端では、どちらが大将か分からない」と讒《ざん》言《げん》するものがいたそうだ。結果、決戦前夜に、両者の陣場を入れ替え、それで混乱したという。

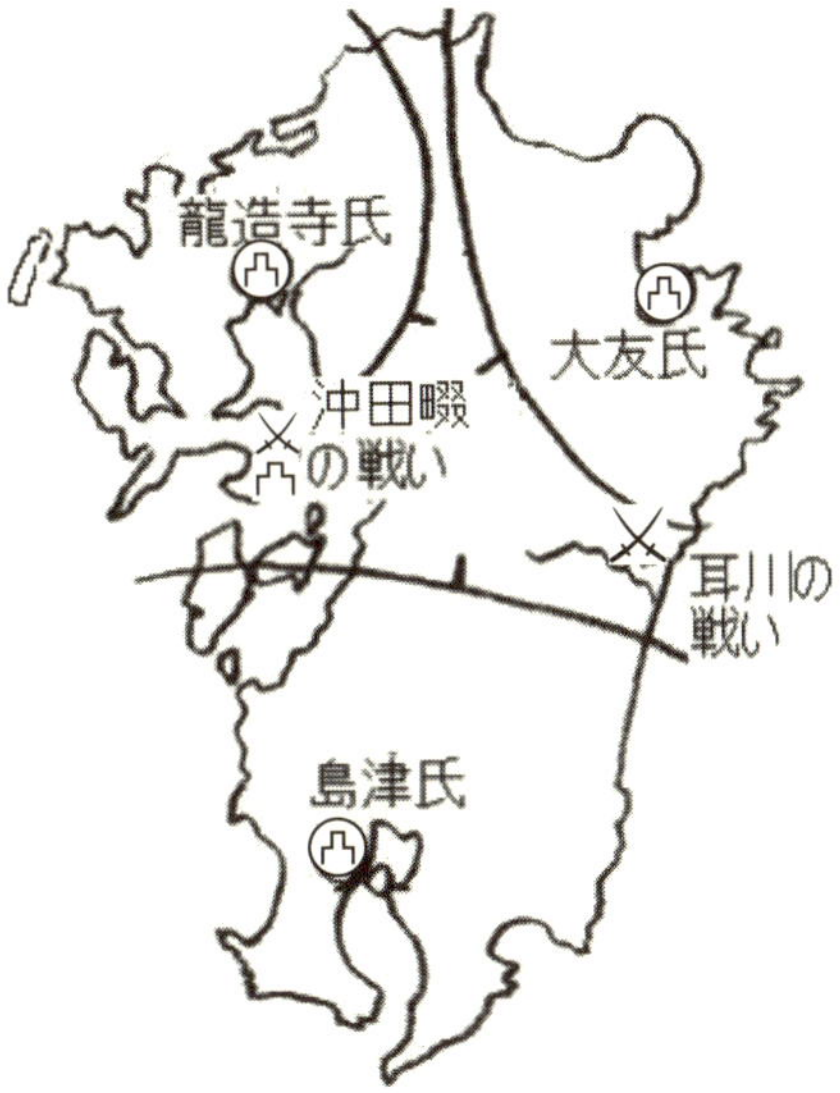

九州三国史

当日、島津側は一本道を攻め寄せる龍造寺勢を引き寄せて柵を隔てて一斉射撃、そして両側の深田に落ち込んだ龍造寺勢に突撃。この混戦のなか、督戦に本陣を進めた龍造寺隆信を、島津の小部隊が発見、迫ってきた。これを隆信が味方混成軍の武将同士の喧嘩と思い、輿《こし》の上から総大将の権威で叱った。しかしそれは島津の武将・川上左京《さきょう》亮《のすけ》だった。そして「いかなるか、これ剣刃の上」と問いかけてきたという。隆信は観念して「紅炉《こうろ》上一点の雪」と答えた。命は赤い炭の上に落ちる雪片である――という意味の辞世の句である。別説では島津方の侍が「伝令!」といいながら輿《こし》に近づき、六人の担《かつ》ぎ手を瞬時になで斬りした後、隆信が逃げるところを討ち取ったともいう。

浜手を行く左軍は有馬水軍の艦砲射撃で進めず、山手で勝ち進んでいた右軍の鍋島直茂は、中央での主将の敗死を知って軍を退いた。近代装備の大軍なのに何故突然敗れたのか、いまひとつよく分からない戦いである。あぜ道で損害を受けてもせいぜい数十の兵を失う程度で、後方数万の本軍は安泰ではなかろうか。そのような大軍の中の本陣にどうして突然島津の小部隊が湧いて出てくるのか。まわりの旗本は何をしていたのか。

考察

戦場の地形は、火山性の扇状地と扇端《せんたん》の深田である。現在はこの扇状地いっぱいに、長方形の島原城と城外武家屋敷町が載っている。現在の本丸が有馬島津の本陣が置かれた森岳砦、もうひとつの丸尾城は扇頂《せんちょう》に位置している。ここも旧島原城である浜の城の支城であり、占拠されれば扇状地の全てが降伏する要地である。扇状地の扇端に湧き出る豊富な地下水は、浜堤《ひんてい》で遮られて深い湿田をつくる。これが沖田畷の水田地帯で、沼地に近い。ここを貫く畷道《なわてみち》が今の国道・島原街道である。

島津家久は、兵法上三倍の敵に勝てるこの地形を選び会戦地に定めた。扇状地と深田沼の境に陣地をつくると完璧であるが、これでは敵軍が入ってこない。誘いこんで殲滅《せんめつ》するためには、少し引いたところに野戦築城をおこなう必要がある。街道を大木戸と柵で塞ぐのである。この形は島津得意の待

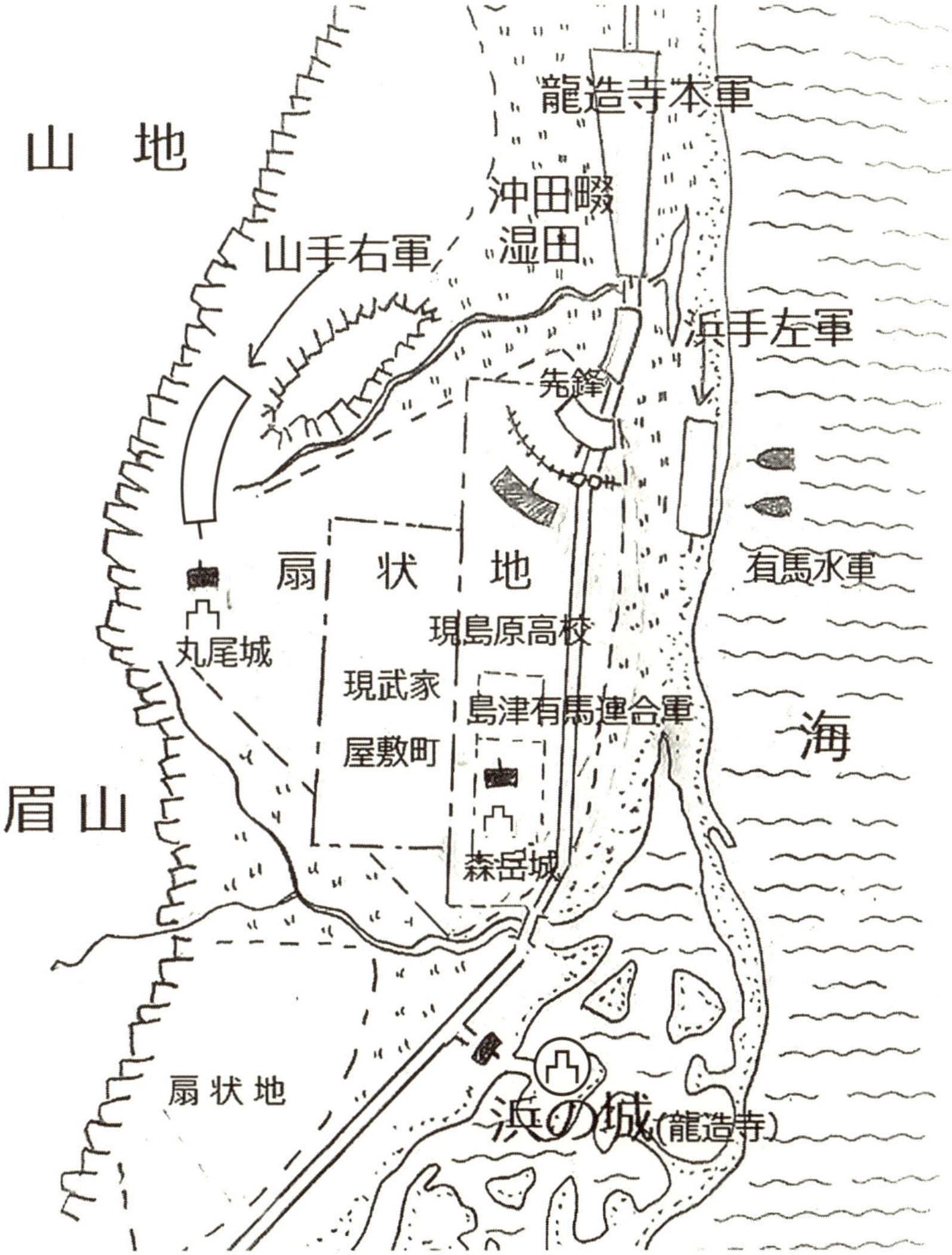

現島原城（森岳城）一帯は、九州の天下分けめの古戦場

ち伏せ戦術・釣野伏《つりのぶせ》に似ているが、沼地から上がって来る行軍体形の敵を十分引き付けてから撃つので、兵法の基本である「敵軍川を渡りてくればその半ばを撃つ」の形に近い。ちょうど半数くらいの兵が渡河した頃を攻撃するのが最も効果が高いのである。この前半の合戦の舞台である大木戸の位置はどこだろうか。街道が扇状地に入り、島津勢でも勝てるくらいの人数を入れ、島津勢の銃の射程が生かせるあたり、一日で柵が作れる範囲――と、考えれば今の城内三丁目になる。だいたい一丁目が現島原城、二丁目が島原高校、三丁目が城内武家屋敷町である。一般には島原高校裏門あたりではないかといわれている。

まず、乾いた扇状地上に畷道から三千ほど上がって展開したところを、長篠の合戦のように柵と鉄砲で壊滅させ深田沼へ追い落とす。次いで次鋒が上がってこれるよう時間を与え、同じように壊滅させてまた深田沼へ追い落とす。このような経過を辿《たど》ったと考えないと、狭いあぜ道での兵力の大消耗が説明できない。龍造寺勢の持つ大型鉄砲は重く、いったん沼地に追い落とされると火縄も消えるので捨てるしかない。沼地の戦いでは島津側の弓矢の方が効果的だったろう。この陣地の作り方は相撲に例えられる。一人しか上がってこれない土俵を作っておいて、順に破っていくのである。龍造寺側はいったん兵を引いて立て直すべきなのに、「命を惜しまず次々突撃せよ！」という誤った指令を、前線に派遣された軍監役の武将が勝手に出してしまう。

こうして龍造寺側の勢いが大きく削がれた時点で、島津勢も三千の全軍を突撃させて混戦に持ち込み、敗退する敵の部隊に浸透隊を付け入りさせて本陣を狙ったと考える。拾った敵方の旗を掲げていくと混成連合の大軍である龍造寺軍の中を自在に通ることができる。寡兵《かへい》が混成の大兵に勝るところである。龍造寺軍がこの浸透を許したのは前夜の配置変えの混乱もある。龍造寺隆信も督戦のために本陣を前に進めたため、前述の悲劇の遭遇戦が起こった。この隆信敗死の地はどこだろうか。本陣はおそらく畷道の十字路である前浜交差点。ここは浜手や山手を行く別軍に連絡できる場所である。ここから二百メートルくらい陣を前進させると、やはり現在の龍造寺隆信終焉《しゅうえん》の碑近くになる。負けが見えても兵を引かず、却って進めるところはさすがに戦国大名である。

島津家久と孫子の兵法

一見摩訶不思議な会戦と結果であるが、孫子《そんし》の兵法通りである。まず、孫子虚実編には、「戦いの地を知り戦いの日を知らば、すなはち千里にして会戦すべし」とある。会戦に適した地形を見定めたら千里の彼方へも進出、先着して敵を待つべきなのである。家久は、兵を下げずに前進して地形を選び、小勢《こぜい》ながらも終始戦闘の主導権を握り続けた。沖田畷の地形は、孫子にいういう天羅《てんら》（自然の網）・天《てん》陥《かん》（自然の落とし穴）もしくは挂《けい》（ぬかるみ等）、にあたり、もともと数倍の敵を破ることのできる地形である。また、味方後方に敵方の城がいくつもあるので「重地《じゅうち》」。これは兵が団結する地である。「背後は海でのがれることかなわず。死を覚悟し勇敢に攻撃せよ」――という戦い前の家久の訓示は、そのままここが敢闘せざるを得ない死地であることを宣言している。そのまま背水の陣ともいえる。これら兵法の要素を総合すると五倍の敵軍にも勝てる道理である。大軍である龍造寺側の将兵は、会戦地はまだ遥かな有馬本拠地近くだと思っていたふしがある。それでほぼ行軍隊形のまま戦いに入り、乾坤一擲《けんこんいってき》の大会戦という気構えに足りないものがあった。

龍造寺隆信は、出張ってきた島津勢を前日に観察、その小勢を大いに笑って傲慢尊大に勝利を宣言した――とフロイスの記録にある。戦場では敵をいかに油断させるか、味方をいかに緊張結束させるかが大事である。家久は、陣地を決戦前夜に完成させている。前日までは未完の姿をわざと見せていたのか。こうなると無用な配置転換の混乱をもたらした讒言《ざんげん》も、孫子用間《ようかん》編（スパイ編）の応用かと疑りたくなる。家久は兵法上完璧な戦いをおこなっており、何倍の敵軍を破ってもさほど不思議ではない。彼は若年の頃から軍法に妙を得ていると評価されていた人物である。

鉄砲とイエズス会

鉄砲を戦場ではじめて使ったのは島津氏で、大砲は大友氏である。九州は銃砲先進国で、硝石は輸入だが、鉄砲そのものは種子島はじめ九州各地で早くから生産できていた。フロイスは龍造寺の鉄砲は大口径で長銃身だと書いている。薩摩筒《さつまづつ》は同じく大口径だが短銃身。平均的な火縄銃は中口径長銃身で、狙撃向きである。日本刀のように全国で好みは様々であった。

有馬・島津連合軍のいまひとつの勝因に、長崎を領するイエズス会からの潤沢な軍事援助がある。彼らもまた、土俵際まで追い詰められていた。それで最後のキリスト教国である有馬を全力で支援していたのである。海外交易の先発組である有馬氏は、外航船も艦載砲も持っていた。砲手はアフリカ人・インド人で、毎回ひれ伏して拝礼しつつ、浜手を進む龍造寺軍を砲撃した——とこれもフロイスの記録にある。しかしどんなものだろうか。イエズス会も一応教団なので表立っての戦いの支援の記録は控える。彼ら植民地土民兵の後ろに練達のイエズス会士かポルトガル兵がいたと思う。イエズス会の法衣の下は鎧であって、国に戻ればザビエル城、ロヨラ城、スピノラ城など皆、自分の名が付いた城がある。どれも世界遺産レベルの立派な西洋城郭である。陸兵に対しても潤沢な銃と硝薬が供給されたのはほぼ確実である。その証拠に有馬氏は、戦後、長崎に隣接する浦上地区を寄進した。今の雲仙も考えられたそうだ。神への戦勝の感謝だそうだが、銃・硝薬・海戦指導のお礼だと思う。南蛮国の火力と日本一強い薩摩兵。それに家久の兵法。この三つが重なれば五倍の敵の撃破も必然である。

山手を進む鍋島直茂は丸尾城を八割方攻め潰していたが、中央戦線での突然の総大将の敗死を聞くと、混乱のなか敗軍をまとめ撤退させた。そして島津との和睦《わぼく》交渉の裏で、本州を制圧しつつある秀吉に連絡を付け、よく佐賀の地を保つことができた。やっぱりスーパーマンではある。龍造寺隆信は、数千丁の鉄砲隊を揃えたところは織田信長とよく似ているが、輿《こし》の上から大軍を指揮しつつ奇襲を受けて敗死するところは桶狭間での今川義元に似ている。大量の新兵器は役立たなかった。新兵器も使う人、使う地形によるようだ。

最後にシミュレーション。それでは龍造寺側はどうすればよかったのだろうか。後知恵では、島原半島反対側の千々石《ちぢわ》城から西海岸を攻め下ることが上策であった。このルートは、伏兵《ふくへい》に適した山地が延々と続くので進軍をためらうのは無理ないが、実はすべて無人の野であった。根こそぎ動員により有馬の本城群も年寄りの門番だけだった。それで簡単に侵攻・占領することができたのである。中策はそのまま最初の作戦計画の実施である。街道と浜を陽動として、龍造寺本軍が山手から丸尾城を包囲する。三千丁の大鉄砲の攻撃を受ければ、比高十五メートルの支城などひとたまりもない。そして扇状地の上から攻め下れば、有馬・島津連合軍は、大木戸・柵の陣地を捨てて本陣の森岳の丘に籠るしかない。これも三千丁の大型鉄砲で吹き飛ばせる。龍造寺側の城として籠城中の浜の城（旧島原城）と深江城も補給を得て勢いを盛り返す。それで有馬・島津軍の退路を完全に遮断して壊滅させることができる。それでも制海権は有馬側にあるので多少の将兵は船に逃れられる。それで源平合戦における一の谷の戦いのような景色になったと思われる。

龍造寺側からみたとき兵法上、沖田畷は進軍が難渋する「圮地《ひち》」。これは安全を確認した後、大急ぎで通り過ぎねばならない地である。扇端部は、敵に先取されたら決して攻撃してはならない争地《そうち》といえる。「圮地《ひち》には則《すなは》ち行き、争地には攻むることなし」。これが孫子の教え。ゆっくりと圮地《ひち》に到着し、争地に向って突撃を繰り返したのは下の下策であった。

鍋島直茂は肥前国での無双国士

龍造寺隆信は鍋島直茂の義理の兄である。強いが悪どい。直茂はこの疑り深い悪兄から深く信頼されている。この悪兄を倒そうと思えば内外に豊富な人材があり、下克上は可能だ。しかし疑われてもいない。これはよほどの人格である。彼は上杉家の直江兼継、毛利家の小早川隆景と並んで当時の日本三名将といわれた。これは「家来なのに大名以上の力を持っている有名な三人」の意味、超優れた陪臣《ばいしん》という意味である。豊臣秀吉からの評価は、「直茂には天下を取る勇気も知恵もあるが大器がない」。

能力はあるが、野望と覇気がない。それはどうしてだろうか。この答えは「葉隠れ武士道」だと思う。これは日本を代表する武士道であるが、一朝一夕に出来るものではない。佐賀藩の武士・山本常《つね》朝《とも》が、昔からの佐賀武士の精神をまとめたものだ。その独特の簡明直結な文体は、直茂の語録を受けたもので、内容も同じものをいくつもみつけることができる。葉隠そのものが直茂の言行録を拡大したものともいえる。たとえば「肥前武士はひたすら小さくあるべし。国史は学ばずとも佐賀の歴史だけで十分。その方が忠義で強い肥前兵になる」といった一節も重なる。直茂も良い意味で、人間が小さく忠義である。しかし国政の朱印状は龍造寺氏から鍋島氏に変わり、自然にお家簒奪《さんだつ》の形になってしまった。それでどうしても直茂性悪説《せいあくせつ》が出てくる。化け猫騒動の話も作られる。しかし、直茂性善説の方が歴史事象をすんなりと説明できるのだ。彼は気の毒なくらい龍造寺一族に生涯気を使っている。直茂が、鍋島氏が、何度国を救ったことか。何度も何度も龍造寺氏を助けて亡国の危機を乗り越えてきた。

直茂が悪人というか普通の戦国人であれば、まずは「一門払い」をおこない、龍造寺一族を追放する。次の段階で宗家も追放。村中・水ヶ江の城を壊して、別の地に新城を築く。これは支配者の交代を知らしめるためである。すぐ近くの地盤の鍋島の地か与賀城跡に新規に築城し、少弐氏の後裔なりなどと唱えればよかろう。まあしかし現在住んでいて、すでに天守閣もある蓮池城がいいかな。ここで伊達《だて》政宗《まさむね》なら、対岸の旧領・筑後柳川の地侍《じざむらい》を煽動《せんどう》して一揆を起こさせ併合を図る。うまくいけば五十万石を越す大名になれる。そして蓮池の港を拡張、干拓を興して百万石の石高をねらう。佐賀や久留米、柳川の代わりに蓮池が筑紫平野の中心大都市になっていたことだろう。

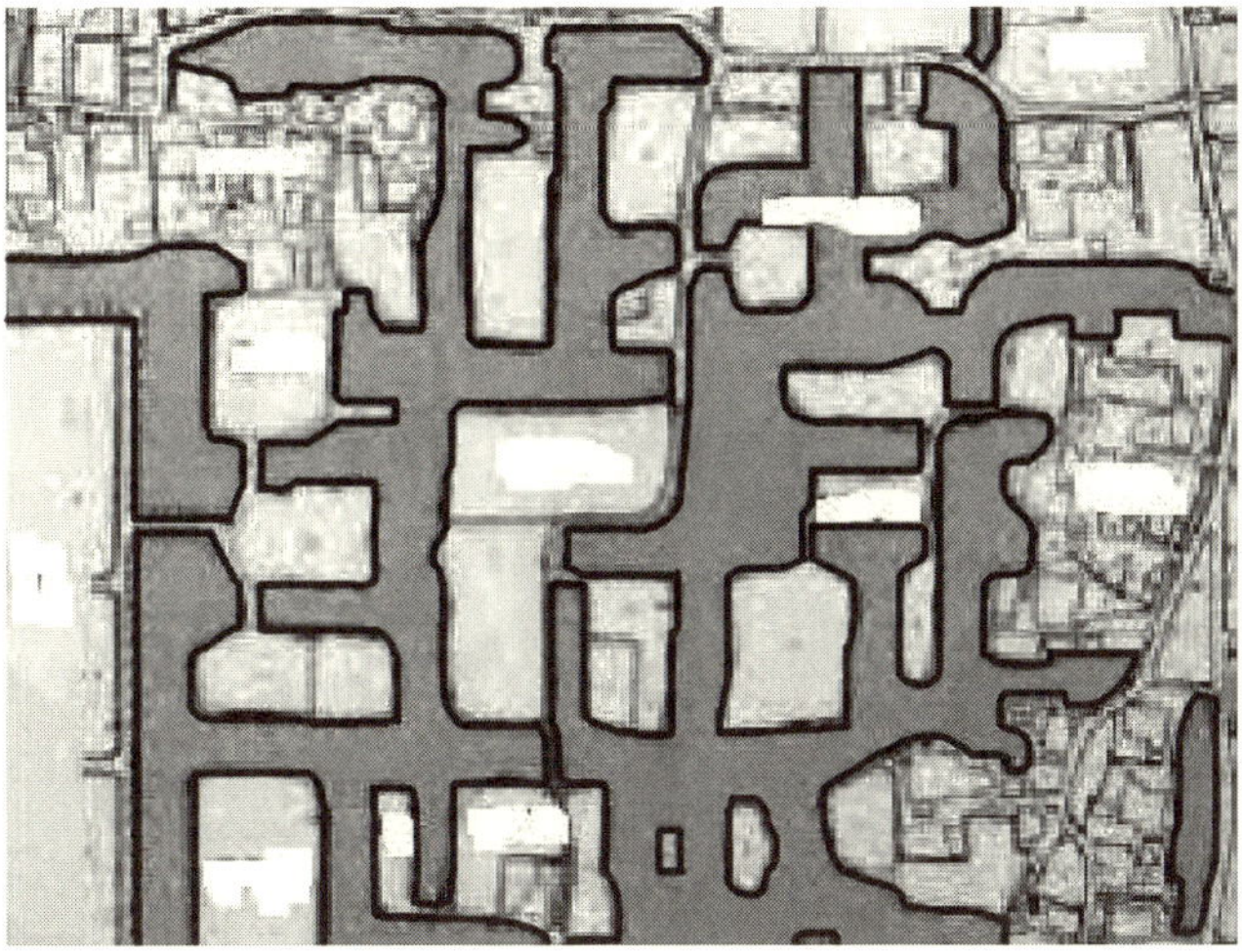

クリークの城はジグソーパズル

今残るクリークの城から戦国の佐賀城を考える

戦国時代の佐賀村中城、水ヶ江城の姿は、現在公園として郊外に残るクリークの城、姉川城、直鳥《なおとり》城、横武城を見に行けば分かるだろう。上の絵図がクリークの城（横武城看板撮影）であるが、どこが本丸か分かるだろうか。中世の佐賀平野は、勝手な干拓により、無限に続くジグソーパズル状の浮島ででき上がっている。クリークとは、堀割、水路のことである。幅が狭い部分は飛び越せそうなくらい。そして幅が広いところは、たまたまもとから広かったところのように思える。どこでも城になるのだ。

浮島のひとつに館を建てれば、そこが本丸。そこから周《まわ》りの浮島に橋をかければ、二の丸・三の丸・西の丸・東の丸と思いのままである。それぞれの浮島に一族が館を構え、あるいは寺、神社を置く。この複合体＝コンプレックスが、クリークの城の形だ。築城工事は、普請《ふしん》（土居、石垣）と作事《さくじ》（建築）に分けられるが、クリークの城は、もとから掘があるので、作事だけのような感じである。堀を掘る必要がないので便利であるが、反面、まとまりには欠けてくる。城の構成要素であるこれら無数の浮島郭の配置は、厳密に設計されたものではなく、偶然の積み重ねにみえる。

姉川城は、龍造寺隆信が少弐氏の勢福寺城を攻める際、本陣として使われた。少弐氏に王手をかけた城である。クリークそのものは幾重にもなっているが、浅くて狭いものも多い。場所によっては、槍を立てて棒高跳びの要領でも越せそうだ。

佐賀平野に浮かぶ無限ともいえる浮島を刻んでいるクリークは、山城における畝状《うねじょう》縦堀《たてぼり》と同じで、大軍が自在に展開することを許さない。守る側は地形に即しての各個撃破が可能である。

しかし、最終場面での攻城にあたっては、クリークはそれほどたいした障害にはならない。鉄砲を並べて一斉に板をかければ、いや、川船を数隻横あいから突入連結させればすぐに越えることができる。人馬ともども一〜二度くらい濡れれば徒渉《としょう》可能だと思う。問題は、攻城よりも行軍にある。これだけ無数のクリークを越えての進撃は、後方輜重《しちょう》も含めてうんざりとしたものになるだろう。その昔、龍造寺氏の騎馬隊が活躍する小説を読んだが嘘だろう。この網の目のようなクリークの国では五十メートルおきに板橋をかけねば騎馬は移動できない。現実は筑後川の川船を集めて川筋から攻めていく形になる。純粋な陸の大軍が進撃するなら山裾の道を進まざるを得ない。今でも高速道路は山裾を走っている。

このクリークの条件は、筑後川左岸の筑後柳川方面でも同じである。佐賀地方よりも、ため池機能がより深く求められており、深いと大学で教わった。柳川城が難攻不落とされていたのは、クリークがより深かったことと、当時は海岸が近いので、海からの補給ができたのだろう。クリークの国での戦いは、ベトナム戦におけるメコンデルタの戦いと似ている。米軍は戦車よりも武装ボートを多用した。

前述の大友氏の大軍が、佐賀から遠く離れた北方の丘・今山に本陣を敷いたのは、このクリーク地帯での進軍をいやがったのではなかろうか。圧倒的な大軍と、北九州六ヵ国守護の権威をみせつけることで、広大に広がる低湿地帯・佐賀平野の地侍・国人領主の内部分裂と降伏を期待したのだろう。直鳥城主は大友氏についたため、戦後、龍造寺氏から攻め滅ぼされている。大友家は湿地帯を嫌がらずに、この城を本拠にして佐賀村中城を攻めるべきだった。

支城・水ヶ江城の絵図には一部、土居《どい》が描かれているが、見て回った三つの中世の城跡には、土手はまったくみられなかった。三つのクリークの城はどれも八つくらいの浮島《うきしま》でできていた。これで佐賀村中城の形も推定することができる。今の佐賀西高から付属小にかけて一、二、三の《の》郭と龍造寺、龍造寺八幡宮。南側に四つの寺社。合計十以上の浮島と、その周辺に家来の屋敷を載せる浮島もいくつもあったろう。すぐ西側に与賀城の浮島群。東南側には水ヶ江城の浮島群がある。この重要な支城

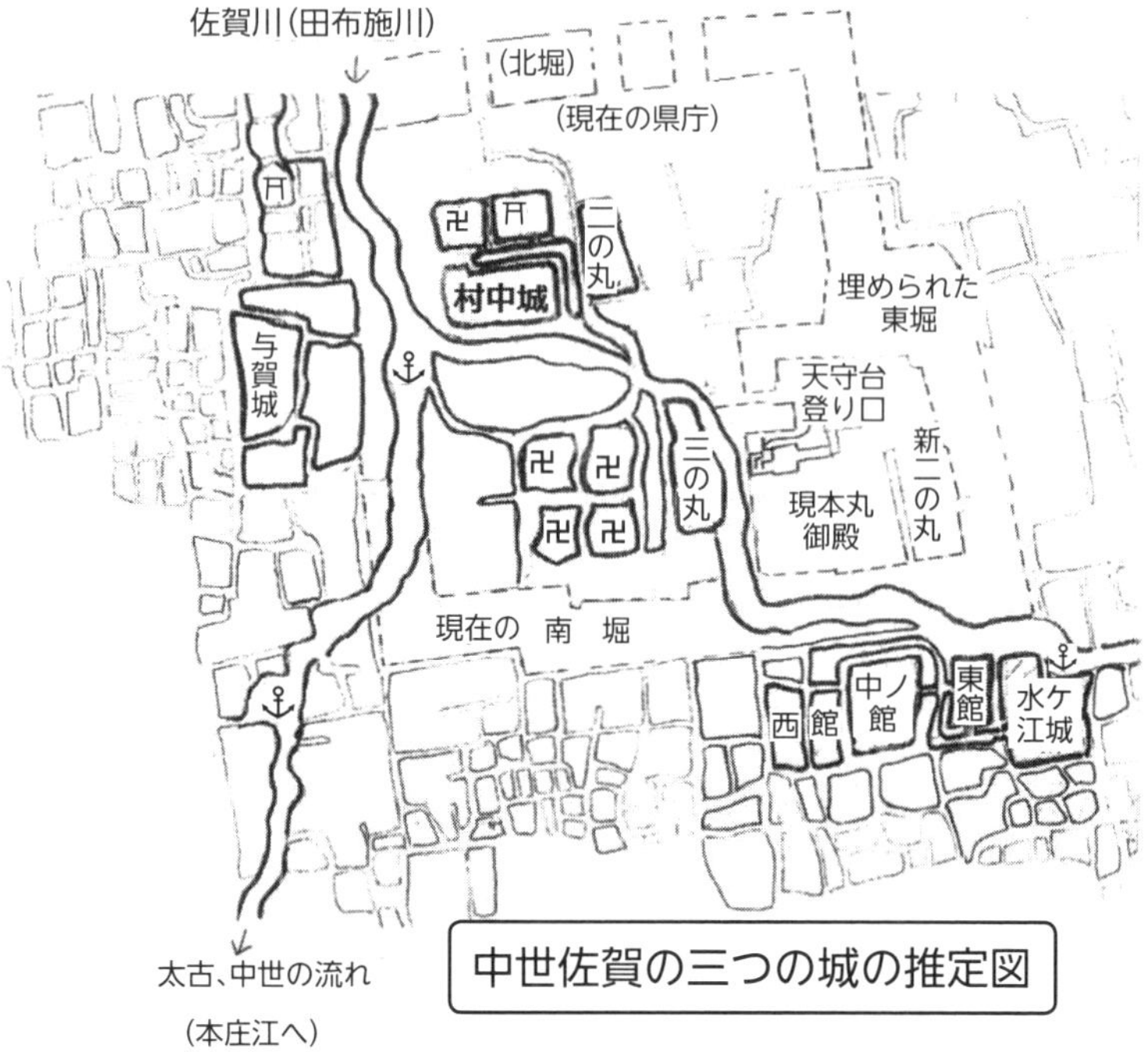

中世佐賀の三つの城の推定図

は、二つの西の館、東の館、中の館、本館の合計五つの浮島で成り立っていた。現在の赤松小や乾亨院である。古図でみると、これがほぼ一列に並んでいて、トランプの札を横に並べたようだ。大平野のお城の設計としては、あまりに能がない。「中の館」が多分最初の館である。一番東の本館だけは土居が図面に見えるので、背後に並ぶ館群を守っているようにみえる。東の筑後川から佐賀江川を遡《さかのぼ》って敵が村中城に接近すると、ここ水ヶ江が関門になる。水ヶ江城の役目は東側の水路の防御。村中城の弱点を防ぐ城だとの伝承がようやく理解できる。クリークの城の脅威は陸兵ではなく水路伝いに接近する船団なのである。

龍造寺隆信は分家の水ヶ江龍造寺氏から本家を継いで村中城に入り、水ヶ江城は弟（後の多久家）に与えた。その後、弟は、直茂からもらった旧村中城の二の丸に住んだため、直茂と相談して城地を主にお寺にした。中世の村中城と水ケ江城、そしてこれらをとりまく浮島陣地の数は合計して五十近くなるだろう。図は『御城下絵図に見る佐賀のまち』（鍋島報效会発行）の城下絵図を参考に作図してみたもの。戦国時代の村中城、水ケ江城、与賀城について、城の郭の配置と川港の位置はだいたいこんなものではなかろうかと思う。

新佐賀城は、村中城の東側、南側に城地を拡大し、鉄砲対策として、幅四十間（七十メートル）もの広い堀をめぐらした。この距離なら矢も鉄砲も届きはしてもその効力を失っている。内部の余分なクリークは埋め、旧村中城本丸及び付属の寺社に諫早、武雄龍造寺氏、二の丸に多久龍造寺氏。南側の四つの寺社を移した跡地を新たな三の丸・西の丸として直茂が住んだ。さらに離れた東南部に石垣と土居で新たな本丸を築いたが、直茂自身は入らなかった。龍造寺本家を入れるつもりだったのだろう。こうして中世村中城は、近世佐賀城の中に埋没した。

特に村中城が一等地だという訳は、すぐそばに古代からの与賀神社と中世守護の少弐氏の館があって、国府のようであったこと。有明海の中継港として栄えていたこと。城内に龍造寺一族を祭る神社があったことのようだ。時代は流れ、古社や守護の権威も城も港も消えて一面の田んぼと住宅に変わってしまい、一等地の要素が分からなくなってしまったのである。

中世――近世は、一族の城の時代である。東日本でも、たとえば古い浜松城の絵図には、同じ面積の郭がいくつも隣接しており、一族の屋敷が連なる昔の城の形を残している。信玄の躑躅《つつじ》ケ崎館の場合も、一族の屋敷が取り囲むように堀を接して増設されていく。沖縄のナカグスク城も、増設された一族の屋敷でできていた。どこも、継ぎ足し継ぎ足しで、全体を通しての設計はあまり考えられてい

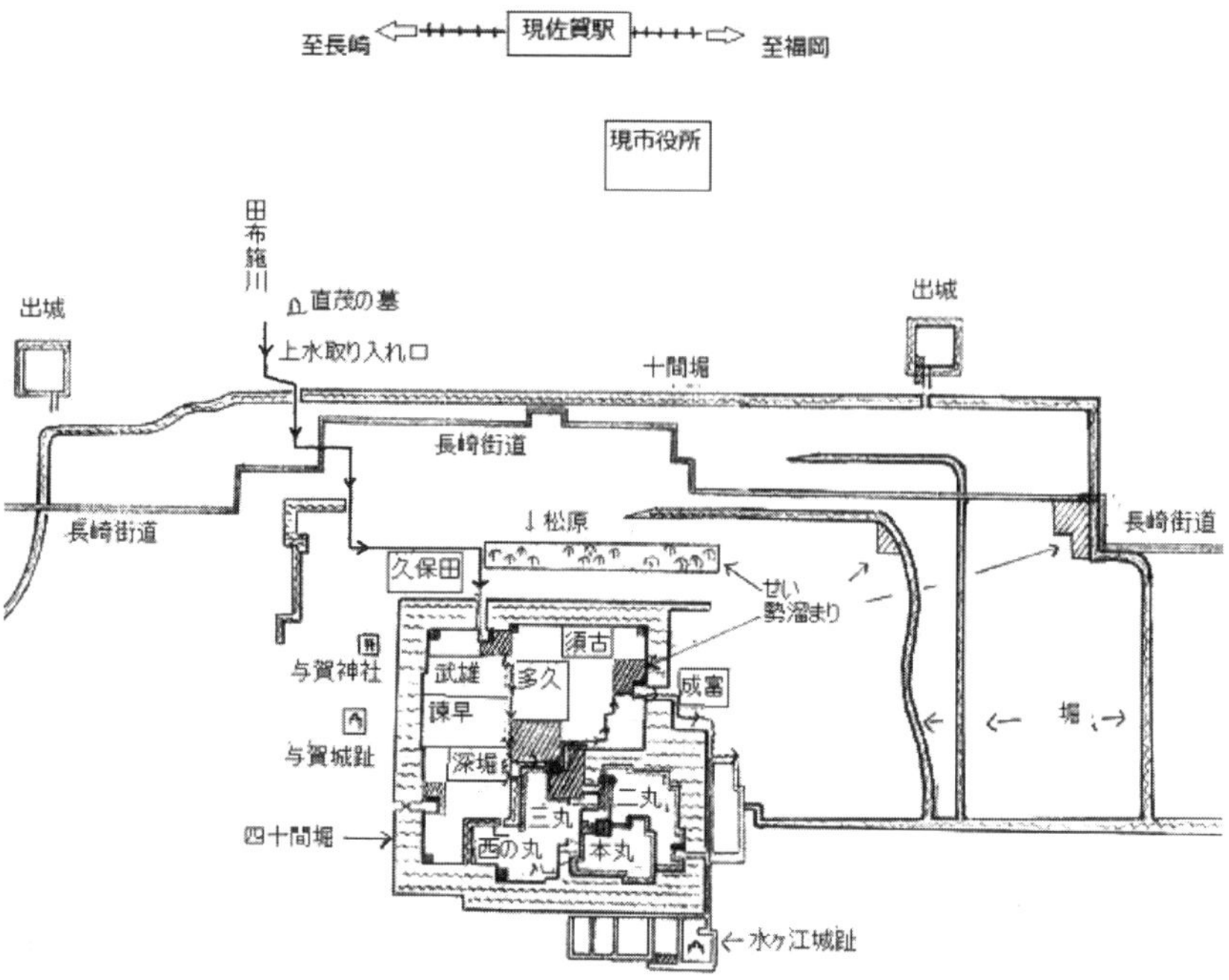

佐賀城の完成予想図

ない。田舎の古い旅館によく見られる構造である。統一された理念のもとに全体を設計されている大坂城や名古屋城などは近世のものである。

新佐賀城の建設及び天守台の謎解き

秀吉の没後、鍋島直茂は最初から東軍（家康）に付くことを決めていた。しかし兵を率いて上京中の子息・鍋島勝茂が、現場のなりゆきで西軍になってしまった。戦後、親子して謝り、西軍の柳川城を攻略することで許してもらえた。これはお家最大の危機であった。勝茂はさぞや叱られたことだろう。

直茂は、豊臣時代は代理藩主であったが、関ヶ原以降は国主扱いとなってゆく。彼は自然な形で国家を簒奪《さんだつ》することになった。しかし遠慮して、築きつつある本丸にも入らず、旧二の丸も出て、新三の丸（西の丸）に移って政治をとった。

関ヶ原の戦いの前後は、列島は築城ブーム。今残る石垣造りの近世の城はみなこの頃のものだ。かくして鍋島直茂も、佐賀村中城を近世城郭に大改造することにした。築城のテーマは「鉄砲対策と龍造寺鍋島の統合」であろう。直茂は野戦の名将で、堅城はかえって害であるという考えである。このあたり、「人は城、人は石垣、人は堀――」の武田信玄や、「城をもって守りとなさず、人をもって城となす――」を代々の信条とする島津氏と似ている。それで築城に情熱が感じられない。鉄砲対策の大堀を掘れば後はどうでもいいやというところがある。朝鮮の陣を共に戦った加藤清正と全く考えが違うのが面白い。同じく鍋島報效会発行の『鍋島直茂・勝茂の時代』の中の『慶長御《お》積《つもり》絵図』を主に「新佐賀城の完成予定図」を作図して築城の方針を考えてみる。

①鉄砲の時代に合わせた巨大な幅の堀を四方にめぐらす。

②城下の北、東、西の三方を十間幅の総外堀で囲む。南は海岸の湿地帯なのでカット。

③北方の予定戦場の両側に出丸を置く。中央には後に鍋島直茂自身の墓所を置い

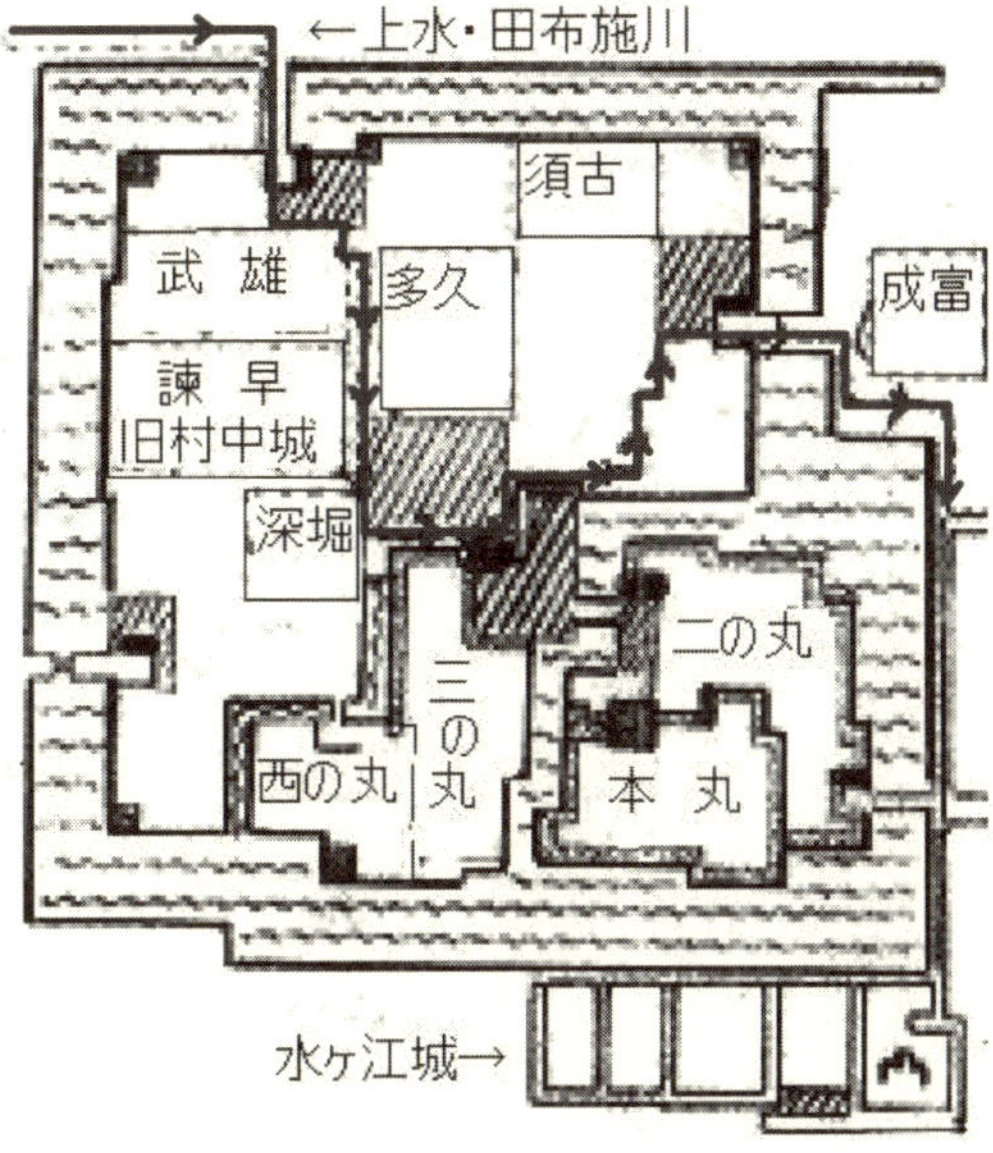

佐賀城主要部

て、この地点の争奪において志気を高めるよう配慮した。
④かつての村中城跡地には、自分に従ってくれる龍造寺一族をそのまま置く。
⑤自分は三の丸で龍造寺一族を立てながら政務をとる。
⑥龍造寺本家は、東南部の低地に築いた本丸に入れる。それで天守台は、本丸よりも直茂に従う龍造寺一族（旧村中城）や鍋島氏の屋敷（三の丸・西の丸）に属するように作る。本丸を見張れるようにするのである。

『村中の城の天守にみえるかな　簒奪《さんだつ》すれども気は使うなり』

前代の支配者の館を城の一角に置く例は多い。戦国の攻城戦で一番有名な近江浅井氏の小谷城も、前代の近江守護・京極《きょうごく》氏の郭《くるわ》を浅井親子の郭で挟んでいる。秀吉はこの京極郭を横から攻め落とすことで小谷城を落城させた。一番戦意が低い郭を調略の名人が攻めたのだから力攻めばかりではなかっただろう。

完成の姿・結局どうなったか

安土桃山――江戸時代には、多くの世界的に名高い絵師がいたのに、どの城の絵図も子どもの落書きレベルである。城門や櫓の配置が分かるくらいで、正確な天守、櫓の姿は描かれていない。何階建てかも分からないものも多い。あの美しくそびえる天守閣も軍事機密で写生してはいけなかったのだろうか。
佐賀城はまだましな方でいくつかの縄張り図が残されているが、どれも天守と櫓はひとつずつしか描かれていない。『慶長の御積もり絵図』と比べてみると、結局、天守台と本丸の石垣の北、西側のみ完成していることがわかる。あとの二方向は未完成。二の丸、三の丸は、全方向の石垣が未完成である。石垣ラインは、十分の一を築いたに過ぎない。結局、だらだら作っているうちに一国一城令や武家諸法度が出て、もう作れなくなった。この責任は、

①　直茂自身が野戦の将で、城に興味が薄い。

②　がんばって作っても、龍造寺一族を主人にして入れないといけない。

③　直轄領が少ないので金がない。——といったところだろう。

鍋島直茂自身が加藤清正のように城作りが好きで、国と城が純粋に鍋島氏のものであればだいぶ違ったと思う。——以上で天守台と城の謎解きになると思うがいかがだろうか。

築城計画は中断され、三の丸・西の丸は結果的に龍造寺の一族の屋敷地とたいして変わらない、ただの屋敷地となった。こうして広大な城域に天守閣と櫓ひとつ、櫓門ゼロという城ができた。ただひとつの櫓門である鯱の門は江戸時代後期に造られたのである。

なぜどうでもいいところ（三の丸の南堀際）に、たったひとつの櫓があるのかを考えてみる。『葉隠《はがくれ》』を読むと、三の丸の直茂が本丸の方を拝むくだりがある。旧二の丸で政務を執っていた直茂は本丸を避け、新三の丸に移った。ここは旧村中城時代も偶然ながら三の丸だった。直茂はここを自分の城地と定め、天守代わりの三層櫓を建てたものだろう。あるいはもとの自分の居城・蓮池城の天守を勝茂に命じて移したのかも知れない。これなら費用もかからず、無用な非難を浴びることもない。南西隅

の門にだけ枡形の土居が組まれてあるのも、ここが直茂の郭の城門にあたるからだろう。前述のように直茂は終生龍造寺氏に遠慮して、旧佐賀城（村中城）の本丸にも新佐賀城の本丸にも入らなかった。それで自分の住む三の丸を気分だけ城郭風にしたのだと思う。

佐賀城の「沈み城伝説」は、城下を貫く長崎街道からお城が見えないのでできたのだろう。松原という七十メートル×六百メートルのグリーンベルトを長崎街道との間に作り、通る人々から城の姿を隠すように設計したのだ。もっとも隠すも何も実際北側には櫓も櫓門もないのだから見えないのは当たり前である。それでも天守閣の上方くらいは見えたと思う。若干ではあるが、北側の街道より外郭の方が、外郭より本丸の方が土地が低い。厳密に言えば、城の区分けでいう「沈み城」に入らないこともない。

『広大なお堀を巡らす裸城　天守の他には櫓がひとつ』

北側の門の脇には田布施《たふせ》川からの清流が、お堀と立体交差をして城内に取り入れられている。広い城内を斜めや直線に刻んでいるのは内堀ではなく上水路である。最期に到達する本丸の水が一番汚れていることになる。佐賀城に限らず見て回ったクリークの城はどれも、上水を得られる水系を一筋決めて清流に保つように工夫されていた。直茂が最期は近郊の田布施に隠居したのも、ここが城下では上水が真っ先に得られる地だからだろう。ちなみに、ここの水位差を利用して、幕末、日本初の反射炉が築かれた。日本近代工業揺籃の地といえる。

以下に鍋島氏と佐賀城の築城を表に整理してみる。

鍋島氏年表・築城年表　※傍線部は築城関係。年表後半部は慶長年間

一五三〇年	「田手《たで》畷《なわて》の戦い」少弐氏・龍造寺氏が大内氏に攻められて苦戦していたとき、鍋島の先祖が突然シャグマをかぶって現れ、勝利に導いた。
一五七〇年	「今山の戦い」大友氏の大軍に鍋島直茂が奇襲。龍造寺氏のピンチを救う。
一五七六年	（佐賀村中城の拡張）
一五八四年	「沖田畷の戦い」上手に敗軍をまとめ、島津と和睦する。
一五八九年	国政委任を受け、蓮池城から村中城二の丸へ移る。
一六〇〇年	「関ヶ原の戦い」（本丸が大分できる）直茂は遠慮して三の丸に居る。
一六〇七年	（西の丸三層櫓完成）龍造寺親子病没。断絶の危機を救う。本丸空く。
一六〇九年	（大堀、天守閣竣工）まだ自重して本丸には入らない。
一六一一年	はじめて子の勝茂を本丸に入れる
一六一五年	「大坂の陣」後に出された武家諸法度によりすべての築城作業を中止。

未完成の城で名城失格

佐賀城は未完成の城である。ろくな城門も櫓もないでは名城とはいえまい。天守台の構造もひどいものだ。前述のように、龍造寺一族に配慮しつつダラダラと作っているうちに、諸法令が出て築城は中止された。石垣ラインは予定の九割が未完であるが、天守台は完成しているので予定石材の半分は

使用したのではないか。史料には大石百万荷を北山からはるばる運んで築いたと書かれてある。なにせ石のまったくない泥の国だからね。しかし百万荷とはホラか何かの間違いだ。なんなら数えてもいい。全部合わせても数千個だ。豊臣大坂城が四十万個、エジプトのクフ王ピラミッドが二百四十万個。ホントに百万個使っていれば全世界から観光客が来るだろう。

この新佐賀城は、政治的な目的が優先していて、独立した城としてみたときは失格である。しかし、戦国のはじめから鉄砲、大砲に慣れ親しんでいた直茂なので、堡塁としての大堀があればそれで十分との考えだったのかも知れない。

佐賀城を攻める

主攻路となる大手の北側の門には、枡形も城門も付属櫓もないので、力攻めでもかまわない。ここは上水の取り入れ口なので、もちろん真っ先に遮断する。

次に損害を減らすために、はかりごとで落とすにはどうすればいいか?

佐賀城は、外郭の旧村中城の部分が落ちたら、同時に本丸も落城する設計である。旧村中城には本来の国主である龍造寺系の大名が屋敷を並べている。そのどれかに話をつけて、夜間、広い堀を越えて入る。後は簡単。ただの屋敷である西の丸、三の丸を無視して大手門（鯱の門）前の広場に兵を進める。そして内堀際に鉄砲隊を並べて天守閣登り口を掃射する。これで天守郭と本丸は分断される。その援護射撃のもとに兵を渡し、直接天守郭をおとすことができる。あとは、本丸、二の丸ともに天守台の高所から射撃して簡単に攻め落とせる。これでは名城とはいえない。筆者の分類では「政治的な欠陥城」にあたる。

実際の攻防――明治七年の佐賀の乱と考察

明治に入ると、鎮台の要塞として使われた熊本城と違い、佐賀城は県庁として使用された。佐賀不平士族蜂起のうわさで県令は逃げ、新県令は熊本鎮台から兵を借りて県庁（佐賀城）へ入った。半数は海からであったが、一隻が座礁して入城は百三十名ほど。深夜に遅れた兵が入城。その数時間後に大砲を伴った数千の佐賀士族軍の攻撃を受ける。兵糧も弾薬も乏しい鎮台軍は血路を開いて脱出したが、大損害を受けた。「佐賀の乱」における戦死者の多くはこの戦いのときのものである。兵三百三十二名中百三十七名戦死。負傷六十五名。主将の山川少佐も負傷。全滅に近い。

すぐに大久保利通が率いる政府軍が博多に到着。追加の募兵もおこない、一万五千の兵で旭山や三ツ瀬峠、田手畷で激戦。佐賀士族軍は敗退、四散した。裏手の長崎方面から進んだ軍が佐賀城（県庁）に入城したとき、城は無人であった。こうして佐賀の乱は終わった。以下、考察してみる。

新県令の岩村高俊は、かつて傲慢な交渉で無用な北越戦争を起こしたお騒がせ男である。彼が軍隊を同伴したから佐賀の乱が起こった。いや予定の決起であったともいう。どちらがホントか。多分前者で、大久保利通による挑発かと思う。佐賀士族軍が予定の決起であれば、先に佐賀城を占拠した方がよいだろう。六千の近代化訓練を済ませた士族兵が七十メートル幅の大堀を持つ城に籠もれば、三百の政府軍百姓兵ではどうにもなるまい。鎮台兵も、入城半日で二十倍の大軍から袋だたきにあうとは大変な目に遭ったものだ。広大な佐賀城は三百人では守れない。外郭を捨てて内郭だけに立てこもっても、まだ防衛ラインは合計一キロほどある。

寄せ手はまず水道を遮断した。やっぱりね。本丸に井戸はひとつ。兵糧や弾薬の備蓄はない。少数の鎮台兵による佐賀県庁入城占拠は、籠城しようが打って出ようが全滅は免れない貧乏くじであった。

これは兵法にいう餌《じ》兵ではなかろうか。大久保利通《としみち》の薩摩藩には伝統の戦法「釣《つ》り野伏《のぶ》せ」がある。餌兵《じへい》を置いて、敵が食いついたところを囲んで殲滅《せんめつ》させる戦法である。このときの政府軍熊本鎮台兵が餌兵とされていたことに、百年たっても誰も気づかないのは気の毒なことである。

佐賀城は万余の兵で立てこもるよう設計された城なので、当初の計画通りの全員七百人がそろって入城しても守るのは厳しい。天守閣は江戸中期に火災で焼失。石垣だけ残る天守台にも数時間では防御施設は作れない。作れても攻城側に大砲があるので簡単に吹き飛ばされる。あまり戦闘記録を見付けることができなかったが、二の丸側から本丸の土手に突撃、死傷者が結構出たとの一文があった。この土手は本丸・二の丸の区切りに過ぎないので、最初から内郭内部に佐賀士族兵がいることになる。もともと石垣部分も少なく設計も悪く、広大な水堀に頼るしかない城なのだ。戦いが内郭のなかで始まっている時点で守城側の負けである。

この戦乱で二の丸、三の丸が全焼。本丸は焼け残ったので後に学校として使われた。本丸入り口の鯱《しゃち》の門に今も残る銃弾のあと。弾痕《だんこん》が大きいから「ずいぶん、大型の銃だったんですね」と聞いたところ、「子どもたちが指を入れて遊ぶので百年かけて大きくなったんですよ。手の届かない上の方の弾痕が正しい大きさです」とのことだった。

守城の将・攻城の将

入城した熊本鎮台軍の将・山川浩《ひろし》少佐は会津武士である。先年の大河ドラマ「八重の桜」で名前が知られるようになった。会津戦争では日光口を担当。攻め寄せる谷干城《たてき》の軍を翻弄《ほんろう》した。しかし本拠の会津若松城が囲まれたことを知ると前線から上手に撤退。自分の部隊に祭の衣装を着せて、踊りながら入城した。奇策である。囲んだ政府軍があっけにとられていたそうだ。

谷干城《たてき》は山川の巧みな戦法と、陣地に残した和歌に感心して、後に山川を新政府へ登用すべく運動する。そしてそのまた後の西南戦争では、山川は熊本城一番乗りを果たして籠城《ろうじょう》中の谷干城を救う。この一連の流れはドラマのようである。

山川浩は「囲まれた城に乗り込むのが定め」の将である。二回目がこの佐賀城への入城で、無血入城であったが、そのあと袋だたきに遭って、自身も負傷した。三回目がこの西南戦争での熊本城入城。城を囲む薩摩軍との乱戦の末、軍令を守らず一番乗りをおこなった。罰を受けるところを結局不問に付された。その昔の島原の乱の折、佐賀藩は軍令を破って先駈《さきが》けをして罰を受けた。しかしこの手のことは罪ではあっても武門《ぶもん》の誉《ほま》れだそうだ。してみれば先の大戦時の真珠湾の奇襲も、開戦の手順は誤ったが、武門の誉れということにしておこう。

さて、次は攻城の将。佐賀士族軍の将帥《しょうすい》は誰か分からない。島義勇《よしたけ》も江藤新平《しんぺい》も当初は暴発を抑えに佐賀に入ったので、このときはまだ将帥といえる者がいない。残念ながら烏合《うごう》の衆といわれても仕方がない。江藤新平も最後の田手畷《たでなわて》の戦いには出ている。どうせ賊軍として首をさらされるのなら、最初から最後まで総大将を引き受け、華々しく散った方がよかったろう。先進的なフランスの法律を大量に輸入採用したのに、自身は江戸時代のような酷刑に遭ってしまった。彼のライバル大久保利通は全権をもって現地に臨み、この酷刑をおこなった。大久保とは、いわゆるキャラが重なる人材なので、生かしていては新政府が法的に組み立てづらかったのだろう。

事前に征討令は準備されていた。つまり、大久保利通は政敵の江藤新平を殺すべく、最初から仕組んでいたのである。江藤が佐賀に帰ればこうなる。それをこう出てこう討ち取る――という大久保の算段通りになったのである。残念ながらこの手の駆け引きにかけては囲碁の名人・大久保利通の方が一枚も二枚も上である。

佐賀士族軍は二回、自分たちのお城に立て籠もる機会があったのに毎回その権利を放棄したように見える。お城がかわいそうに思える。使ってこそのお城である。

考察・日露戦争へ向けての国内演習

神崎郡の山手にそびえる勢福寺城はかつて北九州を治めた少弐氏の肥前国での拠点。ここから細長い丘が田手川に沿って南下する。現在吉野ヶ里遺跡公園となっているこのあたりは肥前の国を守る要地である。戦国初期の田手畷の戦いで、龍造寺氏の将・鍋島氏はシャグマをかぶって現れるという奇策で世に出てきた。驚いた中国の大内軍は敗退し、鍋島氏は龍造寺氏を通じて少弐氏から大きな所領を頂いた。その同じ場所で鍋島氏の兵は滅びることになる。

政府軍側では、後の日露戦争第四軍の野津道貫《みちつら》の兄が主将。総参謀長の児玉源太郎は重傷を負った。第二軍の奥保鞏《やすかた》も、佐賀城で負傷している。狭い佐賀平野であるが、後の満州大平原での日露戦争の練習みたいである。続く秋月の乱は第三軍の乃木希典《のぎまれすけ》の部隊が鎮圧し、西南の役が最終の大型リハーサル。こうして満州の野に歴戦の勇将が揃うことになった。戊辰戦争、佐賀の乱、秋月の乱、西南の役――は、無益な内戦であったが、戦技としては、日露戦争に結実しているので、なんともいえないものがある。この無益な戦いの積み重ねがなかったならば満州平原での勝利や日本の興国もなかったろう。合掌である。

山川浩、秋山好古《よしふる》、谷干城《たてき》――と、名将達の最期の仕事は乃木大将と同じく学校長である。「師」とは軍令統率のこと。なぜ「教師」として使うかといえば、漢字が作られた三千五百年前の殷《いん》の時代も、退職軍人が教師になっていたからである。

○寄り道　葉隠《はがくれ》紀行

佐賀市より東北へ走り、武士道指南の書『葉隠』の語り手・山本常朝《つねとも》の庵《いおり》跡を探し回る。『浮き世から何里あろうか山桜』という彼の句が頭にあったため、山の中を探し回った。しかし、典型的な断層山地で、崖とまではいかないが、庵《いおり》を立てるだけのわずかな平地もとれない斜面が続く。結局、麓に下りて庵跡を見つけることができた。（写真）彼のいう「浮き世」とは、佐賀の城下のことらしい。彼はシティボーイだったのか。目の前には高速道路の壁がそびえ、金立《きんりゅう》のサービスエリアも近い。

葉隠聞書がつくられた庵跡

　山本常朝は、筆者の住む長崎に距離的に最も近く生まれた哲学者である。高い知性を備えた立派なサムライであり、日本武士の代表といえる。彼の思想はその狭さ故に非難されることが多いが、それはあまりにも表面的な見方である。たとえば『葉隠』のなかに「目の見え過ぎる奉公人は悪し」という一節がある。学問によって広い視野を持つことは、武士の道を貫くうえでの障害となる。それで向学心の方をあえて殺さねばという考えだ。それは広い見識を持つことを抑え、己の世界をわざと狭める知恵、純化された知性といえる。海外の哲学にはみられない島国日本に生まれた、内面に収束していく武士の哲学である。

「佐賀の武士と生まれた以上、龍造寺・鍋島の歴史を知ればよいので、他の歴史を学ぶ必要はない」というくだりは、自分自身に厳しく向けられたつらい修身の言葉ととらえるべきだろう。司馬遼太郎の小説で、下関の豪商・白石正一郎が「お侍様とはなんと心の狭い！」と高杉晋作に言う場面があった。高杉は「ああ、武士は心が狭い。心が広かったら、馬鹿馬鹿しくって、殿様のために腹が切れるか」と、答えるが、あい通じるものがある。

葉隠を学べばすぐれた肥前武士となるが、近代戦の指揮官にはまったく向いていない。あえて外界をみないで兵そのものに徹する哲学なのだから。指揮官が毎回、「たとえ間違って死んでも恥にはならず」という観点で部隊を指揮されては部下はたまらない。

第五章　全国城紀行

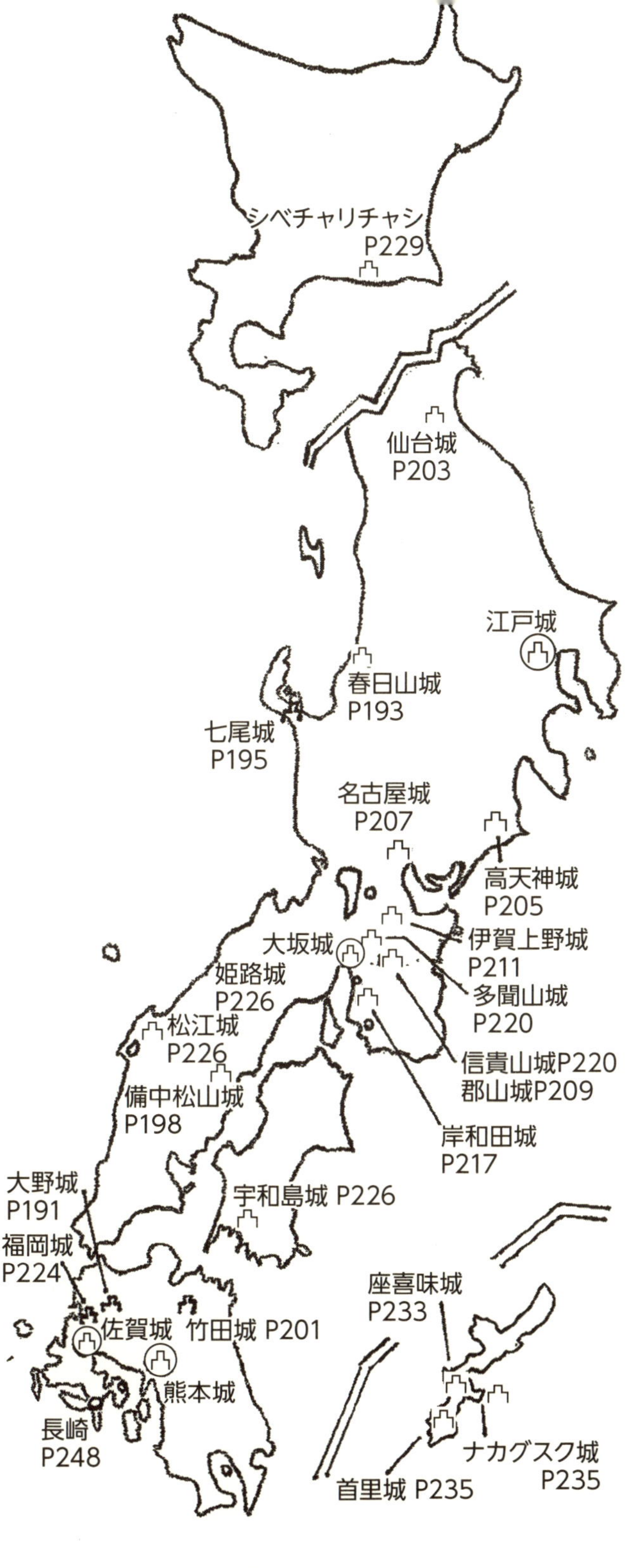
シベチャリチャシ
P229
仙台城
P203
江戸城
春日山城
P193
七尾城
P195
名古屋城
P207
高天神城
P205
伊賀上野城
P211
大坂城
姫路城
P226
多聞山城
P220
松江城
P226
信貴山城P220
郡山城P209
備中松山城
P198
岸和田城
P217
大野城
P191
宇和島城 P226
福岡城
P224
座喜味城
P233
佐賀城
竹田城 P201
熊本城
長崎
P248
ナカグスク城
P235
首里城 P235

概説　城の基本と分類

日本語には「新しい」という意味だけで、シン、サラ、ニイと、いろいろある。それで城の呼び方も、シロ、ジョウ、キ、サシ、マル――と様々ある。太古の日本は、十八世紀頃のアメリカ大陸のような合同植民国家で、様々な言語が使われていた。蝦夷地《えぞち》（北海道）で城のことをチャシというのはサシ（城）と同じなのだろう。おもに半島部で使われていた。鎖《さ》し、止《さ》し――の意味だろうか。マルの用語は通説では郭《くるわ》を丸く造るからで、中心の郭《くるわ》を本丸、次を二の丸、三の丸と呼ぶようになったのは近世からだという。しかし地名にみる丸山には砦山が実に多い。「守る」「見る」は目（マ）の変化形なので、マル山とは見張る山の意味ではなかろうか。一番使われるシロ（城）は、天《あめ》の下しろしめす――で、支配するの意から来ていると考える。山中の水田地帯にみられる田代《たしろ》の地名は、「ここは人間が作る田のシロである！」と周囲の自然に宣言したもので、漁村でいう網代《あじろ》も同じではないかと思う。

日本の城のモトは、四角形の武家造りの地頭館《やかた》といえる。基本は一辺が一町（百九メートル）で三千六百坪。この面積は古代律令国家の官道に起源を持つ。およそ小学校ひとつ分である。やがて館の周囲に堀を掘って土居を掻き揚げる。ここから発生する地名・名字は、土井、土居、土肥。石垣なら石丸。堀水は荘園村の用水を兼ねるので、堀、堀口、井手口、溝口、出口、井出、大井手。門田、前田は、館正面の田のこと。瀬戸口とは背戸口で裏口のことをいう。多くの日本人の名字が地頭館から発生していることが分かる。絵図でみてみよう。

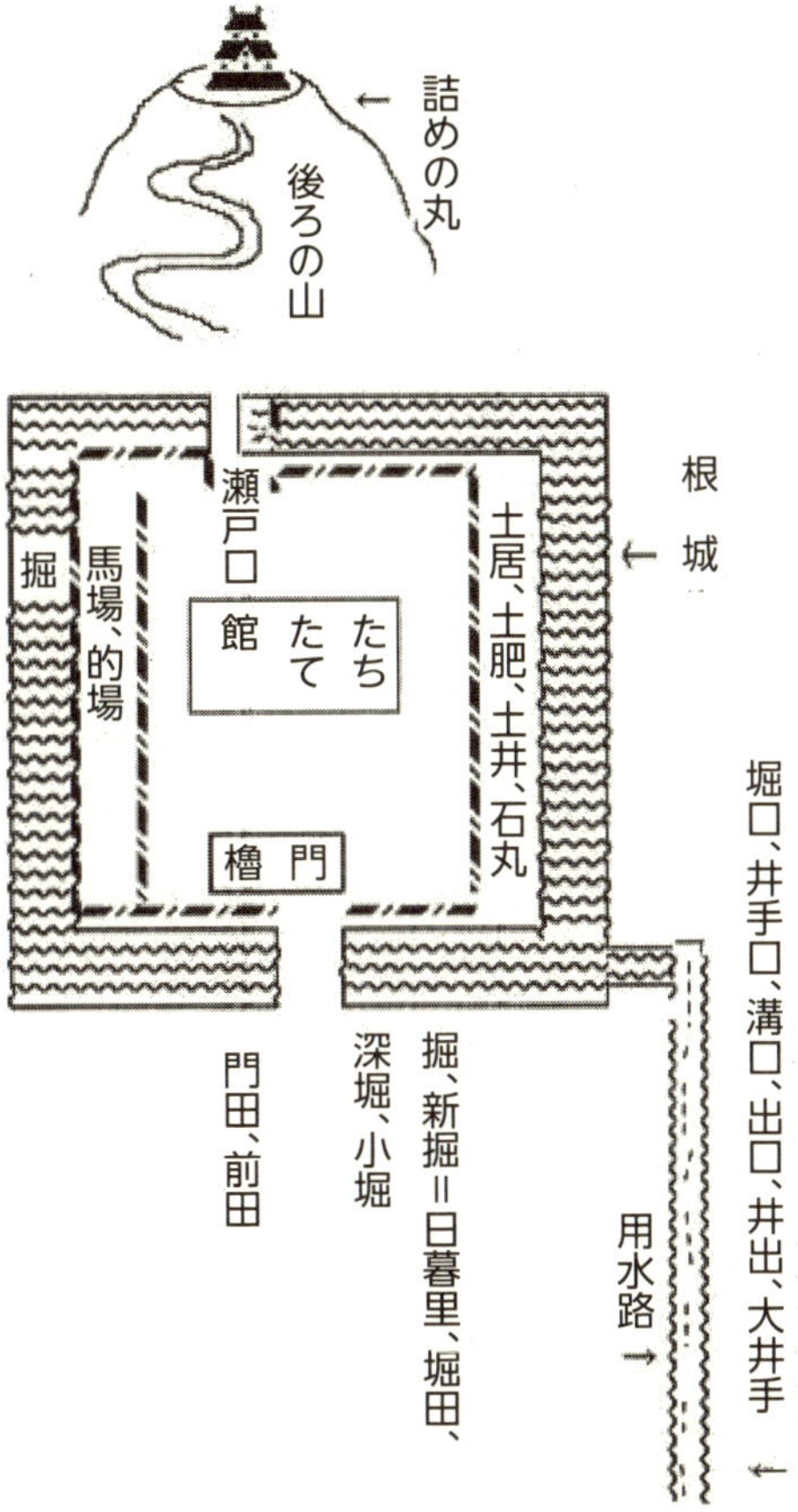

※少し書き込んでみたが、名字については、まだまだいくらもあると思う。

中世の城館の基本形と名字

やがて戦いに備え、裏山に詰《つ》めの城を作り、不利な場合はそこに立て籠もるようになる。山頂部の本丸（詰めの丸）の広さはだいたい一反（三百坪）以下。麓の館は根城《ねじろ》と呼ばれる。しだいに屋敷の周囲に一族が別の館を作って住むようになる。そこにも堀が掘られ、梯郭《ていかく》式縄張りの平城が自然にできていく。小山に築城すると自然に螺旋式になるというが、尾根に作られることが多いので連郭《れんかく》式になりがちである。中心から円形に設計された輪郭式は、ある程度統一権力ができてからのもの。城の回りに家来、商人が住み、城下町が発生する。最後は城下町の全てを囲いこむ惣堀《そうぼり》（総堀）が作られる

●連郭式の城・島原城

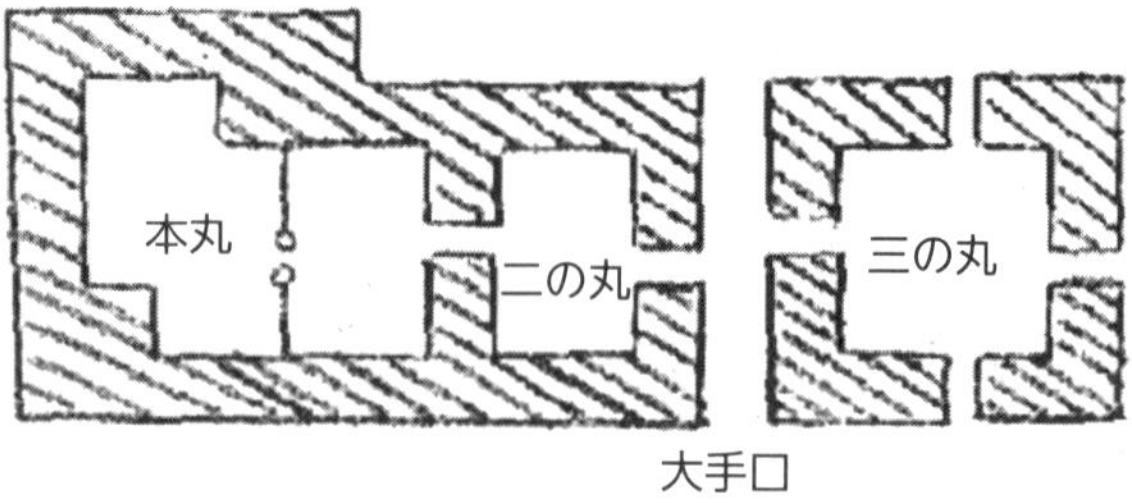

●輪郭式の城・駿河田中城

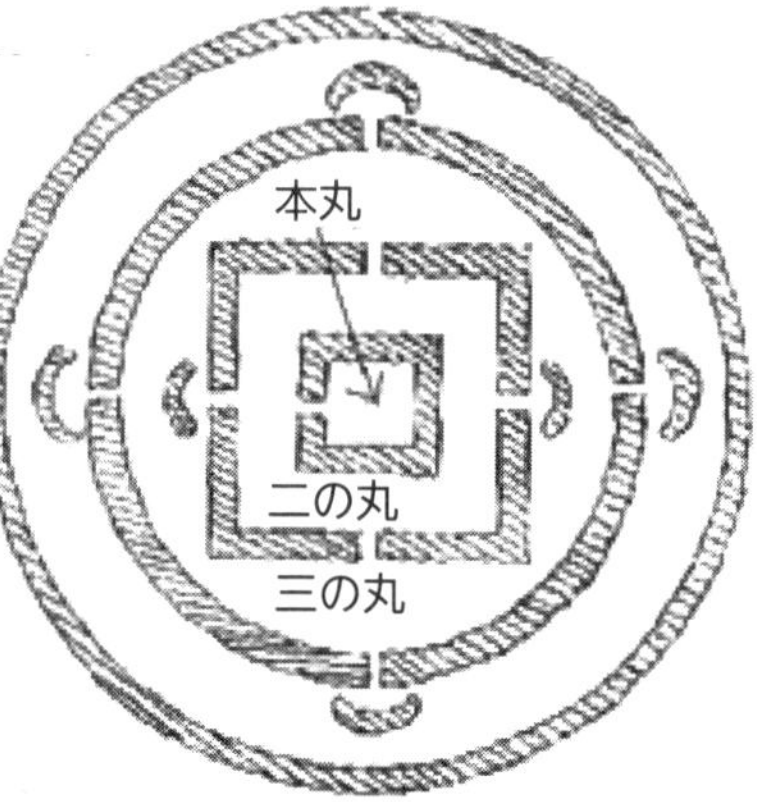

●梯郭式の城・武田信玄の躑躅ヶ崎館

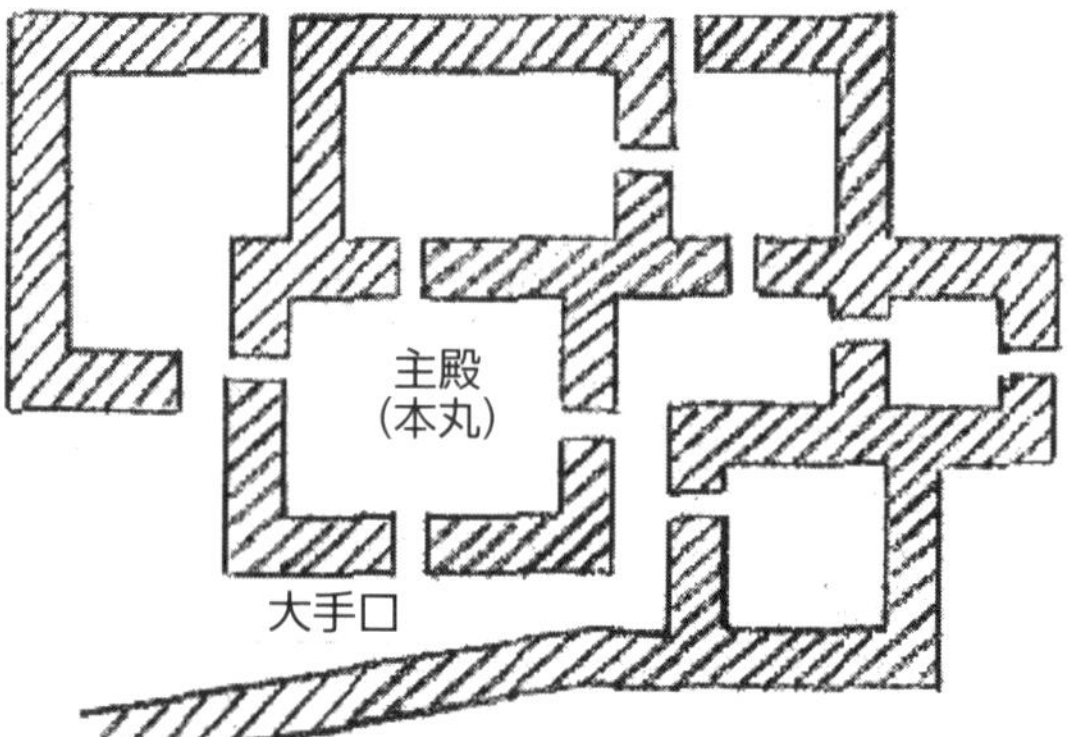

ようになる。小田原城がその嚆矢《こうし》である。

この梯郭《ていかく》式、連郭式、輪郭式、螺旋《らせん》式という基本的な城郭の分け方は、真上から見た形で、真横から見た場合は、山城、平山城、平城に分けられる。学校では、山城から平城に変わっていくと教えるが、織田信長などは逆である。彼の居城の標高を追ってみよう。

①那古野城《なごや》（平城）→②清洲城《きよす》（平城）→③小牧山城《こまきやま》（八五メートル）→④岐阜城《ぎふ》（三二九メートル）→⑤安土城《あづち》（一〇五メートル）　信長は天守閣最上階に住んでいたから一五〇メートルくらいか。

山城には、山岳寺院の転用が多い。インフラが整備されているので即山城になる。〇〇寺城というのは全国にあって、枚挙に暇《いとま》がない。比叡山《ひえい》など、お寺のまま戦闘に携《たずさ》わっているので城と同じである。吉野は、修験道の聖地・大峰山の登り口の尾根につくられた登山基地の町である。春日山城《かすがやまじょう》とくれば春日《かすが》神社があったところ。長崎でも岩屋山神宮寺は城として使われ、雲仙の満明《みょう》寺ともども戦火で滅んでいる。

平城には台地の端に造られた城が多い。江戸城、大坂城、名古屋城など、著名な城はたいていこのタイプである。大坂城、熊本城のように台地の端っこが盛り上がっていれば都合がいいのだが、たいていの場合は低くなっていくので「沈み城」になりがちである。これは、三の丸、二の丸、本丸――と、逆に標高が下がっていく城で、設計が難しい。小諸城《こもろ》や中世江戸城がこれにあたる。どれも見ようによっては平山城のようでもあり、駿河田中城や安芸広島城、肥前佐賀城のような純粋な平城は少ない。

堀と城門、天守閣と櫓について

堀は平城では水堀。高台であれば空堀であるが、江戸城のように台地側も城門堤《じょうもんつつみ》で堰《せ》き止めて水堀としている城もある。山城の堀は、横ではなく山頂部に向かって縦に掘る。十数条の堀が畑の畝のように刻まれるので、畝状竪堀《うねじょうたてぼり》という。これがあると、攻める方は横の連携を失い、縦に一列に並んで攻めざるを得ない。城側は弓鉄砲の照準を定めてこれを順番に倒すことができる。また、山城には陣地戦の要素が強い。四〜六キロにわたる山裾を完全に囲むには、近代的な指揮系統を持つ大軍でないと無理である。中世ではたとえ大軍を集め得ても烏合の衆である。山上からは兵力を集中して好きな場所を破ることができる。

城の正門を大手門といい裏門を搦《から》め手門という。この用語は恐らく攻める方が名付けたものだと思う。大手は追手とも書く。館城《やかたしろ》、地頭屋敷の時代は、攻防ともに少人数で夜襲が多い。つまり正門から攻め立てて追い込んで、裏口で待ち伏せて搦《から》めとっていたものだろう。中世の城は、館《やかた》から詰《つ》めの城まで数キロ離れていることもめずらしくない。それで搦手門とは「搦めとる門」の意味だと思う。近世の巨大な石垣造りの城には似合わない用語である。

天守閣は、てんしゅとも天主とも書かれている。当初は館の上に作られた物見台だったので、殿主と書かれても構わないだろう。やがて進化を続け、ピラミッドのような層塔型天守へ。さらにいくつもの小天守を従えた複合連立天守閣に進化していった。天守閣に住んだのは織田信長くらいで、あとは飾りとなり、たいていは巨大な倉庫、武器庫になっている。櫓《やぐら》は遠くを見張る役目の他、多層化による弓、銃の増加配置により普通の塀より遙《はる》かに強い火力を持つ。それで城の要所要所に置かれる。

門と櫓が合体した強力な城門を櫓門あるいは渡り櫓という。近世の城では、この強力な城門は、正面から破られないよう正門に対して直角に置かれる。正面に置いた正門は飾り門だといえる。この二つの門の間にできる四角い広場を枡形《ますがた》という。攻めるときには勢溜《せいだ》まりとなり、守るときにはキルゾーンとなる。本稿P31の写真とP56の図を御覧ありたい。さらに正門の外に左右に道の開いた郭を置く。この張り出し部分を「馬出し郭《くるわ》」という。この設備があると、城壁から侵入軍を側射することができる。半円形のものと方形のものとがある。P186の駿河田中城は、全ての城門前に半円形の馬出し郭が設置されている。

特殊な城の分け方いくつか

これまで古墳利用の城や近代の台場と稜堡式要塞などに触れてきた。未だいくつか残る特殊な城の分類とともに、未だ説の定まらない古代山城と神籠石《こうごいし》について一稿を起こしてみたい。

・水城や川の中州の城

水城《みずじろ》とは単に水で敵を防ぐだけではなく、水軍の活用できる城をいうことが多い。瀬戸内の場合は海峡に浮かぶ島そのものを城とし、また、税を取る関門ともしている。水軍の軍船を関船《せきぶね》と呼ぶのは、この仕事から来ていると思う。岬城、海岸沿いの城はたいてい水城としての性格も持っている。長崎県の大村玖島城の城内ドック群は保存も良好である。朝鮮半島南岸に豊臣秀吉の諸将が築いた倭城《わじょう》もほとんどが水城といえる。当時の航海は、朝鮮も日本も天文航法のできない地文航法なので、水城には沿岸航路を遮る効果もあった。ちなみに古代の大宰府を守る水城《みずき》は、水城《みずしろ》ではなく、天智天皇が唐の国の侵攻に備えて築かれた長さ二キロの大陸式古代長城である。六百年後の元寇のときに陣地として役立った。

川中の城としては、中津城、萩城、淀城、江戸城の二の丸・三の丸部分、一向一揆の伊勢長島城などがあるが、わが国の川は小さく溢れやすいので、河口の三角州が使われることが多い。大河を持つ大陸国には中流に多い。パリのセーヌ川の中州のシテ島。ここは城壁を巡らしてシティ（市）の語源となった。ノートルダム寺院があるところである。タイの古都・アユタヤはメナム川の中州。メキシコの埋没した先住民の都テノチティトランは湖の中島である。

・境目《さかいめ》の城（人文地理での分け方）

通商国家の場合、一国の中心は中央ではなく、国境入口にあることも多い。交易の基地で、軍隊が駐留するからだろうか。西欧への内陸の関門・ウィーン。中国と北方草原との境の北京城。洛陽城にも、華中と華北の境目・黄河の渡し場説がある。島や大陸の入口の港《みなと》であるロンドンやニューヨーク。イスタンブールもアジアとヨーロッパの境目の都市だ。

我が国では、東北・奥六郡の入口・平泉。畿内では松永弾正久秀の二つの居城。多聞山城は京都と奈良、信貴山城は、奈良と大阪の県境（国境）の城である。大陸からの上陸地である博多、堺、大坂にも境目の城としての性質がある。

・太古の神社城

鳥居は白川静博士によれば神聖な軍門で、穀物と同じ禾（のぎ）偏で表されるそうだ。和とは軍門での講和・降伏。そういえば昭和とは昭《あきら》かな降伏の時代だった。鳥居・神社とは陣地城であり、太古の豪族の館である。玄海灘に臨む宮地嶽《みやじだけ》神社や平戸志々伎《しじき》神社はこの古式を残している。これらの神社の奥宮とは、山上の見張り所。沖津宮とは、軍港の入り口。浜ツ宮、中ツ宮、辺《へ》ツ宮などは豪族の本営。つまり、古代水軍を指揮するネットワークだといえる。志々伎神社はヤマトタケルの子・十城別命（とおきわけのみこ）が西国警備を命じられて駐屯したところだと伝えられている。

考察　古代山城と神籠石《こうごいし》

　大宰府を守る大野城と基肄《きい》城、対馬の金田城《かねたのき》や吉備の鬼ノ城《きのじょう》には古代国家の強大な力を感じる。キは城の古語なので、基肄《きい》城とはキのシロ。鬼ノ城もキのシロで皆同じ意味である。大野城などの文献に記載されている城を朝鮮式山城といい九州に四城、文献に記載されていないものを神籠石と呼び、北九州を中心に十数城がある。神籠石はどれも太宰府大野城の半分程度の規模である。近年は神籠石聖域説が否定され、両者を合わせて古代山城と呼ぶ。どちらも基本の形は同じで、尾根に長大な長城を築いて谷間を囲い込み上水を確保する馬蹄《ばてい》型の城である。谷の入口は石垣造りで、ダムと水門を兼ねた城門が置かれる。半島では、都城の周辺の山に築かれる避難民収容の施設である。この城郭システムの問題は、城内谷間に収容された人々の下水で、下流ダムの上水が汚染されることだ。衛生上問題がある。といっても大野城、基肄《きい》城以外は、どの城も平地に乏しく、多人数の収容は無理である。尾根上を走る土塁は基本一重《ひとえ》なので、一角が破られればもう落城である。それで万里の長城のように、土塁の上は兵が高速で移動できる道路になっている。大野城において水門以外に数カ所見られる石垣は、防御の為ではなく周回道路建設に伴う擁壁だと思う。

神籠石の不思議な角度

　城として神籠石の方をみたとき、防御に甘く、そもそも天険といえる地が選ばれていない。壮大、急造、普通の石垣を持つ朝鮮式山城に比べ、神籠石は、時間をかけて丁寧に成型された切石が隙間なく尾根を巡る。その列石が、必ずしも崖ぎわに築かれていない不思議。本城とされる大野城より支城であるべき神籠石群の方が、造りがはるかに丁寧という不思議。しばしば山頂部の列石の方が麓の列石より大きいという不思議。斜面に対して直角をめざして積んでいく不思議。この斜め石塁上に土塁を水平に版築できるのだろうかという不思議。どの神籠石も同じ技術集団が造ったかのように似ている不思議。このように神籠石は、攻防の便や作業の効率にこだわっておらず、どこか神が造った趣きがあるので、聖域説もまた捨てがたい。どれも天智天皇の造られた大野城、基肄《きい》城に負けない労力と時間がかけられている。

さて謎をどう解くか。沖縄の城には、神の降りる自然木立《こだち》群を祭るウタキという区域があり、ウタキが発展して城となったとの説もある。本土の祭の山車《だし》や傘鉾《かさぼこ》にも神が降りてくる場として自然木立が常にアレンジされる。それで神籠石列石も結界ではなかろうか。中に囲まれた自然は神の降りるところ。つまりウタキや鎮守の森を半島城郭風に囲ったものに思える。以下建設の経緯を考えてみる。

二章で述べたように神功皇后は三韓征伐を行うことで熊襲も従え、黄金の四世紀を造った。皇后の働きで復活した九州ヤマト国が、五世紀頃、配下の国々に半島風の城造りを命じたと考える。それぞれの分国が背後の聖域の山に、どこか磐座《いわくら》を思わせる神秘的で実用性のないものを造り、そのまま奥《おく》つ城《き》として使う。筑紫とは築石で、「石で築かれた国」の意だとする説があるが、神籠石がある国という意味ではなかろうか。そして九州ヤマト国の長は、筑紫《つくし》国造《くにのみやつこ》と呼ばれるようになる。六世紀の、筑紫の君・磐井の乱は、日本書紀では大反乱事件のように書かれている。しかしどの神籠石にも戦闘の跡はみられないし、たかだか糟屋郡の進呈程度で和睦となっている。糟屋郡は大陸への渡航基地として重要な地ではあるが、古事記や風土記に書かれてあるように小事件だったのかも知れない。あとは教科書通りの展開になる。七世紀の白村江の敗戦の後、朝鮮式山城を急造して防備。このとき、北九州にまだ多く残る神籠石を、支城群として整備し直したと考える。

それで新たな古代の城の分け方としては、文献の有無ではなく、まずすべてを「古代馬蹄型山城」とする。そしてこれを「ヤマト朝廷城」（朝廷によって造られた、規模雄大で戦車も通れる幅の版築土塁を持つ国防の城）と「九州ヤマト神籠石城」（以前からあった、森と水の霊域を半島の城風に列石で囲んだもの）とに分けたい。そして後者の神籠石城が後にヤマト朝廷城の支城として再編成されたものとすると、多くの謎を矛盾なく説明することができる。ちなみに吉備の鬼ノ城《きのじょう》は文献が無いので神籠石城とされているが、あきらかにヤマト朝廷城としての構造を持っている。また、北九州の御所ヶ谷神籠石では、列石の一部が巨大水門に使用されている。これは神籠石城からヤマト朝廷城への変容昇格を示すものではなかろうか。

山城紀行・春日山城を行く

城郭の基本と種類について述べたあとは、まずは山城から。越後の国（新潟県）の上杉謙信の春日《かすが》山城《やまじょう》がナンバーワンといえるので少し詳しく述べてみたい。

ここは国府館の詰めの城として築かれた。城の麓までなら二キロ程度である。城名は春日《かすが》神社があったことにちなむ。戦国時代、この城を舞台に上杉謙信や上杉景勝等が活躍した。「自転車でも行けますよ」との地元の人の言葉を真に受け、標高百八十メートルの山に自転車をかつぎあげて眺める羽目になった。本丸からみる城の姿は、三方向に郭《くるわ》が伸びる三方尾根城である。今、登ってきた大手道からの尾根に景勝屋敷・柿崎屋敷。景勝は養子だが、姉の子でほぼ正嫡《せいちゃく》といってよい。柿崎氏は常に先鋒を務める勇将である。本丸裏手の井戸郭には驚いた。泉のように大きい。こんな高い山の上に大量

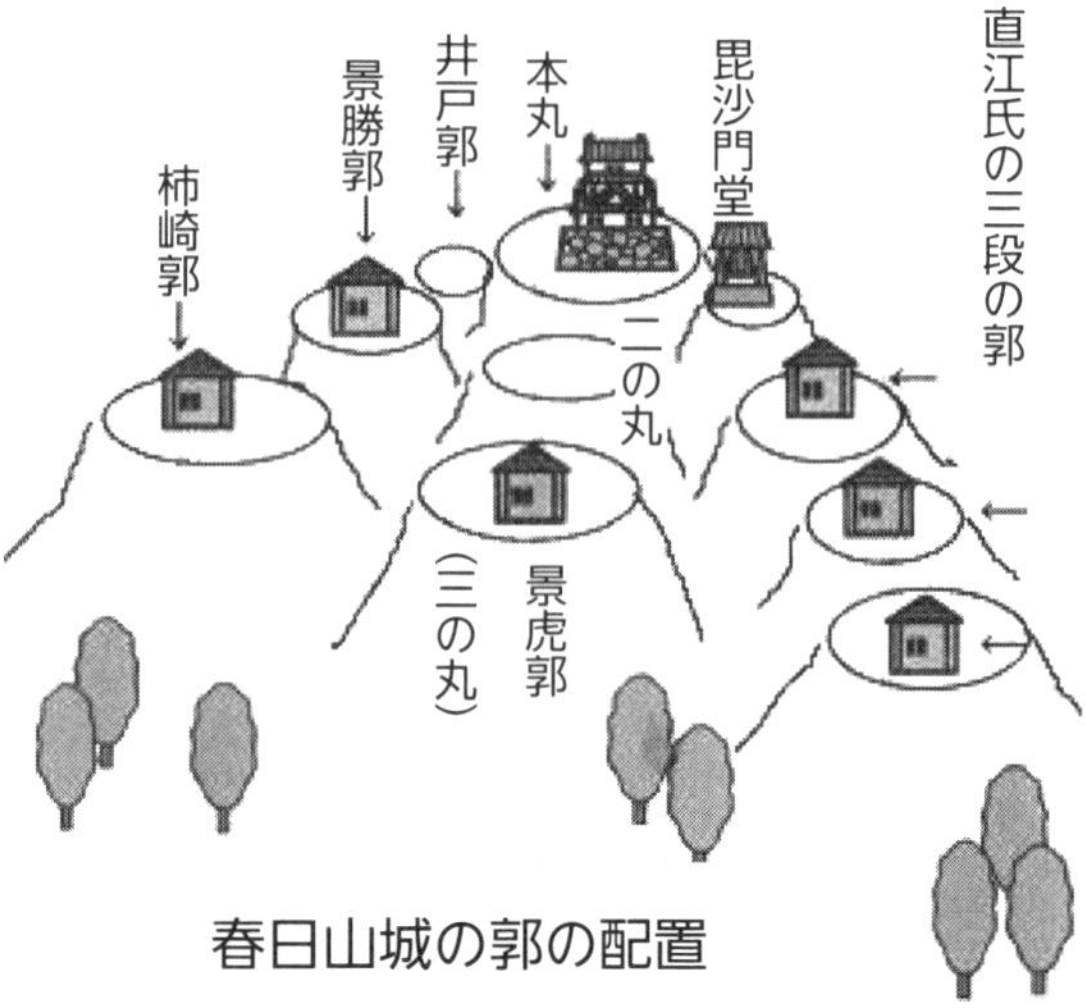

春日山城の郭の配置

の水が湧くのはあり得ないことだ。地質学者たちが首をひねりながら調査したそうである。このインフラはすばらしい。中央に降りていく尾根筋に二の丸・三の丸。二の丸は実質本丸の帯郭だ。三の丸は倉庫の郭だったものを養子・景虎の屋敷にしている。残る北側尾根の三段の郭は全て直江家の郭である。以て直江家の勢威が分かる。

謙信が戦いの前に籠もった有名な毘沙門堂《びしゃもんどう》は、本丸と並列する独立峰だと聞いていたが、本丸の北側の出丸といった感じである。毘沙門天には戦いの神様という意味の他に、北方を鎮護するという意味がある。彼の人生の目標は、天子の為の北方守護であって、天下布武の思いはなかった。その戦術は神の域に達しているが、領土併合が目的ではない。彼は晩年に、精兵を率いて北陸道を南下して織田家と決戦する。次にその途上となった能登七尾城にふれてみよう。この城は北陸一の堅城と称えられるが、北陸一の中継港でもあったので当初から京の文化の影響を深く受けていた。後にここを領した前田氏は金沢に城を移した。このとき付き従った多数の町人職人が加賀金沢の華やかな伝統工芸の基盤になったといえる。金沢城自体の前身は尾山御坊という地味な寺城であった。

七尾城《ななおじょう》と手取川《てどり》の戦い

上杉謙信に攻められた能登の七尾城を救うべく、織田家は精鋭部隊・北陸軍団を編成、筆頭家老・柴田勝家が率いて北上。しかし加賀の国で一番の大河・手取川を渡ったところで、七尾城がすでに落城しているとの情報を得た。仕方なく、全軍、廻れ右をして川を再び渡り越前国へ後退しようとしたのだ。いくさの神様・上杉謙信がこのような戦機を見逃すはずもなく、川を渡って後退する織田軍団を後ろから急襲し、散々に打ち破るのである。柴田勝家の属将は、前田利家、佐久間盛政、佐々成政。羽柴秀吉もいたという。織田軍団の戦歴の汚点だからなのか、記録があまり残されておらずよく分からない戦いである。

謙信は、引き続いての畿内侵攻を翌年に延ばし、春日山城に凱旋《がいせん》。その冬の寒い夜に厠《かわや》で倒れた。脳卒中だという。丁度いい具合に信玄も謙信も亡くなるので、織田家の忍者による暗殺説もある。

「霜は軍営に満ちて秋気清し　数行の過雁《かがん》　月三更《さんこう》…」これは上杉謙信が能登七尾城の占領が確定したときに詠んだ漢詩だといわれる。頼山陽が手を入れているとはいえ見事なものである。

♪秋陣営の霜の色　鳴きゆく雁の数見せて——という「荒城の月」の二番の歌詞もこれから取ってある。実際は、能登の軍官民を広く収容した七尾城は、トイレ・糞尿の衛生管理に失敗し、疫病が発生し、内部から崩れ、落城したという。「下肥《しもごえ》は軍営に満ちて　臭気強し」であった。

ところで上杉謙信がトイレで倒れずに織田信長と戦っていたらどうだったろうか。謙信は鉄砲の弱点を知悉《ちしつ》しているから、まず長篠《ながしの》の戦いのようにはならない。九州でも龍造寺三千の鉄砲隊は、小勢の島津家久から沼地に追い込まれて敗れた。火縄を消されたのだろう。新兵器が勝つとは限らない。上杉謙信は戦歴ではるかに家久を上回る。かくして野戦では信長軍が負けるに決まっているので、勝負は、長浜城・安土城あたりに織田の大軍が籠る、それを兵数の少ない謙信が攻める——という変な形になるだろう。この形は秦嶺《しんれい》山脈を越えて遠征を重ねる諸葛孔明《しょかつこうめい》と、それを大軍で防ぐ司馬仲達《しばちゅうたつ》の、祁山《きざん》・五丈原《ごじょうげん》の戦いに似ている。信長も「負けないいくさ」ならできるので長期戦となる。謙信は降雪の冬ごとに兵を退くと考えれば、やはりそのうちに謙信の寿命が尽きそうである。結局、織田政権の成立を五～六年遅らせるくらいかな。

城内での戦い・御館《おたて》の乱について

謙信が亡くなると、二人の養子、景勝と景虎は熾烈《しれつ》な争いを起こす。景勝は直江兼続の策を入れてすぐ本丸の金蔵を抑え、景虎屋敷を上から攻撃した。この春日山城は他国の侵入を許したことはなかったのに、山頂近くで身内同士の激戦が起こったのだ。景勝・直江の屋敷地である二つの尾根から山頂の本丸と井戸郭を抑えた景勝・直江チームが勝つのは当たり前であると思う。金も水も高地も押さえているのだ。話し合いですむと考えていた景虎は後手に回った。シビアな権力交代劇の中では人が好《い》い方が負ける。先に手を出さなかった景虎は善人に見える。

景虎が先に本丸を押さえたら、景勝屋敷と兼継屋敷は南北に分断されどちらも駆逐されただろう。この勝負は先に山頂を取った者の勝ち。先に噛みつく野性に近い者の勝ちである。しかし敗れた景虎は城下の屋敷「御館《おたて》」に籠もり、北条家出身という自分のネットワークを使い、武田勝頼や会津の芦《あし》名《な》氏を使って巻き返す。一方、景勝の方も武田氏に領地を割譲することで武田軍を追い返す。何はともあれこの騒動で上杉氏はひどく弱体化する。結果、戦国の時代の針が進むのだ。

上杉謙信はまれに見る聖将であるが、跡継ぎをはっきりと決めなかったことが次の代での悲劇を招いた。彼の鍛えた精兵は、彼の城の中で無用に倒れていった。総じて人質に甘いのが謙信の欠点。いや長所でもあるから人間というものは難しい。北条家から取った人質に自分の若い頃の名前「景虎」を与え、養子にしたのが問題のもとだ。上杉家・長尾家の代々の侍たちは、人質ごときに国権を渡して北条家の下風に付くのは嫌である。こうして生涯不犯という謙信の立派なおこないは、養子同士の血みどろの戦いという結果を産んでしまった。善から悪が生まれたのだ。

伊達政宗が世間から認められたのは「小手森城のなで切り（皆殺し）」から。織田信長はいわずもがな、残酷な所行をみてはじめて人はすくんで従うのだ。以降は無用な戦いが減り、多くの人命が知らずして救われる。悪が善を産むのだ。宗教家の一面も持つ謙信は、虐殺というものができず、人質にもおおむね甘かった。結果、いつも外様武将たちの反乱にあう。善が悪を産むのである。これらの事象は、この世に悪が必要なことを示している。「（自分は）神から命じられ悪を行い、かつ悪のムチを受ける身でもある」これはハムレットが誤って大臣を刺したときの台詞である。

直江兼継は上杉景勝の右腕であるが、両腕といってもよい。伊達政宗と名臣・片倉小十郎のコンビより結びつきが強い。有名な愛の兜《かぶと》は愛染明王《あいぜんみょうおう》の意味のようだ。謙信が毘沙門天《びしゃもんてん》と共に信仰していたのである。毘《び》と龍と愛が謙信の旗印だったという。おそらく愛の旗を景勝が兼続に与え、兼続は兜にデザインして謙信の名代であることを越後衆に示したものだろう。

秀吉は上杉家を会津若松へ百二十万石に加増して移した。関東の家康を押えるには、冬場でも兵の南下が可能な東北南部（福島県）の方が都合がいいとの考えからだろうか。家康は、さらに遠くの伊達政宗と連携して上杉が動けないようにした。このあたり囲碁の勝負のようである。

関ヶ原の戦いでは、上杉（直江）は、関ヶ原や関東平野に兵を送らず、見当違いの山形城の最上家を全力をあげて攻める。後世の我々にはどうして無駄な戦いをするのか分からない。九州の黒田如水は、これも豊後（大分県）を占領するのに全力をあげている。この頭のよい一流の人物たちは「また戦国の世に戻るから、近くを切り取って自分の領国の力を増そう」と考えたのだ。しかし歴史上の正解は「地元のことは忘れて、関ヶ原に軍を送って天下分け目の会戦に参加する」というものだった。天下の頭脳・直江兼続や黒田如水より関ヶ原での謀略や戦闘に全力を発揮した如水の子の黒田長政の方が好判断だったのである。

「徳川殿はそれがしの手をとって感謝されました」と長政が如水に大喜びで報告する。如水は苦々しげに、「そのとき、お前のもう片方の手はどうしておったのじゃ」と答えたという。後の世の創作だとされているが、「この息子が刺し殺しておけば予定通り戦国に戻る。そうすれば従えつつある九州を基盤に中国を併せて大軍を編成、天下を望めるぞ」——とくらいは思ったかもしれない。

直江兼継は、山形城をおとすことで、飛び地の庄内平野との兵站線《へいたんせん》を確保し、四万の大軍を自在に進退させ得る地方強国を作りたかったのだろう。上杉領は広大ではあるが、山形城のために分断されているのだ。この地域を攻め取り、今でも謙信を慕う越後の国が併合できれば、領国は二百万石を越え、家康と同格の大大名になれる。しかし関ヶ原の賭けに敗れ、領国は三十万石に減らされた。

備中松山城登山

岡山県の奥地に未だ天守閣の現存する山城を訪ねる。水を満々とたたえた高梁《たかはし》川は延々と続き、両岸には家一軒ない。黒部川を溯《さかのぼ》るようなもので、本当にこの先に町があるのだろうかと不安になる。しかし戦国の中国地方の合従《がっしょう》連衡《れんこう》の軸となった城が確かにあるはずなのである。

何十回目かのカーブを曲がったら、人家がぎっしりと立ち並ぶ狭い谷底平野に入った。ここかな。しかし取り囲む山々に城らしきものは見えない。ようやく城の登り口を見つけ、車でぐんぐん登る。広い駐車場をパスし、中腹にあるという小さな駐車場を目指しさらに山道を登る。これを歩いて登ってきたら死ぬね。本当にこの城は何度も攻められたんだろうか。途中で登るのがいやになって引き返すから難攻不落の城と言われたんじゃなかろうか。——などと思いつつようやく到着。車を降りると、登城口ではなく、登山口と書かれている。「猿が出てきても何もやらずに無視して下さい」との注意書きが、いよいよ奥山である。きつい坂道なので、城主からのはげましの立て札が、方々に立っている。曰《いわ》く「ここでしばらく休むべし。城主」「後半分の登りだ。がんばりなされ。城主」…といった具合である。

唯一残った山城の天守閣

登りつめれば、突然高石垣が現れる。感動である。この高山の頂上によくもこんな石垣を築いたものだ。インカのマチュピチュか映画の『荒鷲の要塞』のようだ。二つの峰の間の尾根を埋めて本丸を造成しているので、構造は、伊予の松山城にそっくりである。広さは十分の一であるが。厩郭《うまやくるわ》もあるが、こんな山の上でも馬を使っていたのか。運搬のためか、訓練のためか。屹立《きつりつ》した本丸からは、立ち並ぶ中国山地が低くみえるが、多分同じ高さであろう。樹木の間、ほとんど真下に城下町がみえる。こんなに急では、鉄砲なんぞ撃たなくても、石を軽く抛るだけで大砲のような効果がある。真下の城下から吹いてくる谷風が涼しい。冬は、雪線の上になるだろうから、城下に春が来てもここはまだ雪山だろう。

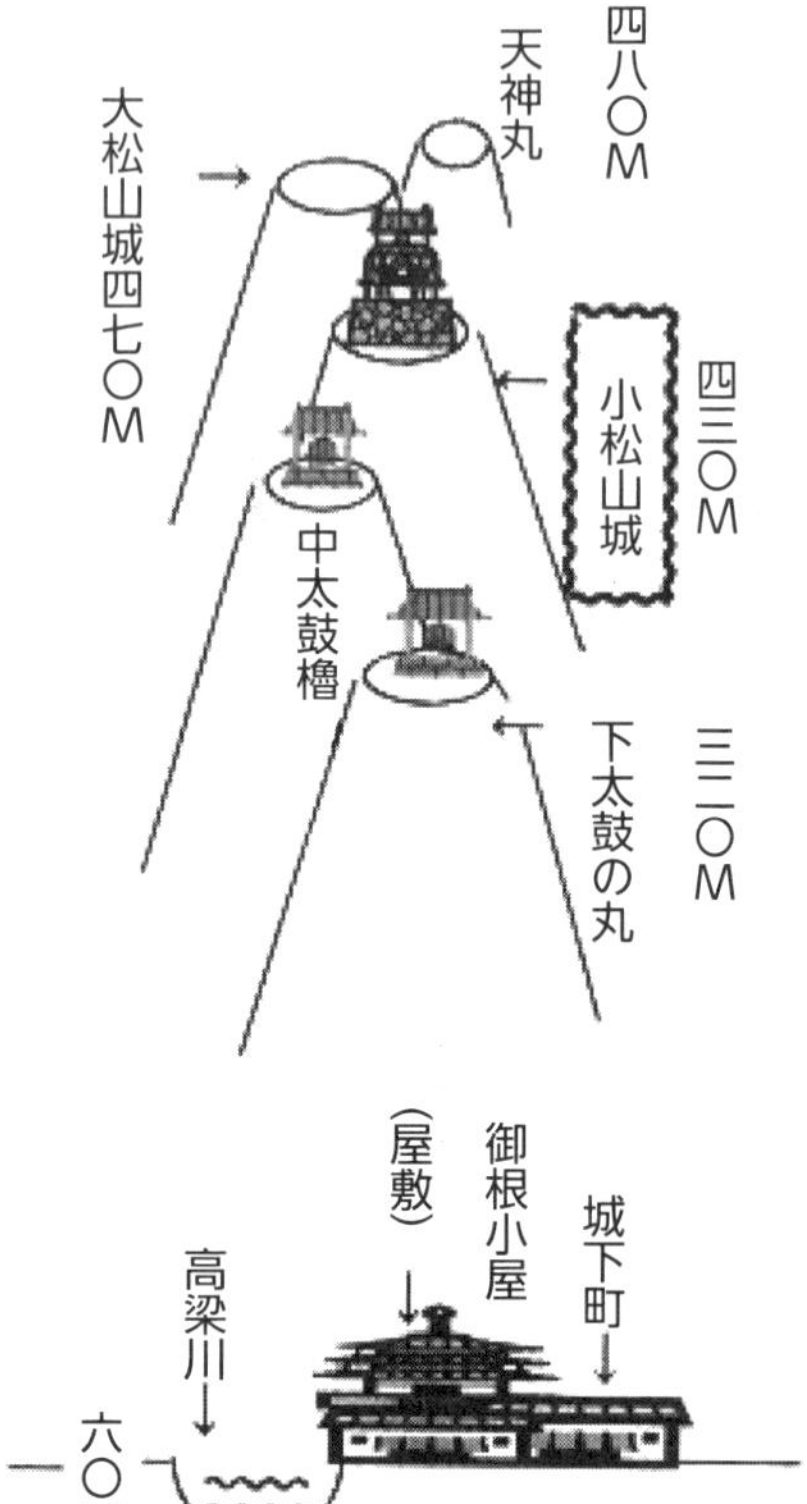

城内各郭の標高

『うつりゆく四季が異なる城と町　城冬にして城下は春なり』

高く険しい山の上なので、下の城下町とは、二カ所の太鼓櫓で中継しながら、太鼓の音で連絡するそうだ。生活物資の搬入も大変だろう。巨大山小屋である。こんな不便な山のなかの不便な城が、中国地方の戦国時代に攻防を繰り返した城であるとは不思議である。わずかな平野も城下町で占められ、田んぼが見あたらない。山城のものとしては日本唯一残った天守閣。よくぞ残ったと感激していたが、なんでも明治維新のときに落札した業者からも、こんな山奥では解体費用分もとれないとのことで、ほおっておかれたそうだ。近代資本主義の攻撃も退けた難攻不落の城である。中に入ると、内装は何もなく寂しい。蔵のなかのようであまりの構造の簡便さに驚く。建具にも乏しい。狭い階段は我が家のものとほぼ同じ大きさである。大坂城や姫路城を見て、ひとつ自分も建ててみようかという者はいないが、この二階建ての小さな天守は筆者にもローンで建てられそうだ。

城の搦め手口を調べに後ろの尾根に行く。なんとさらに後ろの山が大松山城という本城であったとの説明板。これだけ登ってきて、まだ、登り足りないのかと絶句。今の天守閣のある本丸は、尾根の途中に築かれた小松山城という出城で、築城当時は、弟が守っていたそうである。この小松山城までも麓から一、五キロ。高低差三百二十メートル。大松山城まではまだ通算百メートルは登らねばならないようだ。麓との連絡も、もう太鼓ではすむまい。伝書鳩代わりの伝書猿が必要だ。

帰りに城下から見上げると、天守閣は山の中腹の櫓のように見えた。山頂部は、中世の本城・大松山城になるからである。道理で麓から天守閣が分からなかったはずだ。ついつい山頂を探すからね。大平の世になり、不便な山城からひとつ下の支城に降りたのだろうが、あそこでも十分仙人が住むようなところだ。大松山城に住んでいたら、連絡の太鼓櫓があと二つはいるだろう。

『深山を太鼓でつなぐ大山城』

自然が刻んだ名城・豊後竹田城紀行

九州一の大草原・瀬の本高原を横断。仰ぎ見る久住連山は、まだ昼なのに夕日を受けたように赤くかがやき神々の座を思わせる。一面の紅葉とススキのなか。野は燃えるような櫨《はぜ》にただ百舌鳥《もず》がなきしきるだけ。やがて寂しい寂しい冬がくる…と、詩人になってみたが、ほとんど北原白秋である。竹

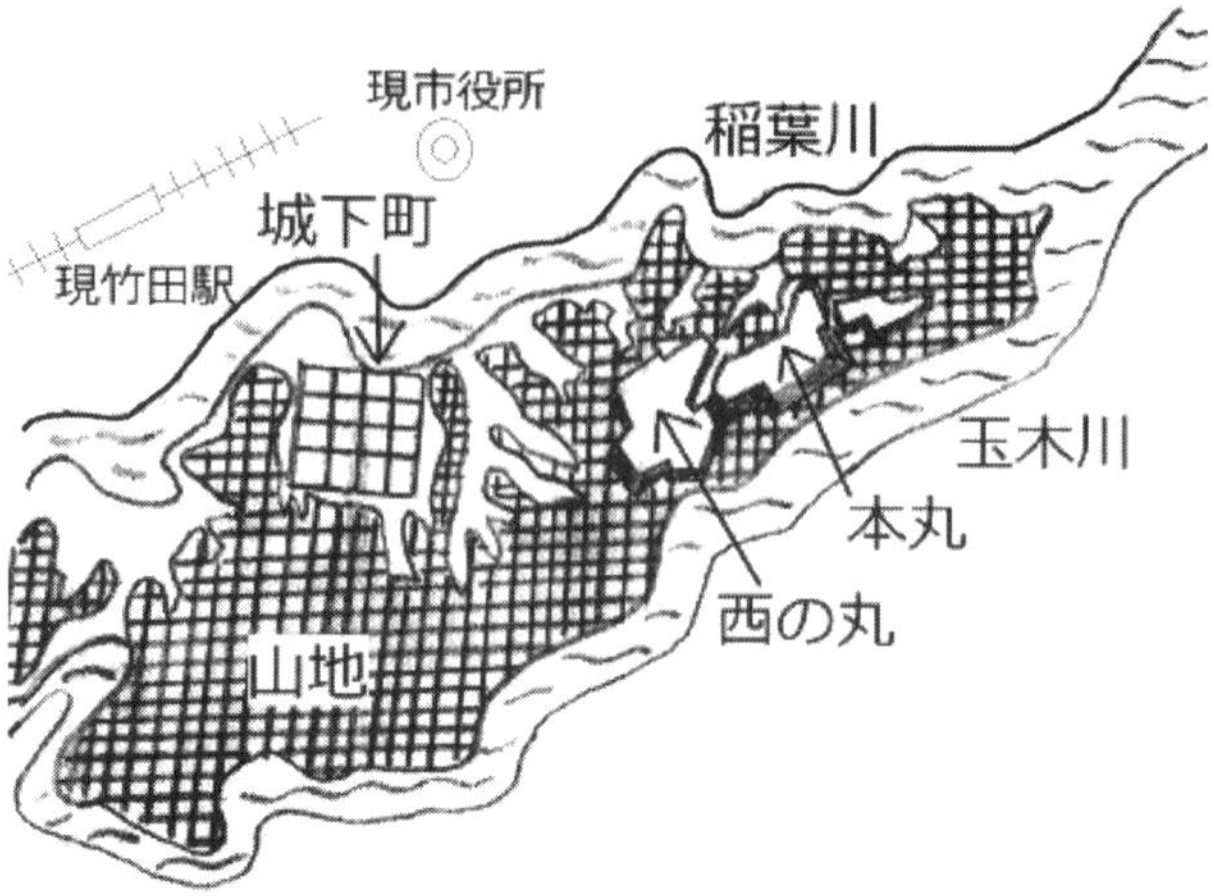

山水の守り 竹田城

田へ到着。そのまま滝廉太郎宅へ。少年時代、町で聞く尺八の音色に興味を覚え、荒城の月のメロディーはそれを受けたものだそうだ。次に広瀬中佐を祭る広瀬神社へ。ロシア社交界の花アリアズナ嬢から思いを寄せられたのは有名だが、嘉納治五郎《かのうじごろう》や清水の次郎長など、男の中の男といえる者たちからも好まれた人物だ。それから夕刻の竹田城へ急ぐ。旅行雑誌に五時までと書かれてあったのだ。山城に入場の時間制限とかあるはずないのになと不審に思いつつも必死に汗だくで走り登り、なんとか門前に五分前に到着した。なんと五時までは料金を取って、五時からは無料だった。絶句。

登り詰めると、城頭から望まれるのは一望の大自然。人家、町、田畑はまったくみえず、重なる緑の波がはるか久住三十六座の山々まで連なっている。映画「風の谷のナウシカ」の冒頭のようだ。空から雄大な腐海《ふかい》を眺めているような緑一色の世界である。本当は深い谷が一面に刻まれており、人の暮らす田園地帯がいく筋もあるのだが、地勢上まったくみえないのだ。これは阿蘇の外輪山緩斜面《かんしゃめん》に刻まれた数多くの幼年期の谷が、中流では壮年期の谷に発達しているためで、その切り落とされたような断崖にこの城も築かれている。

中世は城の下流側の崖下にあった城下町が、近世には上流側に移されている。訳を調べたら簡単であった。広い城下町を築くような平地が、城の後ろの沼沢地しかなかったからだ。そこを埋め立てて町を造っている。この竹田城一帯は、田畑は少なくともこの地方の要衝である。周辺を車で走り回ってみたが、水田はむしろ南部の緒方地方に遥かに多かった。豊かな南部の大名が、地勢の険しい北方の竹田・岡城へ籠るという図式なのだろうか。

竹田城は、大自然自らが彫刻刀を以て彫り上げた城である。二本の川で台地を鋭く刻み、その尖端に比高百メートルの断崖の城を築いている。城下町も川と山並みで四角に囲み、城との間にも念を入れてミニ山脈と谷を置いている。それでトンネルの多い町になっている。大自然もよくもここまで築城に凝ったものだ。これは名城合格であるが、制作者は大自然である。

『大自然が彫って造りし城もあり』

造りかけの城・仙台城

仙台の町は五階建てビルの高さほどの欅の街路樹が並ぶ。なるほど森の都ではある。町なかに今度は「荒城の月」作詞の方の土井晩翠《ばんすい》の記念館があった。自宅を改装したものだそうで、表札の読みはドイと書かれていた。彼はツチイも名乗るので曲を教えていて困ったことがある。広瀬川は山から直接町に出てくるので、そのままでも飲めそうな澄んだ流れである。もとの地名の「川内」は、ここが氾濫原《はんらんげん》だったことを表している。青葉山に築城されたので青葉城というが、これはお寺の山号で後付の地名である。もとの山名はおそらく平地の地名を受けて「川内山《かわち》」だろう。もともとここに千体城《せんたい》という城があった。千体仏が祭られていたからだというが、これもおそらく川内をセンダイと読み、千体《せんたい》の字をあてたものだと思う。その後、千台城と改名。最期に伊達政宗が「仙台城」と改めた。

仙台城は、政宗の新たな封地《ほうち》の南辺である。ここに居城を移したのは、彼の南進、奥羽再統一の意志の現れだと思う。秀吉から隣国に移された政宗であるが、この城は、戦国時代からの彼の領内なのである。この城を築き直し、旧領の伊達、福島、米沢、会津の回復を目指す策源地とする構想を持っていたのだろう。これら伊達氏の旧領には九十二万石もの大領をもらった蒲生氏郷《がもううじさと》以下、代々力のある大名が置かれる。もちろん伊達政宗の南進を阻むためである。これらの大名たちとどう戦うか。旧領とはいえ、仙道（東山道）の高地の諸城に拠《よ》って二倍の兵を与えられている大名に攻め勝つのは難しい。できれば宮城野《みやぎの》に引きこんで決戦したい。これが仙台築城の理由だと思う。これら旧領の回復を考えなければ、それまでの岩出山城で十分だし、近世大名としての発展を考えるなら、塩釜や石巻のような港《みなと》を持った地域がよい。

三の丸の博物館をみた後、大手口からしばらく登る。やっと城の石垣らしいものが出てきたと思ったら、もうそこは山上の本丸だった。広大な広場になっていて山城の気分はない。普通本丸というものは設計の粋を極めているものであるが、何もない。お城の防備で最も重要な搦め手側は、なんと一段高く盛り上がって、後ろの尾根筋に続いているように見える。数条の空堀で掘り切ってはあるのだろうが、これでは不安である。この本丸に残る尾根の部分には詰めの丸と天守が必要。尾根続きにはしっかりとした出丸か出城を築かないといけない。こういった構想はあったはずである。今の本丸が多分本来の二の丸予定地で、上の天守台といわれるところが本丸予定地。それが工事中止になったのではないか。そう考えると、①だだっ広い。②何の縄張りの工夫もみられない。③後ろは山続きである。——という謎が解ける。仙台城はつくりかけの大山城である。途中でやめて、広大な二の丸予定地をそのまま本丸としたものだろう。築城中止の理由は、南進の野望を諦めたということを家康に示すためか。

資料館へ寄る。伊達政宗の書はどれも華麗な一幅の絵画のよう。直筆《じきひつ》の借金願いの証文も掛け軸になって当時から鑑賞されていたとの話も本当かも知れない。たびたびのピンチに殺されなかったのは、彼の小細工の成果ではなく、教養豊かで殺すには惜しい人物であったからとのこと。納得できる。『馬上少年過ぐ』の本物を見た。「世たいらかにして白髪多し　残躯《ざんく》天のゆるすところ　楽しまざるをこれいかんせん」——と続く。見事な漢詩である。

『天下への望みを止《とど》めた城つくり　馬上少年過ぎし日の夢』

戦国激戦の城・遠州高天神《たかてんじん》城

遠州高天神城は、武田信玄、徳川家康、武田勝頼が奪い合った戦国の城である。激戦地の大手門跡から西側の切り立った谷をみながら登っていく。登りきった本丸の東側はもっと険しい絶壁。これはどちら側からも登れない。標高百三十二メートルであるが、そうきつくはなかった。山城といえば山城かなといったレベルである。山手につながる尾根の鞍部《あんぶ》に井戸郭がある。ここと谷間の水場を守る

高天神城から望む東方の平原

ために、山手の丘を西の丸として城郭化。それで井戸郭《くるわ》を中心としたH字形の双子城になっている。それでこの城を攻めるには、西方の山地からまず西の丸を取るのが順序である。そうすればH型は崩れ、I型の城となって、井戸郭と谷筋の水場を全て失うことになる。

この高天神城《たかてんじん》と久能山城《くのうさん》（現久能山東照宮）は、駿河・遠江の海側の脇街道方面を押さえる城といえる。メインの東海道沿いの城は、駿府《すんぷ》城と掛川城。この二城が大事で、脇の城だけ取っても補給に苦しむだけだ。勝頼はこの城を攻め取るべきではなかったし、苦戦となれば、さっさと手放すべきだった。もちろんメインの掛川城が手に入っていれば話は別だ。この高天神《たかてんじん》城は遠江南部を押さえる重要な城となる。今ひとつの不要な理由は、この城が東向きの城であることだ。写真は本丸から望む東方の景色である。家康が武田氏と対戦するにはこの景色は重宝だが、武田側が取っても西方向は山地なので、何も見えない。

武田信玄はこの城の崖をみて攻略をあきらめて転進した。三方原《みかたがはら》の戦いで完勝したが、高天神城を含め、掛川城、浜松城、吉田城などの重要な城をおとさないまま、さして重要とも思えない三河野田城を囲み、そこで長陣《ながじん》、陣没《じんぼつ》している。これは無茶なことだ。一挙に千キロも駒を進めたガダルカナルの戦いを思わせる。

してみると、武田信玄の西上の目的は、瀬田に旗を立てる——つまり上洛が目的ではない。三河のどこでもいいから適当な小城を選んで囲み、織田信長の援軍を誘い込む。そして、三方原の戦いのようにして破る。戦勝の果実として、遠江《とおとうみ》・三河両国の主要な城のいくつかが熟柿《じゅくし》のように落ちる。そうなると徳川家康も滅びるか武田陣営に入る。それが目的だったろう。信長の本領である尾張《おわり》・美濃《みの》・伊勢を攻め取るのはまた次の段階だったと思う。信玄は博打《ばくち》は打たないからね。

『上洛と見せて信長を誘い撃つ　そして頂く遠参《えんさん》二州』

武田勝頼は、偉大な父が落とせなかったこの高天神城を落とすことで、自らの威信を上げようとしていた。二世にはなかなか家来たちが従ってくれないからね。諏訪家の出身だし。勝頼は、セオリー通り、順番に山手から西の丸、水場——と押さえて落城させた。

その後の長篠の戦いで勝頼が敗れた後、この城を家康は兵糧《ひょうろう》攻めにした。勝頼は城兵の開城降伏を許すが、信長の方が許さなかった。その結果、城兵の半数が餓死、残る半数が突撃・全滅して落城。「勝頼は高天神城の味方を見殺しにした」という織田方の宣伝に使われ、勝頼の威信は失墜した。

『勝頼の武名を高め また堕とす　高天神城・遠州の城』

平城・平山城紀行・金鯱《きんしやち》の名古屋城

名古屋城は天下普請だけあって、諸事大きく堂々としている。御三家筆頭で、将軍家につぐ家柄とされたとはいえ、九男にしてこの大封と巨大な城をもらえるとはうらやましい。城は台地の北端に造られているので、北方のみ湿地帯。あとの三方に郭《くるわ》を張りだし、さらに馬出し郭《くるわ》を備えた、標準的な梯郭《ていかく》式縄張りの城である。金のシャチホコをつけた巨大な天守閣は、西日本に対する威圧として築か

名古屋城天守閣

れた一大モニュメントであろう。大きいが均整のとれていない連立天守閣だと思っていたら、もう一カ所小天守をそばに建設する予定であったそうだ。それをつくっておけば、落ち着きも美しさも増しただろう。天守建築の粋を極めたのは、いくつもの小天守を組み合わせた複合連立天守閣であり、松山城、姫路城、駿府城などがある。天守が失われた原因に戦国の戦いは少ない。ほとんどが失火、落雷、明治の取り壊し、大戦時の空襲である。名古屋城天守閣の石垣は、無惨に焼けただれており、この城が、南蛮紅毛との戦いに敗れたことを示している。一度火を受けた石垣は、強度の他に、美観も考えて、普通は取り換えるのであるが、平気で焼け石垣の上に巨大なコンクリート建築を載せている。文句を言いながらこれを築いた加藤清正は嬉しいかもしれない。

天守に金のシャチホコが許されるのはよほど上のランクの城である。日本の城は木造なので火に弱い。そこで、水を出すという鯱《しゃち》を屋根の上に置く。もちろん気休めである。鯱は実際のシャチと違い、降雨を司る空想上の魚だというが、鯨の潮吹きがモデルではなかろうか。米軍の空襲に備え金鯱を降ろそうと足場を組んでいたところ、焼夷弾がそれに引っかかって燃え始めたそうだ。これは金鯱《きんしゃち》の責任だろう。

『金鯱《きんしゃち》が役目果たさず水出さず　大事な天守を燃やす手伝い』

焼け残った巨大な隅櫓《すみやぐら》も参観することができたが、清洲《きよす》城天守閣を移築したとされる方の櫓には入れなかった。二の丸庭園は、幽玄趣味の独創的かつ立体的な石庭だった。幼少期の信長が少年城主であったという戦国時代の那古野《なごや》城は、現在の名古屋神社の位置だというが、よく判らなかった。中世平城は、都市化した場合、全く痕跡《こんせき》が残らない。城を離れ、秀吉生誕の地、中村公園に行ってみたが、なんということもない町なかの公園である。太閤記に出てくる尾張の諸城や広がる沃野《よくや》は、すべて巨大都市・名古屋に飲み込まれているようだ。最後にナゴヤの地名について。古語では漁民がナゴ。ヤは家屋。もしくは魚＋小屋《ナ》。城の北側の湿地帯は太古は入江だったろうから、漁村があったのだろうか。

大坂城の弟分の城・大和郡山城《こおりやまじょう》

郡山城は大坂城の弟分の城というか、実際に秀吉の弟・秀長の城である。伝承では、秀吉が生駒山に登ったところ、自分の大坂城が丸見えだった。それで山の麓にこの城を築かせ、弟を入れたという。秀長は、大和、河内、紀州三国・百十万石の大領を兄から与えられ、この城を居城として豊臣家を守った。秀吉自身の領地が二百二十万石だから、兄の半分の石高である。それでこの城も、大坂城、伏見城につぐ大きな城だったと思う。

その後、江戸時代に柳沢吉保《よしやす》が甲府十五万石からここに転封《てんぽう》されたので、今も柳沢家の持ち物だそうだ。見回ってみたが、地形そのものは別に要害の地ではない。戦国時代の大和の領主・筒井順慶が、筒井地方より一段高いこちらの台地を選び築城した。筒井家は、畿内を支配する三好家配下の松永弾正から侵略を受ける大和地生《じば》えの大名である。その後、豊臣秀長が、外郭を作り、大型城郭に変えたという。伏見城とともに豊臣大坂城と政権を東方の大名たち、特に徳川氏から守るのが役目の城。奈良盆地で平野戦を行うときに豊臣方の本陣を置くのに適した城である。

お城の内郭に入ってびっくり。本丸にただ一カ所の切り落とせる入り口しか置かず、完全な独立郭とする設計は、長崎県の島原城とそっくりである。ここも島原城主・松倉重政が設計したのか？　しかし時代が合わない。この城の方が先だ。これを真似して島原城を造ったのだろうか。調べてみると、なんのことはない。松倉氏は筒井氏の家来だった。筒井家の二大家老は、松倉右近（重政の父）と、島左近（後に石田三成の武将）で、筒井の二近といわれ有名だったそうだ。

天正八年、織田信長は大和一国の検地と城割り（破却）を命じた。後の太閤検地と家康・秀忠の一国一城令のさきがけだ。大和国の城は郡山城のみとなり、筒井順慶が大和の支配をそのまま任された。あらたな築城は信長時代から秀吉時代にかけておこなわれた。おそらく家老の松倉右近が設計施工。子の松倉重政は手伝いつつ見習い、後に同じ設計理念で島原城を建てたものだろう。

城の完成の二年後、秀吉の弟・秀長が入城。豊臣家の大坂城を支える百万石の城に改造した。このとき主要部分が完成されたとされている。それで筒井氏時代の古城は隣接するグランドの方だとの説もある。しかしあれだけ島原城とそっくりであれば、城地は今の地に違いない。秀長が行ったのは石垣のかさ上げと外郭の総構えだと思う。堀・石塁はよく残っていて大手門が復元されているが天守閣はまだである。これは、本丸が完全に独立した設計なので、工事車両が入りづらいからだろう。現在の島原城本丸へ入る車道は城壁を壊して造ったものだ。便利ではあるが、けっして真似ては欲しくない。

日本一の高石垣・伊賀上野城

伊賀上野城は伊賀の国の中心に築かれた城で西側の三十メートルの高石垣が有名である。それに比べ東側はたいしたことがない。五層天守用の大型の天守台は、山頂ではなく西側の平野がよく見えるところに築かれ、小さな三層の天守が載っている。いったいこれは何なのだ？　戦国期の天守が聳えていた山頂部には無粋な給水タンクが鎮座しているばかりだ。

しばらく考えると答えが浮かぶ。西側の高石垣は西軍・豊臣方に築城の技術と力を見せつけるパフォーマンスだ。天守閣もこの伊賀盆地で東西の合戦が始まった場合に本陣として使えるよう西側に築いたのだろう。写真のように広い天守台に小さな模擬天守が乗っている。独立した城としては失格だが、ここ伊賀盆地で関ヶ原のような東西の大会戦がおこなわれれば名城となれる。もちろんこの地の領主の藤堂高虎は日本の築城の第一人者。すべて分かっていてこのようにデザイン（築城）しているのだ。この城は豊臣時代には、大坂城を守るために東向きに造られていた。関ヶ原の後、藤堂高虎がここに入り、逆に豊臣側を攻めるための西向きの城に築き直した。それで全国一といわれる高石垣と天守閣が西側の平野を見下ろすように築かれた訳だ。

伊賀上野城天守閣

徳川家康は戦略的に巨城をつくって大坂城を囲んだ。先鋒・井伊家の彦根城。同じく先鋒・藤堂家のこの伊賀上野城。その他、丹波《たんば》篠山城《ささやまじょう》、姫路城などである。伊賀上野城は、大坂側の

西軍・豊臣方に備えた日本一の高石垣

負けが確定したので築城工事が中止になった。それがなかったら西側にも石垣が築かれていただろう――と、どの本にも書かれてある。そうだろうか。陣地城《じろ》の場合は、奪われたときに敵の拠点とならないよう、背後は軽く造る。それでこの城は、十分完成した陣地城であるといえる。この全国一の高石垣の上で逆立ちをした有名人が誰かいたなと思い出し、真似をしようと石垣際まで寄ってみた。逆立ちどころか普通に立つこともできない。四つんばいになって下を覗くのが精一杯だった。ここを登ってくる忍者には登山装備がいるね。

『西睨《にら》む　徳川の先鋒《せんぽう》藤堂家　早々築く巨壁《きょへき》の本陣』

○寄り道　甲賀流忍術屋敷

司馬遼太郎の小説は若い頃の短編小説を膨らませたものが多い。氏は忍者もので世に出てきた。直木賞をとった忍者小説「梟の城《ふくろう》」は、御斎《おとぎ》峠の庵《いおり》で始まり、御斎《おとぎ》峠の庵《いおり》で終わる。畿内は縦横《たてよこ》の格子《こうし》状《じょう》になった地塁《ちるい》山脈を桟《さん》とした障子《しょうじ》のような地形である。それぞれの四角形の盆地を隔てる地塁山脈の傾きは正三角形を想像していた。しかしドライブしてみると、どこも片方が急斜面で、もう片方が緩斜面《かんしゃめん》であった。有名な鈴鹿峠では近江側が緩斜面、伊勢側が急斜面。御斎《おとぎ》峠では、伊賀側が急斜面である。主人公の伊賀忍者・葛籠《つづら》重蔵の庵が設定できるところを探したが、どう見まわしても小屋を建てるだけの地積がない。それほどの連続する急斜面である。近江の国側は緩斜面で、こちらなら庵を建てるスペースはいくらでもあるが、主人公が甲賀忍者になってしまう。あとで調べたら、司馬遼太郎は峠の名前に惹《ひ》かれて小説に取り入れたものの、当時は道が悪くて取材できず、空想で書いたそうである。

甲賀に到着。甲賀郷士五十三家の筆頭、望月家《もちづきけ》の屋敷が残っていて、忍術屋敷として公開されている。駐車場を入れて三百坪くらいだが、昔は森に囲まれた三千坪の屋敷で、周囲の八軒の一族の家と地下トンネルでつながっていたそうだ。望月家は平将門の乱に手柄があり、信州から郡司《ぐんじ》として赴任、土着した家だという。

甲賀流忍術屋敷

「ここは本物の忍術屋敷で何ひとつ手を加えていません。よその忍術屋敷は、みんなここをモデルにして作ったものです。もう日本にはここ一軒しか残っていません」との説明。元禄期の建物であればまだ忍術時代といえないこともない。

屋敷の中には、あらゆる種類の隠密武器。仕込み杖や仕込み鉄砲が展示してある。きせるにも短刀にも銃が仕込んである。大国《おおくに》火矢《びや》などのロケット兵器もある。少年のころ読んだ忍者マンガで、伊賀は体術、甲賀は火術となっていた理由がこの年にしてはじめて分かった。甲賀は、当時の鉄砲・大砲の一大生産地帯である国《くに》友《とも》村に近いのである。もっとも現代は火薬より製薬で、甲賀の製薬会社は全国に有名だそうだ。一番簡単な忍者の武器は撒《ま》き菱《びし》で、菱の実を選んで乾《かわ》かすだけ、手裏剣《しゅりけん》は、甲賀では十字手裏剣。水蜘蛛《みずぐも》は浮き輪のようにして座り、歯が折れる仕組みの下駄で水をかく。それで音を出さずに進める。折りたためて便利というが、どうせ胸から下が濡れるのなら泳いだ方がよさそうだ。

屋敷の当主の談話に、「忍術の家に生まれ、巻物もあるのに、それが読めないんですよ。読めれば忍者になれるのに」――昔の忍者漫画は巻物を銜えれば姿を消せるので、もっぱら巻物の争奪戦だったのだ。「まだ、時々忍びをやっていますか」「いいえ、公務員なのでやってません」――というくだりも面白かった。忍術のなかの偸盗《ちゅうとう》術が盗みの技であることが分かる。

建物内部の仕組みを参観する。「どんでん返し」は主人の寝間の二方向にある。半回転だけで永遠に回るというわけではない。後に続くものが困惑するように作ってあるそうだ。そのうちのひとつには落とし穴がしかけられていて水が張ってある。そこは抜け穴にもなっている。この主人の寝間には、仕掛け障子と抜け穴二箇所、おとしあな一箇所があり、二方向が槍鉄砲に耐える頑丈な引き戸で厳重に守られている。隣りの部屋には「隠し釣り上げ階段」。追ってくる者を低い二階に閉じこめる仕組みだそうだ。屋敷自体は、周りに配置した八軒の同族忍者と協力して侵入者を虜にするように設計されているとの説明。なかなか面白かったが、この屋敷で育つ子どもは落とし穴に注意しないといけないだろう。

考察

ここは甲賀郷士（忍者）総帥の家である。ここに忍び込むにはよほどの度胸と忍びの腕前、そして危険に見合うだけの価値ある情報がなければならない。スパイは、仕事の後は、証拠を始末する。業務内容を残してはいけないのだ。忍者の記録がほとんど残っていないのもこれが理由。つまり警備厳重なこの屋敷に忍び込む理由がない。「忍び込んだ忍者を虜にする館である」という説明は信じられない。周りの同族屋敷とすぐ連絡できるシステムがあるのなら、家屋の構造に凝るより、多人数で取り囲めばすむことである。

この屋敷の特殊な構造についていては、あくまで甲賀郷士屋敷の防備、特に主人の寝間の防備であると思う。二方向は襖に見せかけた厚板。残る二方向には二箇所のどんでんがえし。二つの抜け穴と抜け道。これで、①隣りの部屋、②外庭、③地下道を伝っての隣りの屋敷。この三箇所にすばやく抜けることができる。特に地下道は周囲の八軒の郷士屋敷とネットワークで繋がっている。合計十通りの逃げ道が考えられていることになる。室内の浅い落とし穴に「水」は是非とも必要ない。落とし穴が逃げ道も兼ねているというのも納得できない。ここに落ちた忍者は抜け穴から脱出するだろう。

考えるに人間はもぐらと違って頭からはもぐれない。地下道に入るにはまず縦穴にいったん入って、それから胸の高さの横穴に入るのが順序である。また、地下道には地下水が溜まるので、排水を考えてどこかを深めに掘っておかねばならない。途中を掘るわけにはいかないから、入口か出口のところを掘ることになる。結果としてここに水が溜まったのだろう。

忍者が集団で使われたいくつかの史実には夜間のゲリラ戦法が多い。黒色火薬は煙幕向きである。実在の忍者としては、服部半蔵や、体術と催眠術の「飛び加藤」が有名だ。「風魔《ふうま》小太郎」も本名は風《かざ》間《ま》で、北条家に仕え、配下が二百人いたという。「果心居士《かしんこじ》」は半実在だが、薬術と催眠術。忍者の仕事は情報収集と後方攪乱《かくらん》なので、偸盗《ちゆうとう》術と変装術は基本技。手裏剣についてはもともと武士の裏芸だ。伊賀の鍵屋の辻の仇討ちで有名な荒木又右衛門は、どの絵でも鉢巻きに何本かの棒手裏剣を刺している。小柄《こづか》は大刀に付属する正式な武士の装備品である。時代劇では髭など剃っているが、棒手裏剣の変化したものであるといえる。忍者特有の十字手裏剣や八方手裏剣は法具が変化したもののようにみえる。空海が握っている独鈷《どっこ》は法具であるが、本来は古代インドの武器である。武器が法具となりまた武器に戻る。必然でもある。山伏が最初は法具を投げて身を守っていたのが進化したのだろう。最近の忍者小説には山伏の霊能力を使ったものがあって面白かった。修験道による息の潜め方やマインドコントロールは忍術の基本である。加えて刀術、手裏剣術、火術、偸盗《ちゆうとう》術、変装術、催眠術、体術、他に薬草・毒草学。忍者の技術がこのように多岐にわたると、マンガによくある忍者学校も必要だろう。昔の講談本のように、掃除をしながら師匠の技を盗む程度では時間的に足りない。

忍者を一番大量採用したのは徳川家康。皇居吹上の正門も半蔵門といって忍者の名前である。秀忠、家光の代も全国に忍者を派遣して大名を潰し、徳川家を守ることに努力した。この甲賀流忍術屋敷は、家光の子・綱吉の代の建築になる。その後の八代吉宗からの「お庭番」は、直接将軍の命を受けて隠密として各地に出張する秘密捜査官である。同じ頃の西欧の宮廷のお庭番もスパイを務めていたのだろうか。いや、彼らは、貴族たちの庭での食事に合わせ、演奏を行っていたという。西洋の音楽家の身分が低いのは庭師に準じるからである。ベートーベンあたりから地位が向上していく。『お庭番　忍者ハタマタ音楽家』である。

全国に派遣された忍者隠密であるが、「ゆきて戻らぬ薩摩《さつま》飛脚《びきやく》」と言って、薩摩藩に送った忍者だけは鹿児島弁で見分けられて始末されたという。抜荷《ぬけに》貿易、隠れ金山、贋金《にせがね》造りと様々おこなっていた藩なので十分あり得ることである。幕府は忍者学校を作って語学と方言学、民俗学も教えなければいけなかった。

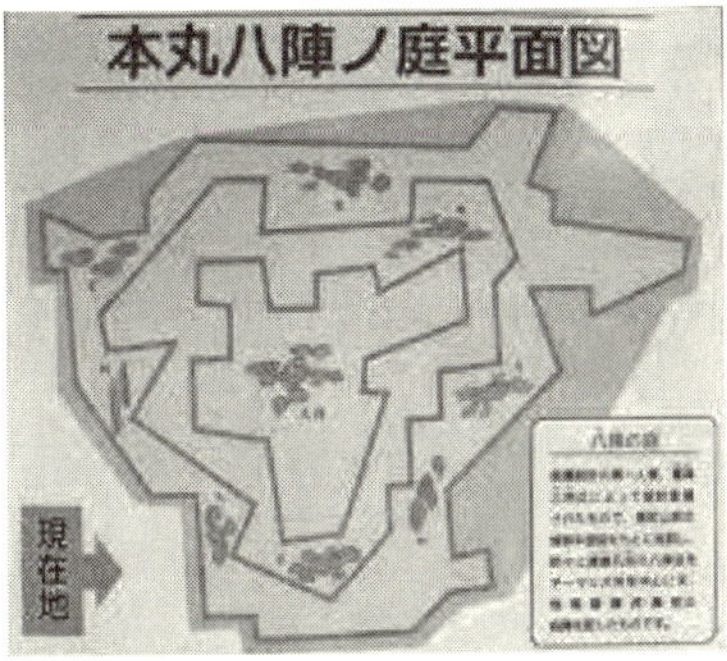

岸和田城と八陣の庭

薩摩藩に続く次の仮想敵国は欧米列強である。アジアを制しながら幕府に従順であったオランダの凋落に伴い、列強が東アジアに姿を現したのである。幕府は長崎の通詞が翻訳してもたらすニュース（和蘭風説書《おらんだふうせつがき》）だけに頼り、しかもあまり真面目に読まなかった。オランダは、自国がいったん滅んだことも伝えなかった。オランダから入ってくる情報だけで判断していれば間違うのは仕方がない。幕府は、軍事経済忍者を養成して海外に送り続けておくべきだった。その忍者に必要なものは手裏剣ではなく、条約にまつわる特殊語学、兵学、経済学だろう。伊賀や甲賀ではだめだ。基本、長崎のオランダ通詞を鍛えて送り出すことになるので「長崎忍者」か。ぶらぶら遊んでばかりで弱そうである。

岸和田城・八陣の庭

岸和田は大阪と和歌山の間の町。ぎっしりと多聞櫓《たもんやぐら》で囲まれている本丸のつくりは和歌山城と似ている。もともと「岸の城」という海岸沿いの城だったが、南朝の臣、和田氏がここに籠もったので、岸和田という地名、城名になったそうだ。地名は、土地の形状がほとんどで、たまに人名が入るが、ここはそのふたつが合体している珍しい例だ。中庭にある八陣の庭は、直線、斜めの線が入り交じった幾何学的な庭だ。作庭家は一生懸命考えたのだろう。

八陣とは伝説の黄帝が作った陣で、その後の発展により、和風八陣も含め様々ある。三国志演義では八卦《はっけ》の陣とも八門金鎖の陣ともいい、孔明の八陣が名高い。兵法上のなぞなぞのような陣形である。太古の世、伝説の黄帝が軍勢を集めたとき、人々の持つ得物《えもの》（武器）は、バラバラであった。まあ大昔なので当たり前だろう。これをはじめて武器別に、弓隊とか槍隊とかに分けたところ、八種類の部隊が出来た。これが原初の八陣である。この編成部隊で黄帝は周囲の異民族を制圧したのだ。そして伝説は膨れあがっていき、最期はこの難解な線分図となったのだ。（写真は城内の看板）

実際の中国古代の戦闘様式は戦車戦が中心で日本将棋の形に似ている。八陣など出てこない。国一番の御者と勇者を乗せ自在に動くのが飛車で、並の御者が操る戦車が香車といえる。三国史の時代は山岳戦・歩兵戦が増え戦車戦が消えるので、孔明の八陣の登場も幾分自然である。ちなみに黄帝活躍の地は夏王朝の地。中華という用語も中夏の佳字・宛字だと思われる。

雑賀《さいか》荘と鉄砲集団

和歌山市は、その昔は雑賀荘《さいかのしょう》と言われる広い荘園であった。紀伊の国（和歌山県）には、一円知行を行う強力な戦国大名は生まれなかった。荘園制度が崩壊するにつれて地侍たちは独立していきながらも浄土真宗の教えで団結していた。川向かいの根来《ねごろ》寺に伝わった鉄砲を雑賀でも自主生産し、根来衆に負けない鉄砲傭兵《ようへい》集団となった。雑賀《さいか》党は石山本願寺に籠もり、鉄砲戦では信長軍と互角以上に戦った。あいにく長篠《ながしの》合戦のような華麗な絵巻、屏風がないので教科書には載らない。信長が鉄砲戦で負傷して逃げていくのも教科書向きではないのだろう。近年は長篠での鉄砲三段打ちは否定されているが、その後大陸で模倣されているので事実である。一斉でないだけだろう。雑賀党の場合は、数人の弾込め役と専門の射手をひとグループとして連射の形をつくる。ただしこの時代の火薬は黒煙が凄まじいので忍者が隠れるにはよかろうが、戦場で連射すると向こうが見えなくなる。今のような機関銃があったとすれば、煙幕発生器とかわらないだろう。

長篠の戦いは不思議な戦いである。野戦築城のできている鉄砲陣地へ騎馬隊で正面から攻めかけるなど狂気の沙汰である。多分、織田信長はいろいろと策を弄《ろう》して、武田が攻めさえすれば織田軍は裏切り等で崩れるよう武田勝頼に思い込ませていたのだろう。長篠の戦いに一番似ている戦いは、第二次大戦時の、ドイツ対ソ連のクルスク大戦車戦だと思う。ソ連軍が重厚な縦深《じゅうしん》陣地を築いて待ち構えているところに、ドイツ軍の装甲戦車部隊は飛び込んで、すり潰されてしまうのである。

雑賀城の前面は和歌浦の景勝地であるが、どう眺めてみてもごく普通の浦の景色である。もとはこちら側が紀ノ川の河口だったそうで、天橋立みたいな砂州と島があったという。しかし少々地形が変わったとはいえ、ここがねえ。思うに京・大坂からここまでひたすら単調な砂浜海岸が続くので、はじめて見るごく普通の海岸風景でも名勝に見えたのではなかろうか。

後に紀州を占領した秀吉は和歌山城を築いて紀州の中心地とした。紀の川河口南側に広がる台地の北端が和歌山城、南端が雑賀城と和歌の浦（雑賀崎）で、互いの距離は四キロほどである。

松永弾正《だんじょう》の多聞山城《たもんやまじょう》と信貴山城《しぎさんじょう》

多聞山城は、東大寺、興福寺をみおろし、奈良坂・京街道を押さえる「境目の城」で、邸宅城ともいえる。同じく境目の城である河内・大和境の信貴山城の方が主城である。一章で述べたように、多

多聞山城から望む美しい大仏殿

聞山城は中世江戸城と並び、新時代を切り開いた城である。その後、江戸城は周囲十六キロの日本一の城に成長した。しかし多聞山城は現代は中学校となり、門脇に記念の石柱を残すのみである。

城は聖武《しょうむ》天皇の古墳の上に築かれている。隣りの光明皇后陵《こうみょうこうごうりょう》は西の丸のようだ。当時の城は、館に物見櫓をあげて板塀を巡らしただけの質素なものだったが、多聞山城は、天守閣を持つ美しい白亜の城だった。さきに述べたように全国の城は、この多聞山城に学んで、天守をあげ、白漆喰《しっくい》を塗り込めるようになったのである。そしてこの城で考えられた櫓塀は多聞櫓《たもんやぐら》と呼ばれ全国の城に使われた。写真は城跡から見る大仏殿。

『将軍弑《しい》し 聖帝夫婦のみささぎを お城に造って大仏燃やす』――と詠んではみたものの、この美しい景色を朝夕眺めていた彼が燃やしたとはとても考えられない。敵方の失火に違いない。将軍義輝弑逆のときもアリバイがあるし、古墳への築城は誰もがすることだ。こうしてみると実に多くの悪行が松永の所業とされていて気の毒である。

次に多聞山城とセットの信貴山城《しぎさんじょう》探索。同じく境目の城であるが、こちらが松永弾正の主城である。生駒《いこま》連山の断層崖《だんそうがい》を南端から車で登る。ここは大和川沿いの水運、陸運を扼《やく》する要衝《ようしょう》の山城である。急傾斜の道を登りつめた中腹に、朝護孫子寺《ちょうごそんしじ》の広い駐車場があった。信貴山城はこの名刹《めいさつ》に重ねて建てられた。大和攻略を目指す為の東向きの城である。

信貴山城からみる大阪平野

信貴山城からみる奈良盆地

信貴山の大阪側がお寺で奈良県側がお城だと考えていい。山頂部は、寺の奥の院と城の本丸が時代を越えて重なっている。信貴山城築城の千年前、この麓で聖徳太子が蘇我氏と組んで物部氏と戦った。太子は戦勝祈願にこの山に戦いの神・毘沙門天をまつり、戦後、この仏神を信じ貴ぶべき山として寺を建立した。それで信貴山。しかしはるかな飛鳥時代にこのような山奥に寺を建てる必要があったのだろうか。多分、昔から戦略上の要地だったのだろう。そして戦国時代の信貴山城落城とともに、お寺も巻き添えをくって全山焼失した。

城の結構は想像するしかないが、なんといっても国境の山なので四百三十三メートルと高い。四層の白亜の天守を置いた本丸は狭く、詰めの丸といえる。信長の大軍に攻められた松永久秀は、ここで天下の名物・平蜘蛛の茶釜を割って自刃した。この本丸山頂部は同時に、名高い信貴山縁起絵巻の舞台でもある。ここならば鉢ならぬ茶釜に乗って護法童子のように空を飛んで脱出できそうな気もする。現実にも逃げ道は豊富で、西側の支城・高安城やお寺の参道を利用すれば自在に大阪平野側に降りることができる。信長はよほどの大軍を山に入れて囲んだものだろうか。写真は、城跡から奈良盆地側（右）と、大阪平野側（左）を望んだところである。

○寄り道　信貴山縁起絵巻を解く

　時は平安時代、菅原道真が流され古今集が作られた醍醐《だいご》天皇の御代、信貴山山頂つまり今の本丸の場所で修行していたのが命蓮上人《みょうれんしょうにん》。法力《ほうりき》でカラの鉢《はち》を下界に飛ばしてお米を入れてもらっていた。米を惜しんだ隣国・山城の山崎の長者が、飛んできた鉢を米倉に仕舞い込んだ。そうすると、鉢は倉ごと空に飛ばして信貴山に帰ってきたのだ。あわてる人々、驚く人々、あきれる人々。マンガのような表情の面白さがある。これが国宝・信貴山縁起絵巻だ。それで本丸部分のことを寺側では「護法堂」という。狭い本丸は、お寺の拝所として建て込んでいる。二百坪もないかな。（写真）

　命蓮上人は次にここから都に護法童子を飛ばしてミカドの病気を治した。そしてお礼に（信貴山）朝《ちょう》護孫子寺《ごそんしじ》という寺名《じみょう》を戴いた。

絵巻の舞台・信貴山城本丸

孫子の代まで護ってくれるという意味である。絵巻の護法童子は、車輪のついた雲に乗っている。都に着くと、水平に敷かれた車輪の上に乗っている。最新ヘリ・オスプレイみたいだ。

　さて、まずは宗教上の疑問からである。托鉢《たくはつ》というものは、頭を下げて頂いて回るその精神が大事で、鉢だけ飛ばすなどとんでもないことで、横着である。その後の山上の話し合いの場では、「米は長者に返す。建物はそのまま」となった。これもおかしい。上人は米を一俵だけいただいて、残りの米と倉を返すべきだ。

　倉を返さないというのは返せないからだ。ここの部分は山上に作った倉の縁起話なのだろう。次に護法童子の絵も、雲だけ描けばいいのに、なぜ車輪も描くのか。いや、教えを広める法輪だといわれても、

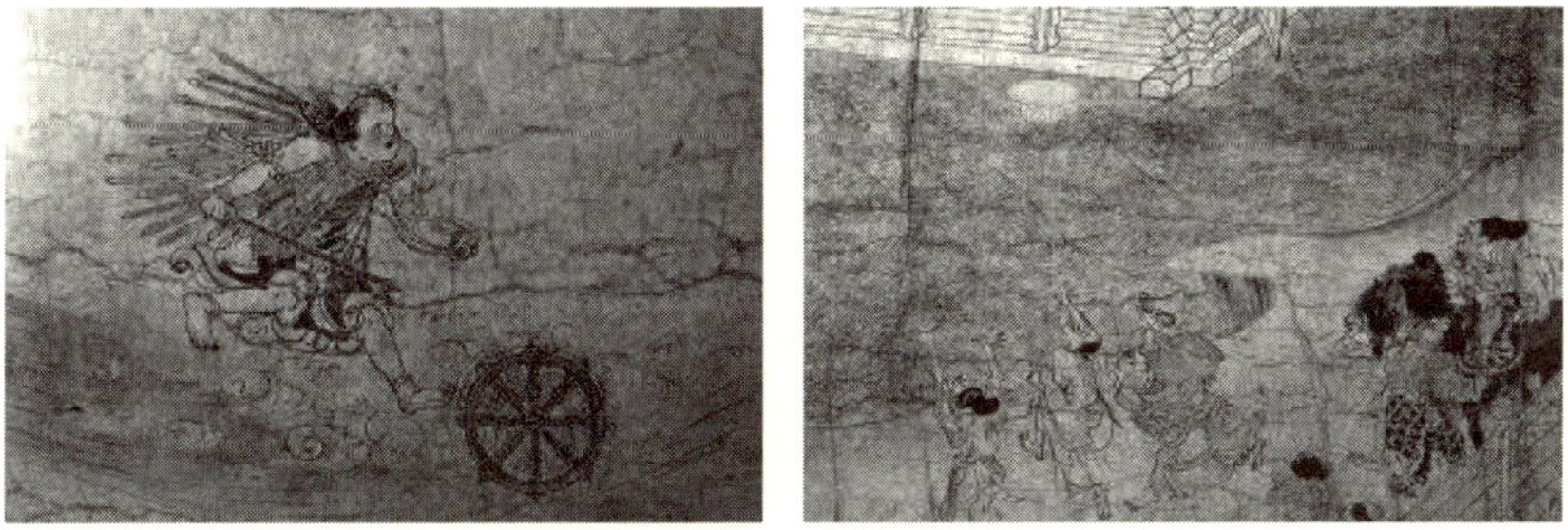

国宝信貴山縁起絵巻（朝護孫子寺蔵）

都までのお使いには不要だろう。伝説というものはゼロからの創作は難しく、なんらかのタネはいるのである。信貴山伝説のうち、タネになった本当の部分はどこだろうか。鉢が米を乗せて空中を飛んだ。山上に倉が建った。護法童子が空を飛んで降りてきた。車で都に向かった。――これらは皆、本当の部分だと思う。

先頃、熊野川を旅したが、今でも実用の大型の吊り橋がいくつもあり、小型の荷物用ロープウェイも多く見た。後者は危険性を考えなければ子どもくらいなら十分運べる。縄《ロープ》そのものは縄文時代というくらいで、大昔からある。思うに、命蓮上人は山上の修行場から麓の寺にロープで鉢を降ろし、食料を得ていたのではなかろうか。これなら山からひとりで降りてきた鉢に人々（弟子たち）がお米を入れる形になる。そのうち資材運びにも使って山上に倉を建てた。それが鉢が倉を運んだとの話になったと考える。このロープウェイは荷物専用だったが、あるとき都への使いに弟子（護法童子）を乗せて山から降ろしてみた。護法童子は、麓から京都までは車で行って、天皇の病気を治す方法を伝えた。――以上の一連のできごとからロープを消すと、人も驚く信貴山絵巻となる。

福岡城とその攻防

久しぶりに近所の福岡城。前堀は歩道と一車線分が埋められ、少し狭く

福岡城大手門と汐見櫓

なっている。大手門横に移築されている汐見櫓と伝えられている櫓は、窓も少なく物置のようだ。このような狭間や石落としなどの戦闘設備の無い櫓は、たいてい城内の食糧貯蔵用の建物であって汐見櫓と銘打つような外郭の櫓ではない。大手門から入って右側に比高十メートルで千坪くらいのミニ台地がある。城内の景勝地といえる。ここが黒田如水の隠居の地だという。

　天下を望み、五十二万石を得ても、必要とされる宅地はこれで十分だろう。城内左側の平和台球場跡地はその昔、外国使節をもてなす鴻臚館《こうろかん》も置かれていた。ここは古代からの一等地・選ばれし地である。城内は七万坪くらいか。内郭は石垣だけで内堀は無い。

　石段を登り石垣で築かれた内郭へ入る。本丸は、南公園（動物園）から西公園に到る尾根筋にある。この両公園共に築城候補地であった。本丸の南側には壮大な天守台と天守郭《くるわ》がある。この郭はやや複雑で、ここでの最後の戦いと南丸を経て尾根筋へ至る逃げ道とが考えられている。このルートはそのまま搦手門なので、両脇に二層櫓を備えた重厚な多聞櫓が備えられている。この立派な櫓は現在も聳えているが、城の奥なのであまり知られていない。

　さて、この城を攻めるにはどうしたらよいだろうか。山手・搦め手側の堀は狭くて城の中枢部までの距離も僅かである。ここが城の弱点なので、南公園の丘を本陣として徹頭徹尾、南側の尾根筋から

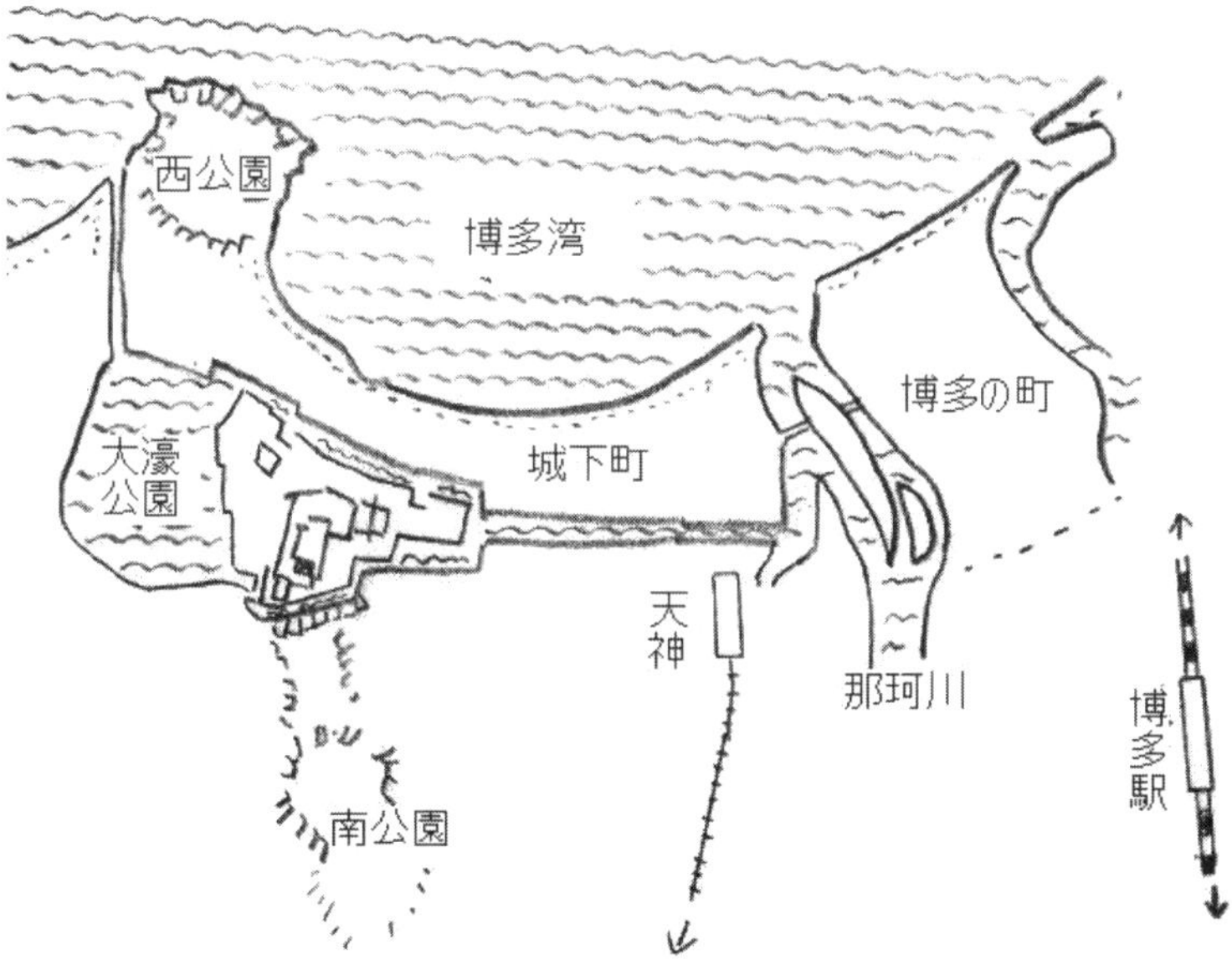

博多西郊に築かれた福岡城

攻める正攻法になる。城の方も、前述の南丸多聞櫓で厳重に防御している。しかし耐火性には乏しく、かつあまりに距離が近い。攻城側に大砲があれば、城の中枢部が直撃される。これを城方が防ぐには、事前に城外の南公園に打って出るしかないだろう。

他に、海に近いので、西側の大濠（草ヶ江）に、船か急造の矢倉筏を浮かべて上陸戦を企てるという方法がある。城の西側は広い平地なので橋頭堡を作ることができる。確実で損害が少ない方法である。加藤清正が「自分の作った城（熊本城）はすぐ落ちるが、福岡城は四～五年は攻め落とされないだろう」と黒田如水にいったという。これはお世辞だろう。

最後に福岡という地名であるが、このお城のある丘はもともと福崎という。膨れた岬の意味である。そこに岡があれば福岡だ。青葉山で青葉城、千代田村で千代田城と、結構、お城は現地の地名で呼ばれることが多い。福岡城と呼ば

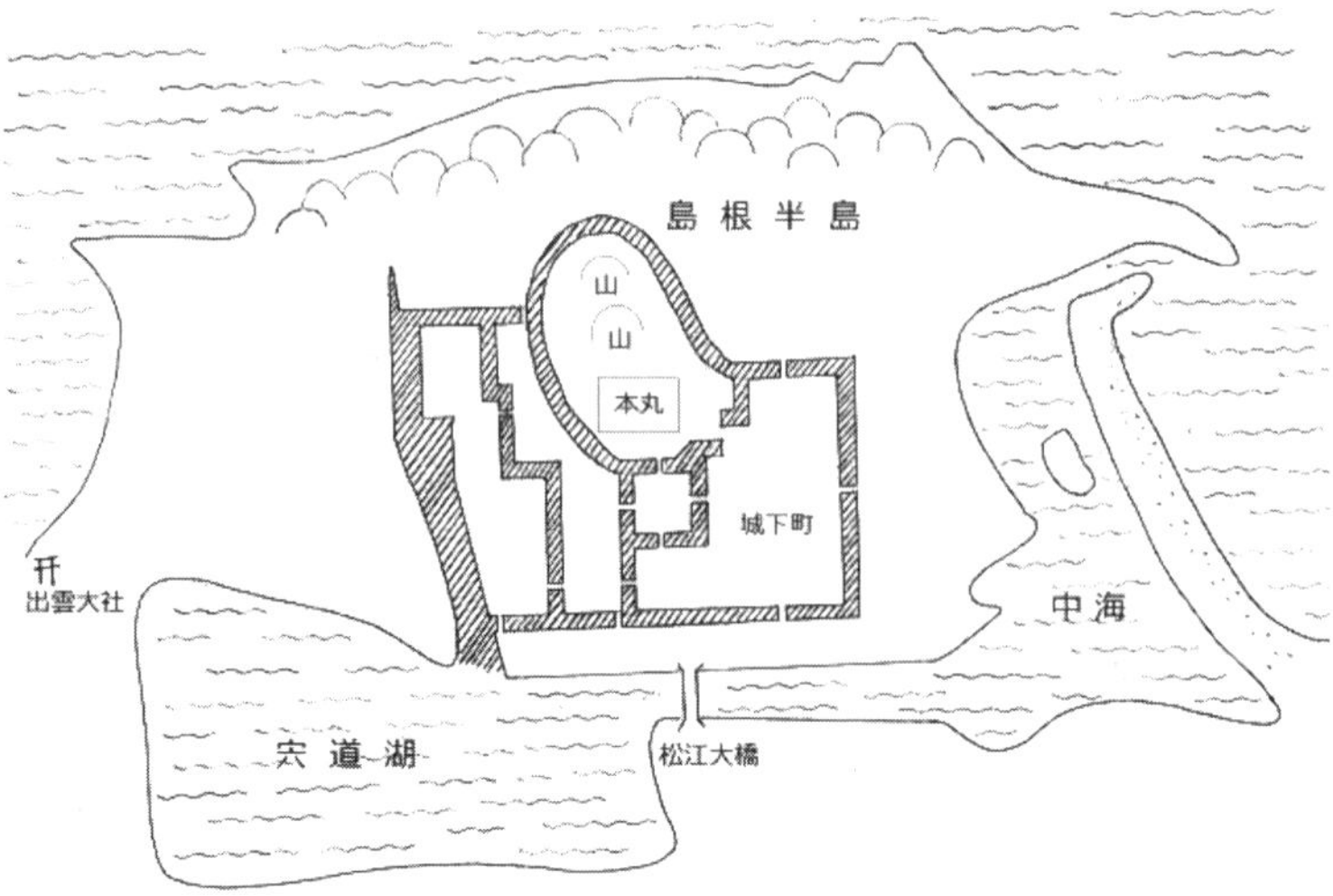

国内二つの長大な湖を利用した防御システム

れて何の不思議もない。「黒田氏は先祖が備前福岡に住んでいたことを以て福岡城と名付けた。それで福岡と博多というふたつの地名を持つ町になった」――と、どの本にも書いてあるのは怪しいことだ。黒田氏は播磨黒田城に代々続いた国侍なので、そこまで備前福岡に思い入れがあったとは思えない。黒田如水親子が博多の町に対抗して家系にちなんだ城名を付けるなら姫路城か黒田城と名付けるだろう。福岡の地名説話は、太古より栄えた博多の町に城下が飲み込まれることがないよう、対抗して古い由来を言い張っているだけのように思える。

松江城、姫路城、宇和島城他

紙数が尽きてきたので、あとは特徴のある城をまとめて論じたい。国全体の攻防を考えて作られている城を「国堅固《くにけんご》の城」と呼ぶ。代表は松江城だと思う。島根半島側に城と城下町を置くことにより、宍道湖《しんじこ》と中海の船を北岸に撤収し、連絡の松江大橋を切り落とせば、広範囲の地域を自然の力で守ることができる。『国北は全てお城の三の丸』……である。右の絵図は島根半島に松江城を大きくデフォルメして作図してみたもの。城の大手は、湖と水路、二重の掘に守られ、更に石垣を巡らせた巨大な枡形や出丸が表を守り、実に立派である。しかし、裏手から城を見ると、石垣は無く土居ばかりで掘も一重。後方から侵入されて本丸後方に並ぶ丘を順に取られたらもうお手上げである。戦略的には名城であるが、戦術的には迷城。筆者の分け方では「玄関立派だ城《じょう》」となる。

次に城の王者・姫路城。発展の枠を尽くした複合連立天守閣、現代までよくぞ残った多くの建物群。三つの小天守は大手側ではなく、山側に造られている。これは山側からの砲撃から天守を守るためか。当時の砲弾はまだ巨弾や炸裂弾・焼夷弾に進化前の小さな円弾である。小天守がお城の飾りならば、大手側に造った方がより美しい。一番進化した形である螺旋状縄張り。完成された機能と、それがも

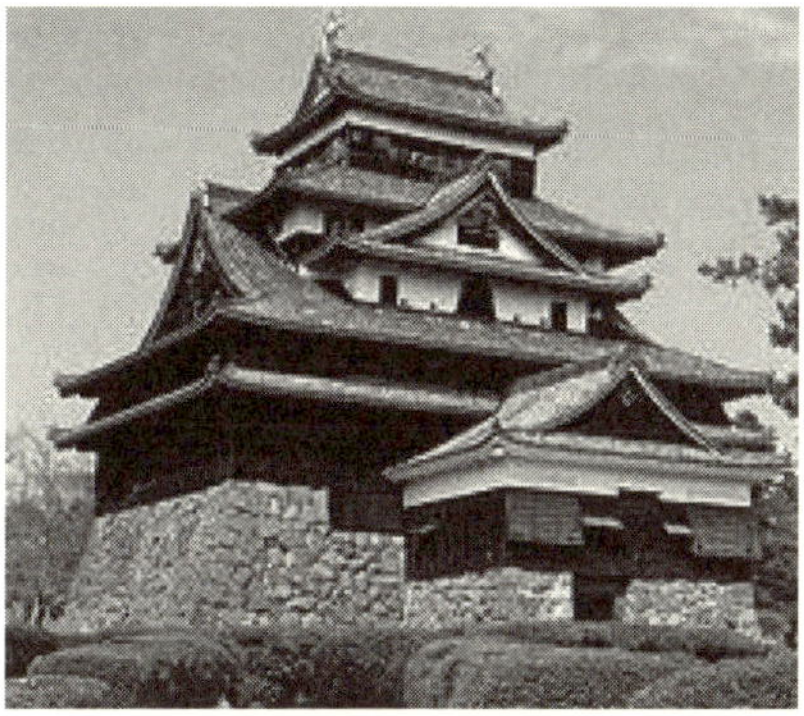

古風な松江城天守閣

山手からみる姫路城

五角形の宇和島城他

たらす美しさ。名城合格。よくも天災、人災に遭わなかったものである。米軍の爆撃で天守閣にも焼夷弾が飛び込んできたそうだが不発だったという。名城の条件には「運に恵まれている」ということもいるようだ。

ここも三世進化の城なので、①黒田氏時代の館城、②羽柴秀吉に献呈されてからの三層の天守を持つ秀吉姫路城。この一世、二世の城の姿をそのうち研究したいものである。

『あまたある城の群れから一番の　白鷺残るは日本の幸い』

宇和島城は、本邦築城の第一人者・藤堂高虎の若い頃の作品である。「五角形の城なのに四角形に見え、敵が四方から攻めかけると、残りの一辺から出撃して敵を破る名城である」と、昔の本には、まことしやかに書かれてあった。来てみると、五角形のうち二辺は昔は海である。これを海陸から取り囲んで四角と認識して攻めるのは、よほどの馬鹿でないと難しい。それに険しい山なので出入り口は最初から大手と搦め手の二カ所つまり二辺だけしかない。残りの三辺は崖で出撃不能。論理が破綻している。（絵は看板を撮影）まあ、こういった与太話を信じてはいないが、藤堂高虎は江戸城、大坂城はじめ日本の巨城築城のほとんどに携わった第一人者である。彼の若い頃の作品なのでおもしろかろう、設計の妙味が方々にあるだろうと思ったのだ。結論からいえば、半分に切ったコッペパンを縦に置いたような、単純な形の山なので、設計上の妙味はないというか、誰が設計しても同じ形になる城である。

天守は日本に少ない現存天守である。お城を象徴する三角形の屋根を破風《はふ》という。少し張り出しているので普通射撃窓が置かれる。しかしここの天守の破風はみんな「飾り破風」だった。射撃の邪魔

『縄文と江戸の地勢図』等から作図

になるばかりでまったく実用ではない。もっとも藤堂高虎時代の天守閣は、高欄を巡らした見張りもできる実用的なものだったそうである。

その他、人吉城の絵図では枡形内に米倉庫が立ち並んでいた。佐賀城の大手門前の百間蔵《ひゃくけん》はその昔の絵図では出撃時の勢溜《せいだ》まりといわれる場所であった。このように太平の世となると、城の生命である正面のキルゾーン（殲滅《せんめつ》場所）が、倉庫に流用されることも多い。一等地が空いてるからね。それにしても大手門の内外は、城の顔で、両方の軍勢が命をかけて戦うところだ。武士の尊厳、お城の尊厳はどうした。もう攻防はどうでも良く、城は米の輸送を司る産業拠点に変身、藩は米穀商社として生き残ることになったのだろうか。家老職を城下の大商人たちがつとめていた藩もある。これは経営の失敗した会社に銀行から人材を派遣するのと似ている。大広間に居並ぶ重臣は皆、城下の大商人たちというわけである。家老の娘達は町娘なのか武家娘なのか、装い・装束に困るのではなかろうか。

『戦国の戦いの世は過ぎゆきて　米の相場を戦う枡形《ますがた》』

アイヌの城（チャシ）について

平取（ピラトリ）は、アイヌの神・オキクルミが降臨した聖地である。その中心地が二風谷《にぶたに》。村内の三つの博物館を回る。明治期のイギリス人の女性旅行家イザベラバードは、ここがマウンテン（山）アイヌの中心、白老《しらおい》がコースト（海岸）アイヌの中心だと書いている。聖地にしては、そびえる美しい山があるでもなし、川面には霧がかかり幻想的で美しいが、それでも北海道にあまたある谷間とそう変わらないように思える……。どうしてアイヌの神は内陸のごく普通のこの谷に降臨したのだろうか。

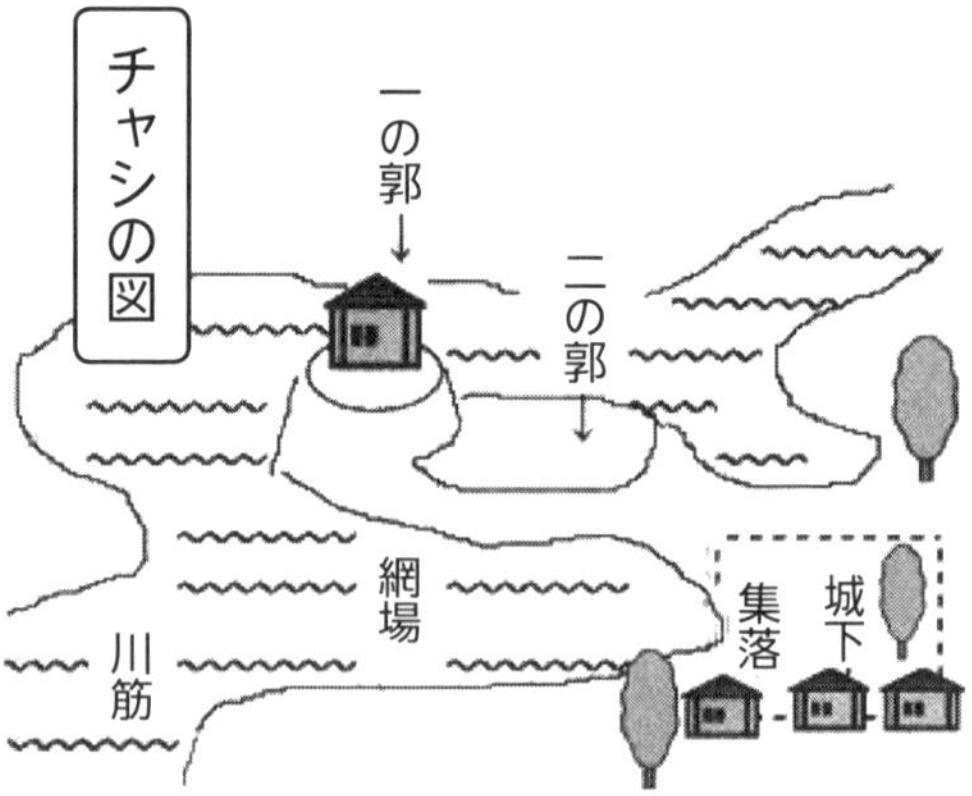

川中にくいこんで並ぶ岬丘は皆チャシ（城）だと考えていい。先端に城館を築き、それに続く尾根筋にコタンが並ぶところは、小さいながら宮崎アニメ「ルパン三世カリオストロの城」にみる城と城下町のようである。アイヌの城（チャシ）は、純粋な砦では無く、サケ漁の網場の権利だという説もある。アイヌは川の民なので、城と網場が一緒でもさほど矛盾はない。

一般人が住むチセ（家）には、南側に二つの生活用の窓と、東側に神を迎える窓がある。このコタンには義経神社もあるそうだ。アイヌの神・オキクルミは、稗《ひえ》を手にして降臨してきた。新井白石は「オキクルミこそが源義経である」というが、義経ならヒエより米を持ってきそうなものだ。

次に海岸近い白老《しらおい》アイヌ村へ。ここも湖に霧がかかり幻想的である。ここではアイヌの歌と踊りの実演を見ることができた。歌の音階は本土と同じ陽旋法《ようせんぽう》。これに陣羽織《じんばおり》を羽織った男たちの、刀のサヤの音やノド声、かけ声が入る。アイヌ独特の服の模様は、三千五百年前の中国・殷《いん》王朝の青銅器にみられる饕餮（トウテツ）紋の系統だと思う。周りの自然を威嚇《いかく》して自身の安全を保つものだ。資料に見る酋長《しゅうちょう》がまとっている蝦夷錦《えぞにしき》は中国の官吏《かんり》の古着が流れてきたものである。アイヌの楽器・ムックリは大陸にも似た楽器がみられる。アイヌ文化は日本文化と沿海州文化の混血だといえる。言語についても、日本語と同じ単語がいくつもあるが、オホーツク文化の方が言葉の核のようである。

英雄シャクシャイン

本州へ向かうフェリーが取れなかったので、日高地方へ向かう。シャクシャインの砦を見に行ってみよう。車窓からみる静内《しずない》地方の牧場は絵のように美しい。あのエメラルドの波の彼方に美しい屋敷があれば「風と共に去りぬ」の舞台のようだ。「あしながおじさん」などの名作を子どもの頃読んで、なんで汚い農場でせっかくの夏休みを送るのかが不思議だったが、これで分かった。イギリスが落ちぶれたわけは、少しでも小金が溜まれば、田舎に館を買い、そこで快適で充実したジェントルマン（郷神）生活が今でも送れるからだそうだ。田舎領主の邸宅は、「嵐が丘」や「シャーロックホームズ」など様々な物語の舞台である。丘の上の地頭屋敷と麓のパブ（居酒屋）がミニ城下町の基本形で、今も多く残っているという。イギリスの中世は、伯爵が大名で、守護がシェリフ、地頭がナイト（騎士）である。いざロンドンというときは、騎士たちは家来を連れて駆けつけたが、そのうちロンドンに銭だけ送るようになった。こうしてナイトは銭取り（ジェントリー）になったというのはいかがだろうか。ジェントルマン（イギリス紳士）の語源である。筆者の住まう長崎の地頭屋敷を考えてみたが、桜馬場中、古賀小、矢上小、長与小、浦上天主堂…と、たいてい学校か公共用地になっていて、屋敷としては跡形もないね。

ようやく静内川に到着。向こう岸の高台がシャクシャインの砦・シベチャリチャシだ。基本アイヌは平和の民である。部族間の戦争のことを「夜襲」と呼ぶが、物取り泥棒、武装強盗の域で、戦争とまではいいかねる。白昼に堂々の隊列を組んで戦争をするのは、当たり前ではあるが、ある程度の社会組織の熟成がいるようだ。シャクシャインの乱など、よほ

チャシ（城）の大手橋

ど追い込まれていたのだろう。彼は松前藩に対して反乱を起こしたアイヌの英雄である。戦場はおもに長万部《おしやまんべ》方面。最期は謀略で殺された。

城は、高い台地の端の本丸から半円形の堀を数条掘り込んだ輪郭式である。写真は堀を渡って内郭に入る橋で、大手門にあたるかな。本丸端の断崖から静内の町のある谷筋の土地と、舌《ぜっ》状《じょう》に広がる台地を見る。台地と谷間と、どちらが牧場として利用されているのか前から知りたかったのであるが、どちらも牧場として利用されていた。

現地のアイヌ人らしき人に、どうして日高地方がアイヌの中心なのか、また、どうしてアイヌの神はここから遠いニブタニ地区に降臨したのかを聞く。その人答えて曰《いわ》く「ニブタニ地区には古い話がたくさん残っているだけで、自分たちはあそこを聖地とは別に思っていない。アイヌは統一した国を造っていないので、どこが中心ということはない。沢がひとつ違うだけでアイヌの文化は違う。」

納得。我々が知らない北海道北部にも様々な集落と神と文化があって、記録されないうちに滅んでしまったわけか。確かに明治時代の女性旅行家・イザベラバードの旅も南方のみだ。日高・静内がなぜアイヌ謀反の中心地になるのかとも聞いてみた。答えは以下のようだった。

「静内は南海岸の中間点で、ここより西は熟蝦夷《にぎえみし》で松前藩に従う。東は荒蝦夷《あらえみし》で、いうことを聞かない。それで騒動が起こるときはこの静内のチャシが舞台になる」とのこと。いわゆる境目の城か。最期に「シャクシャインが作ったもう一段下のチャシを調べたい」というと、クマ道があるので立入禁止ですと止められた。まだまだアイヌの文化について調べたいが船の時間である。それでもイザベラバードと同じ場所を訪ね、時を越えて彼女と、コタンや河川、その風景と感動が共有できて実に良かった。これもフィールドワークの賜《たまもの》である。霧に覆われたニブタニ・サル川の神々しい景色など、彼女の本に書かれてある通りだったのだ。北の旅路を終えて遥か西南の地の長崎に帰ってみると、酷暑などという生易しいものではなく、ほとんど蒸籠《せいろ》の中の饅頭状態だった。

『またいつか涼しき風の蝦夷島』『東風《こち》吹かば涼風《すずかぜ》送れ蝦夷《えみし》島　我の巡りし夏な忘れそ』

琉球《りゅうきゅう》の城を考える

沖縄の人と会話が通じるかなと思い、美しい標準語で交渉し、レンタカーを借りる。店の人は首を時々ひねっている。やはりこちらも相当なまった長崎弁なのか。古城巡りなのでハブに出会ったときの注意を聞く。「ハブに出会ったらまず喜んで下さい。最近はなかなか見れないんですよ」という助言だった。よし、逃げる前に喜ぶのを忘れないようにしよう。

北にしばらく走って、読谷村の座喜味《ざきみ》城。はじめてみる沖縄の城に、ただただ驚き。見晴らしの良い緑の草原の丘の上に、優美な曲線を描いた城壁が二重に取り巻いた城だ。あまりに細やかな曲線は、横矢を射かける為のものではない。曲線を描くことで石垣の強度を高めるのだと何かの本にあったが、高まるものなのか。趣味や美観とも思えないし。どうも神蛇のうねりを表しているように思える。築城の技術ではなく、神域の結界ではなかろうか。

曲壁うねる沖縄の城

石造りアーチの城門はいかにも大陸的だ。それにしてもあまりに本土の城とはかけ離れた姿だ。朝鮮式山城や中国の城市に近いか？　いや、この姿はその昔のローマの建国の丘を思わせる。馬出し郭や枡形などの日本のお城特有の防御施設はみあたらない。なにより堀がない。水場もない。築かれた場所もさほど要害の地とも思えない。普通、城の設計とは、水場のある要害の地を選んで、堀を掘ることから始まるのだ。思わず考え込む。これは、丘の上につくった退避所か。それとも遥拝所から領主の居宅へと変化したものか？　戦国時代がもうしばらく続いていたら、日本の城のように発展したのか？　あとで、終末期の城といわれる中城《なかぐすく》城を見に行けば少しは謎が解けるだろう。

各郭をくまなく見回り、近道のため、二の郭の城壁から内側の芝生へ夫婦で飛び下りる。真上の本丸の城壁のうえから、「いやー、みてよ。今、人間が二人城壁からとびおりたよ！」という見物のおばさんたちの胴間声がする。「みてよ！　みてよ！」…ほとんど心中者扱いである。一見高く見えるが飛び降りることができる高さ。すなはち小さな城であるということだ。外見は立派な城壁だが、ていねいに計測計算すれば京都の寺社の高塀程度の防御力かも知れない。次に浦添《うらぞえ》城を目指す。ここは首里《しゅり》城以前の中山《ちゅうざん》王国の都城だった。米軍の猛烈な砲火を受け、ほとんど城の形はなくなった。もったいないことだ。

島の東側のナカグスク城は、連郭式の縄張りに帯郭。水の手もある。大手門付近のこみ入った縄張りを見ると、合戦を重ねて、本土の城に近くなって来ているのがわかる。しかし三の郭の設計がお粗末である。資料館の人に聞いたところ、「あそこは、長男の新居。長男のために建て増しした郭で、新城《にいぐすく》と呼びます」…なるほど。二の郭は女郭で三の郭は長男の新居。設計の統一性はもとからないわけか。まるで、寝殿造りか一族が周囲に郭を建て増やしてゆく中世の守護の館のようである。沖縄の城には邸宅としての要素がまだまだ残り、城郭としての進化中に戦国時代が終わったようだ。

「浦添城は粉々になったのに中城《なかぐすく》城はなぜ残っているのですか?」と聞くと、「ここの守備兵は僅《わず》かだったのですぐ占領されました。米軍はここを拠点に沖縄を二つに分断して、南北に戦線を伸ばしました」との答え。なるほど米軍陣地として城が残ったわけか。

最期に首里城へ。延々と連なる城壁は中国風。日本の近世城郭と比較すれば中規模のお城であるが、王宮としての風格があった。ここでは王宮がなぜ西向きなのかを聞いてみた。答えは、「国王は太陽の子なので、西向きのご殿に住み、臣下は、朝日を背にした王様を拝むようになっています」

朝礼とは太古の昔に、日の出を国王と臣下が拝むものであるが、沖縄では国王が太陽側に居るわけか。東の離島の「久高島《くだか》」をなぜ聖地として拝むのかも聞いたところ、「大和の国と伊勢神宮との関係を模して、太陽の方角にある島を拝みます」との答えだった。

また、どこの城か忘れたが、ハブに注意しながら崩れた城壁から入ったところ、そこは一種独特の感のある樹叢《じゅそう》の区画だった。本丸の一部だけど庭園跡とも思えない。なかを迷い歩きながらも、なんとなく「ここに入ったり触ったりしてはいけない」という神聖なオーラを感じた。その後訪れたこの首里城で、石垣に囲まれた樹叢《じゅそう》の区画はウタキといって、神の降りてくる所だということを知った。

沖縄の城にはどこにでもあるそうだ。ああ、あそこはやはり城内の神聖地だったのだ。霊感どころか生きている実感にも乏しい筆者が神聖感を感じたのは不思議なことだ。多くの人が拝んだ念が残っているのだろうか。ウタキは本土に来てオタキ→オタコ→アタゴ（愛宕）となったという。タキは滝の字をあてられるが、水はなくてもかまわない。本来、神の降りる岩崖《いわがけ》のことである。

国中の巫女（ノロ・ユタ）の頂点に立つのが聞得大君《きこえのおおきみ》。王族の女性がなり、国王に神意を伝える。邪馬台国の仕組みそのままに太古の巫女の体系がほぼ残っている。ノロは村ごとの官制巫女（神子）で祝詞《ノリト》と同源。ユタは民間巫女（市子《いちこ》）で市子とは斎《いつ》き娘《こ》の意味。大名のことをアジというのは、主（あるじ）の意味だ。

城内にウタキがあるのではなくウタキが城に変化したという説は、城壁の無意味な曲線と攻防の地としての不合理を説明できるだけでなく、九州古代の神籠石についてのヒントを提供してくれる。その他、方々でみた六本足の超高床の倉庫は、吉野ヶ里遺跡や、列島全域の弥生、縄文集落に残る六本円柱跡が何であるかを教えてくれる。民家の屋根に住むシーサーは、世界の狛犬《こまいぬ》のなかでももっとも愛嬌がある。沖縄ペーロン「ハーリー」が、来迎神《らいごうしん》への出迎えであることも知った。今も携わっている長崎ペーロンは、なぜ単純な往復のみの競争なのかと疑問に思っていた。もともと神事で競争ではないとは聞いていたが、これで謎がとけた。長崎ペーロンは、唐人船の搭載艇《とうさいてい》の競技から始まったとされているが、あきらかに太古から東シナ海沿海地域で行われていた来迎神への出迎え行事である。

沖縄の方言は独特だが、日本の古語がなまったものだ。「沖縄口《うちなーぐち》」は奈良語であるともいう。しかし律令制はここまでは南下していない。「たねの国」（種子島）までだろう。してみると、沖縄には本土の律令制から逃がれて来た農民・漁民が相当いたのではなかろうか。本土で律令制を崩し、荘園制を支えていくことになる多数の「うかれびと」である。

空港へ向かうタクシーの運転手さんから三弦（サンシン）を習った。いつも助手席に置いていて、暇があれば練習するそうだ。共鳴胴にはニシキヘビの皮が張ってある。手に取って三本の弦を同じ幅で全音半音を押さえると、すぐに沖縄音階ができた。この音階は、君が代など千年以上の歴史を持つ律旋法を上回る太古の日本音階である。古いアジアの歌の音階といわれるが、弦楽器とともに発達したものだと思う。歌だけなら半音なしの五音階をつくるのが自然だから。アシビナーという歌は「遊び庭」で、古代の歌垣のことだ。ミルクムナリという歌は「弥勒《みろく》の踊り」。歌詞には、貧しくとも楽しく、共に助け合う古代日本人のおおらかな心がそのまま息づいている。沖縄には、時空を越えて、古代のものが現代まで残っている。あげてみると、建築（南洋）お城（大陸）お墓・洗骨（古代葬）、音階（古代弦楽器）音楽（祈り歌）宗教（ノロ・巫女・拝所）など。まとめると、

『家は南方　城の造りは大陸風　言語音楽日本の古代』

中国の長城と都城

海を越えて中国へ。はじめて見る万里の長城は、総レンガ造りの大味な壁である。また大味でないと万里も築かれないか。それにしてもこんなに険しい崖地だったのか。別に城を築かなくても、馬も人も登ってこれないよ。このあたりは中華帝国の大手門にあたる地区なので、険しい山地にも無理して造ることで偉容を示したのか、それとも長城は道路でもあるので、軍の移動のためか。長城の彼方に朔北《さくほく》の原野を望むのを楽しみにしていたが、ビニルハウスが続く農村の風景が続くばかり。日本の田舎と変わらず、今ひとつ気分が出ない。

巨大な北京城城門箭楼

北京に向かう車窓から見えたホームセンターには建材城、遊園地には遊戯城の看板があった。してみれば中国でいう城とは、囲まれたところという意味か。北京城に到着。城壁が残らず撤去されて環状線となっているのにはがっかりした。もう城ではないな。ウィーン市のように幅の広い星形の砲塁が発達していれば城壁用地が三倍となり、立派な施設が様々造れたろうに。中世から近代に時代が直接飛んだため、城壁用地は幅が狭く、環状線用地となって消えてしまった。いやまだ残っているという地区を聞いて探しに行く。散々迷った末、スラムのなかに忽然《こつぜん》と巨大な中国式箭《せん》楼《ろう》が、付属の城壁を従えて姿を現した。感激。スラムのなかを行きつ戻りつして下から眺める。目付きの悪い大人は少なく、洗濯物の干された広場を遊び回る子どもたちは、貧しく明るい。ちばてつやの描く昔の下町の世界がひろがっている。（注・近年はもう変わっているだろう）

天壇は丸い屋根の品のない建物だと思っていた。来てみると、丸は天を表し、四角は地を表すという哲学的な建物だった。それで通貨も外側が円で内側を四角につくるそうだ。「蒼天は円蓋《えんがい》のごとし陸地碁《き》局《きょく》に似たり」とはこのことか。

『知らずして、天地を投げる平次かな』

ついでながら日本の前方後円墳も円と四角の組み合わせなので、天つ神が、国つ神と共に支配している象徴だと思っている。

天壇《てんだん》の石畳《いしだたみ》の数と形は、完全な数学の世界を表し、各壇は、地獄、現世、天上界を表し、さらに透明な空中に九層の天界を持っているそうだ。左右の殿舎には、風、雷等の巨大な位牌が祭ってある。あの趣味の悪い建築はこれら形而上の物の象徴の集積体だったのだ。中国皇帝は地を代表し、宇宙と向き合っているのである。しかしそれにしては都と国境の長城とが近すぎる。長崎の町から隣りの佐賀県境までの方がまだ遠いのではないか。

北京・紫禁城を見る。内部は一木一草見られないレンガと石の広大な広場。これは忍者の侵入や暗殺を防ぐためとの説明だった。レンガも七層に厚く敷き詰めて、地中からの侵入を防いでいるそうだ。宮殿前の広場階段に位の順に並んだという百官の姿は雛祭を思わせる。近代に、西大后が海軍予算を別荘建築費用に回し、海軍再建の芽を摘んでしまったことは、愚かなことだと思っていたが、来てみれば十分頷《うなず》けることである。北京は、海に縁がない。外港・天津《てんしん》も遠く、まじかに欧米の軍艦の偉容はみられない。威海衛《いかいえい》や旅順はまだ遠い。江戸や長崎のように直接、目と耳で受けるショックがない。欧米の砲艦外交は内陸の宮廷には効き目が乏しい。

飛行機で長安へ。ようやく本格的な中国の城を見る。長安城の城門は二重で、その間に広い四角形の広場を持つ。我が国の枡形だ。前部城門は火攻めに備えたレンガ造りの巨大な城門楼で、多数の四角の矢狭間を持ち箭楼《せんろう》と呼ばれる。箭《せん》とは、弩弓《どきゅう》用の矢のことであり、弩弓とは強力な機械仕掛けの横弓である。この壮大な五層の射撃窓が連なる大手門は、そのまま天守閣でもあり、攻防の中心となる施設である。中国特有の趣味の悪い城門楼は、こういうわけかと納得する。この大手の城門楼前の城門橋は跳《は》ね橋になっており、そのまま街道に続いている。

枡形広場を挟んで後ろに聳える後楼は、木造二層の豪壮優美な建築。こちらは都城の中も見渡せる支配棟、居住棟のようだ。前楼とこの後楼、その間の枡形広場を合わせて小さな城になっている。城門イコール城なのか。この「城門城」の考え方は、万里の長城の関門と同じである。長城を四角に閉じると都城になるのだ。都城の東西南北の四つの城門はそれぞれが小さな城である。孫子にいう「攻囲は必ず欠く」の意味がはじめて理解できる。三方の城（城門楼）を攻めて、一カ所だけ逃げられるようにしておけば、軍民はそちらに溢れて逃げていき、簡単に落城させることができるだろう。中国の都城の構造からくる兵法である。奈良・京都の大寺院の、あの必要以上に大きな門は、中国の都城の影響かも知れない。中国の城とは門のことであった。

長安城の前身である周の古都・鎬京《こうけい》の中心璧雍《へきよう》は、ここから二十キロほど離れているようだ。渭水北岸の秦の古都も雍《よう》という。皆、なぜ鳥を意味する都名なのかが長く疑問だった。鄭の商城は今残る中国最古の城であるが、城内に湖沼がある。北京城も豊かな湖沼を持ち、日本の京都の神仙苑もそうである。太古の昔から都市には公園がセットされているんだなあと思い込んでいた。これは少しおめでたい考えで、実は反対であった。白川静博士によれば、渡り鳥は祖先霊であって、渡り鳥の集まる湖沼を囲んで城を造ったのが都の始まりだそうだ。都→公園の池→鳥の順ではなく、鳥→湖沼→都の順であった。

アジアの果て・トロイの木馬の謎を解く

「城の広さは高校程度。大手のスカイア門と浜辺のギリシア陣地との間の平野をスカマンドロス川が

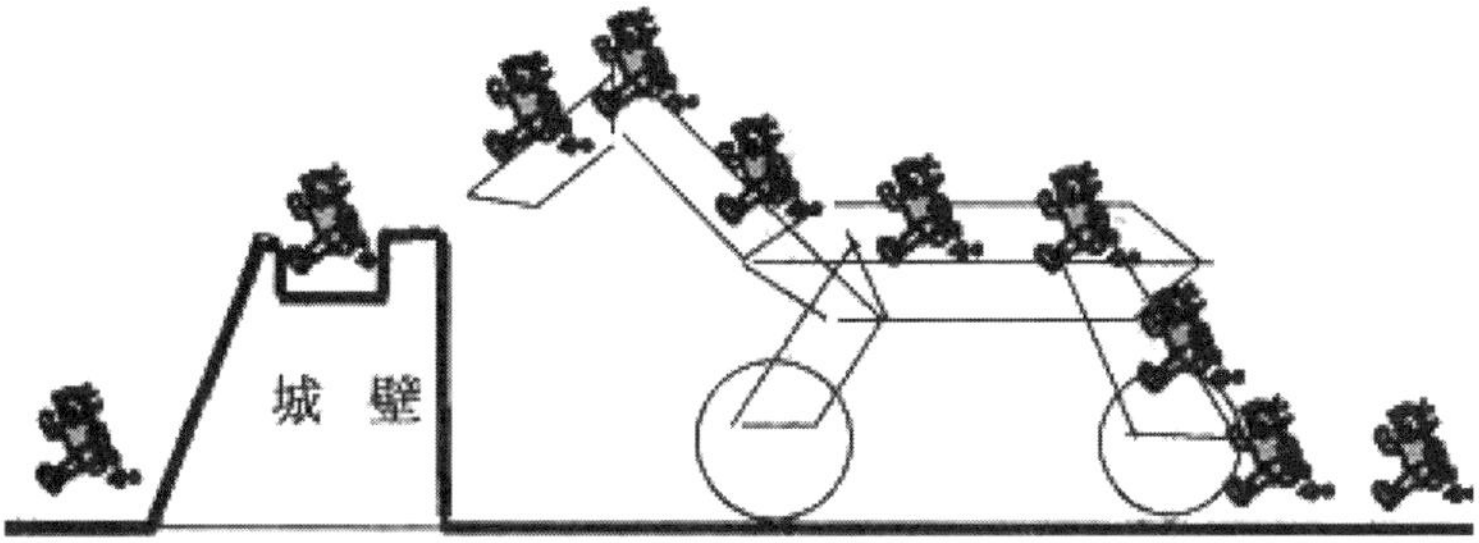

攻城兵器トロイの木馬

流れて戦場の広さはこれくらい」「いえいえ、崩れた丘があるだけで、歴史に詳しい先輩でも昔の姿を想像できない遺跡以前の遺跡ですよ」——これはトロイ旅行から帰ってきた後輩との対話。

　トロイは太古の欧州・小アジアの住人にとって果てしもなく広がる世界の中のただひとつの都市だったという。それで欧州では、自分の町や一族の起源にトロイをもってくるのはローマならずとも普通のことだそうだ。バビロンやエルサレムもあると思うのだが遠すぎるのだろうか。

　トロイが町の起源ならば、木馬も攻城兵器の起源ではなかろうか。神話に従い勝手に考えてみよう。構想・設計はオデッセウス（ユリシーズ）。シッポの部分の階段を登り、木馬の腹の中に入る。巨大な木馬は四つの車のついた足で支えられ、城壁に接近する。木馬の首の高さは城壁を越え、頭や目からは矢を放ち、兵士は顔の中の階段を通って城壁の上に溢れる。顔は長くなるので、いよいよ馬の姿である。海岸の橋頭《きょうとう》堡《ほ》は木材に乏しかろうから、古船をほどいて攻城兵器を作ると思う。古船を二隻上下に組み合わせて胴体を作る。次に細船二隻で首と顔を作り階段を内装する。竜骨を組み合わせて四本の足を作る。車輪と車軸は国元から輸送。太古の町の城壁は低いので、木馬も車高は低く、大きく四つ足を踏ん張る形になる。その後、木馬はより高く進化していき。攻城櫓、攻城塔に進化していったのだと思う。

城壁側からは、火矢を放って木馬を燃やそうとする。中世の攻城櫓では，表面に牛の生皮を隙間なく張って火矢を防ぐ。しかしトロイの攻防の頃はその智恵はまだなかった。多分，木馬の中に水を入れた樽を備え内側から間断なく水を吸わせていたと思う。「トロイの人々は、城内の広場で木馬を燃やそうとしたが、オデッセウスたちは、木馬の腹の中に備えた樽の水をまいて燃えないようにした」――この神話の記述は、昼間に城壁へ攻め寄せたときの火矢対策・防火作業の様子だと思う。中学高校程度の敷地の城なので、神話通りに広場に運んできて燃やせば、トロイの町ごと燃えてしまう。巨大な木馬をみたらまず中にひとが隠れているとは、誰でも考える。調査欲、分解欲は男の持つ業《ごう》である。また、実際に下から火をつけて、内部で水をまけば中はサウナ状態になり、隠れていた兵は狸のように燻し出されるだろう。これはちょっと実験すれば分かることだ。おそらく戦いは何度もあり、この攻城兵器を奪って城内に曳いてきたこともあったろう。そのときの歓声が伝説として残っているのではなかろうか。後には当たり前になる攻城兵器による城攻めも、当初は形容の言葉がなかった。それでトロイの城を木馬で落としたとしかいえず、しだいに脚色が重なって、今残る神話になったのではなかろうか。

残る謎は、まずは海上覇権争奪の戦いに違いないのに、トロイの城がなぜ海から離れたヒッサリクの丘にあるのか。当時は、深い入り江港が内陸まであったのか。しかし、神話でもすでに港は城から遠い海岸である。それとも貿易大名ながら海賊を恐れて内陸の山口に都した大内氏みたいなものだったのだろうか。また、手柄を立てたオデッセウスは帰国にあたって、狭いエーゲ海を十年もさまよっている。年増妻ペネロープになぜ求婚者がたくさんいるのか、オデッセウスになぜ強弓《ごうきゅう》が引けるのか。玄界灘の漂流伝説「百合若大臣《ゆりわかだいじん》」は、壱岐の鬼凧《おにだこ》のモデルだ。元の国との戦闘の帰りに玄界灘の小島に置き去りにされ、漂流苦労のうえ、豊後の国の自分の館に帰ると、そこには妻への求婚者が溢れていた……というわけで内容も結末もオデッセウス（ユリシーズ）とまったく同じ話である。しかしトロイ戦争にあたる大陸での戦記は格別無い。やはりトロイ戦争での木馬の計《はかりごと》のお話と、漂流の長旅のお話は、もともと別の話だということが分かる。求婚騒ぎは——ペネロープに失礼だけど——財産目当てだろうから、女に相続権があった平安・鎌倉のような時代だったことが分かる。本人にしか引けない弓というのは、強弓《ごうきゅう》ではなく仕組みの複雑な弩弓《ボーガン》みたいなものかも知れない。アキレスやヘラクレスならともかく、智将・オデッセウスが強弓を引いて力で勝つという設定には矛盾がある。また、妻たるもの、夫が乞食《こじき》姿でもすぐに見分けねばならない。夫もまた、射殺してまで会場を盛り上げなくても、名乗って弓を使えば済むことだ。

トロイは、アジアとヨーロッパの境目、黒海と地中海の結び目となる交易都市である。その後はイスタンブールがトロイの役目を引き継ぎ、東ローマ帝国の首都として長く栄えた。「海路陸路の交差する地域での利権を巡る戦いだった」と、正解を述べてもロマンが無い。トロイのヘレンにしろ、ペネロープにしろ、美女の取り合いの話にした方が絵にもなるし、おもしろおかしく語れる。リンゴにかこつけてビーナスも出せるしね。

旅順城攻城の将乃木希典

『旅順の城は滅ぶとも　滅びずとても何事ぞ』——北京、長安、トロイ～と世界の城を論じてみたが、日本が辛酸をなめた海外の城といえば旅順城にとどめをさす。旅順城とは、旅順要塞のことである。二十ほどの堡塁陣地を連ねた長大な陣地群で、地図を眺めると、主要部だけで十五キロの長さはある。これに海岸部、二百三高地などの外郭、内郭を入れると優に四十キロを越えるだろう。それで攻城戦ではあるが、日本軍総数七万対ロシア軍四万による陣地戦・会戦と捉えた方が分かりやすい。

一応、正面戦場が鉄道沿いの松樹山、二竜山堡塁。裏手の戦場が二百三高地の簡易堡塁である。二次、三次総攻撃での両軍の損失はほぼ同数。最後に日本軍が裏手の二百三高地を攻め、これにロシア軍が予備兵力を送り、両軍同数を消耗。結果、消耗戦に勝ち抜いた日本が主攻路を進み、町を直接望む高地・望台を占領することでロシアを降伏に追い込んだ。二百三高地は両軍が戦力をすり潰した戦場で、従来いわれるような砲兵観測所の取り合いとはいえない。観測所なら総攻撃以前に郊外の高山・大狐山を占領しており、旅順港は最初からおおむね見えていた。それなら搦手門かといえば、まだ外郭ラインなので旅順城落城にはつながらない。それで二百三高地も田原坂と同じで日露戦争という大いくさの象徴・看板であるといえる。

乃木大将は司馬史観の影響で愚将になり、この頃はおどおどとした俳優が演じている。たしかに幼時は泣き虫だったそうであるが、師と自身の努力により剛胆な勇将としての人格を後天的に身に付けた。師の名は玉木文之進《たまきぶんのしん》。乃木氏の分家格の家で、彼の塾が松下村塾。吉田松陰が後を継いだので、乃木は松陰からみたとき師匠筋の相弟子になる。

要塞、機関銃が実用化され、歩兵が大量突撃、大量戦死する残酷な近代戦が幕を開けた。この欧州で始まりつつある新しい戦争の様相を日本の人々はまだ知らなかった。彼の精神は、現場と国元の両方から責められ無限の拷問を受け続けた。最初の洗礼は遼東半島付け根の金州城・南山の戦場。まだ自身の指揮ではなかったが、まさかこんな玄関口の戦いで自身の子息も含む大量の戦死者が出るとは思っていなかったのだ。新戦場のあまりの惨状に、本人も幕僚も馬も呆然として動くことができない。

山川草木《さんせんそうもく》うたた荒涼　十里風なまぐさし新戦場
征馬進まず人語らず　金州城外 斜陽に立つ

文人は司馬遼太郎に限らずみんな乃木が大嫌いである。源義家以来、日本の将軍たちがあまりにも立派な歌や詩を作るので、大正昭和のお粗末な肺病病みや自分の醜さを語る程度の文人たちは立場がないのだ。乃木は、武士道と明治という時代が協力して作り上げた人格である。

『文士あまた　筆を揃えて貶《おとし》める　名誉の回復いつの日にか』

戦車登場までの近代戦は、歩兵突撃しか方法がなかった。完全無欠のような近代要塞も膨大な物資を消費するので、兵站《へいたん》線（補給線）を切られると結構簡単に落ちる。そこで縦隊を何列も敵戦列の隙間を狙って突撃させて、突入に成功したチームが後ろに回り込むことで要塞を落とす。白襷《しろだすき》隊といえば、乃木将軍が考えた日露戦争を代表する無能な戦法の代名詞になっている。しかしその後の欧州ではこの白襷隊に、若干の火力と兵站、自由な指揮権を与えた部隊を縦《たて》に何筋も突撃させる戦法が主流となった。浸透戦術という。しかし、後の太平洋戦争での米軍は、集音マイクと機関銃と迫撃砲のセットを戦場に並べ、補給力にものを言わせた隙間のない猛射で日本軍の夜襲浸透突撃を粉砕した。

旅順での第一回総攻撃での惨敗は上からの無理な命令が原因だ。途中、児玉源太郎が指揮権を奪って攻め落としたとの「坂の上の雲」の記述はあくまで小説である。なぜなら諸史料をみると二人の攻城方針はほぼ同じであったことがわかるから。また、その後の満州での児玉のまずい指揮を、旅順をおとした疲れのためであると司馬は書いている。あくまで児玉を名将に、乃木を凡将にしたいのだ。——かといって責めているわけではない。小説というものは、正義の主人公と仇役を定めることから始まるのだ。児玉源太郎が、西南の役の折、熊本城天守閣を自焼し損なって、本丸も兵糧もいっしょに焼いた間抜けな将。乃木が田原坂を先取したにもかかわらず司令部の厳命で陣地を捨てた悲運の名将という小説も書けるだろう。

乃木は新時代の戦いに合わせた戦法を必死に考え、正攻法で旅順を落とし、後の欧州の浸透戦術を生んだ。また、筆者が考える乃木聖将説の根拠のひとつに乃木式義手の製作がある。自らも図面を引き、私財を投じて作ったこの義手は、残された上腕部の開閉の力で先端の鉄指を動かし物を掴めるという世界初の機能的義手だったという。彼が、深い仁愛を基盤に、新たな視点から物事を考え得る人物であることを示している。

日露戦争の最終決戦・奉天会戦ではロシア軍主力と激闘。よく辛戦に耐え、敵将の継戦意志を挫き撤退させた。奉天会戦については日本軍完勝説とロシア得意の余裕の撤退戦説との二つの説がある。ロシア軍の遺棄物資と捕虜の数をみる限り、この戦いはロシア側からみたら半分失敗した撤退戦で、日本側から見たら六分四分の辛勝である。その後ロシア側は将帥を馘首《かくしゅ》したので表面上は、七分三分の勝ちになった。旅順戦のときに乃木を変えなかった明治帝は偉かったといえる。乃木軍敢闘の間、大山巌・児玉源太郎の率いる本軍は奉天正面で攻め疲れている感じだ。戦勝の一番手柄は乃木の三軍、二番手柄は黒木率いる一軍となるだろう。勝ちはしたものの戦力をすり潰した奉天会戦はナポレオン戦争におけるボロジノ会戦に似ている。ナポレオンは、ロシア軍の撤退戦を恐れて強引に決戦に持ち込んだ。勝ってモスクワを占領したが、消耗の結果、再戦に耐え得なかった。

旅順城開城のときは諸外国の記者たちは降伏儀式の撮影を熱望したが、敵将の恥になるという理由で乃木はすべて断った。そして、そんなに写真が欲しいなら、降伏の儀式を終え、両者が友になったところを一枚だけ許すとした。敗将の名誉を重んじるというのも、付け焼き刃の武士道ではできないことだ。東條英機に給食当番をさせたアメリカ軍とは大違いである。アメリカには騎士道は残ってないのか。イラク戦争でも捕まえたフセイン大統領の口を検査している所を繰り返し全世界に放映していた。『フセインの口あけ探す核兵器』という当時の川柳を思い出す。

我が国では千年前の源義家あたりから武士道が起こり、時間をかけて洗練されてきた。単に強いだけでは猪武者《いのししむしゃ》と軽蔑される。和歌も詠めて各種の芸術にも強くなければならない。かくして宮本武蔵などの、絵画彫刻どれをとってもプロを越えるスーパーサムライが出てくる。乃木大将もその系譜につながるものだが、その漢詩は胸を打つ類例のないものだ。司馬遼太郎の罪は、乃木を不当に貶めたところと、自分が属していた陸軍戦車部隊を描かなかったところにあると思う。いわゆる悪評だらけの陸軍とは一線を画した立派な部隊だったのだ。「ちょうどよい主人公がいなかったためだ」――とは本人の弁であるが、司馬の作品にはいくつも実によくできた架空の主人公がいる。戦後の陸軍性悪説に乗って本を売ってきたからなのか。ホントは昭和天皇批判をしたかったが、その代わり身として乃木を選んだのだという説もある。それならそれで乃木は喜んで愚将の役を引き受けるだろう。自身の毀誉褒貶《きよほうへん》より天皇を守る至誠の人だから。

乃木が敵将から贈られた馬のために、自宅より立派な馬小屋を建てたというのも有名な逸話だ。実際に乃木邸を訪れてみると、馬小屋はレンガ造りとはいえ豪華というほどではない。本宅が質素なばかりである。丁度修理中で、自刃《じじん》の部屋を見ることは出来なかった。屋敷と馬小屋に挟まれた庭は、台地を刻む谷地《やち》の谷頭部分なので一段低い。ここも質素で、庭らしい庭ではない。しかし炎暑の中、木立に囲まれ涼しい。すみに塚があった。殉死の折の衣服を埋めたところだそうだ。しばしその側で休む。塚のかたわらにつわぶきの葉がひとむれ朝日に映えている。

『聖将の血潮を受けし石塚の　根元静かに石蕗《つわぶき》の咲く』

長崎の城と防衛、浦上の被爆

城巡りの最期は長崎へ。長崎氏の城は桜馬場城ともいい、今の桜馬場中学校の場所である。かつては全国一のマンモス校であった。この正門向かいで筆者は生まれた。七歩もあるけばもう長崎街道。天上、天下《てんげ》――と、言い終わらないうちに車からひかれそうな狭い町だ。この猫の額のような土地でも、宣教師ルイス・フロイスは、小さいながら城下町があると書いている。城の上の丘には長崎開港前から南蛮寺が建てられ、薬草園では日本初のタバコが栽培された。芥川龍之介の短編「煙草と悪魔」は、宣教師に化けた悪魔が煙草をはじめて植える話だ。ここだったのだろうか。近所で西洋の悪魔が畑仕事をしていたとは驚きである。南蛮寺の一段上の丘が砦で、さらにその後ろの焼山《やきやま》が本当の「詰めの城」だという。南の深堀氏や東の諫早西郷氏の侵攻を受け、何度も焼き討ちにあった。それで焼山なのだとの説もある。麓の屋敷と城下、丘の上の教会は灰になったが、山上の城は最後までもちこたえた。

いまひとつの長崎の城は、長崎の地名の由来となった岬の先端、旧県庁周辺である。桜馬場城からは二キロほど離れているこの岬を大村氏は長崎氏から取得し、港町を建設、ポルトガルの貿易船を誘致した。後にこの港町を寄進されたイエズス会は、最先端部に要塞造りの教会本部を置き、町を堀と

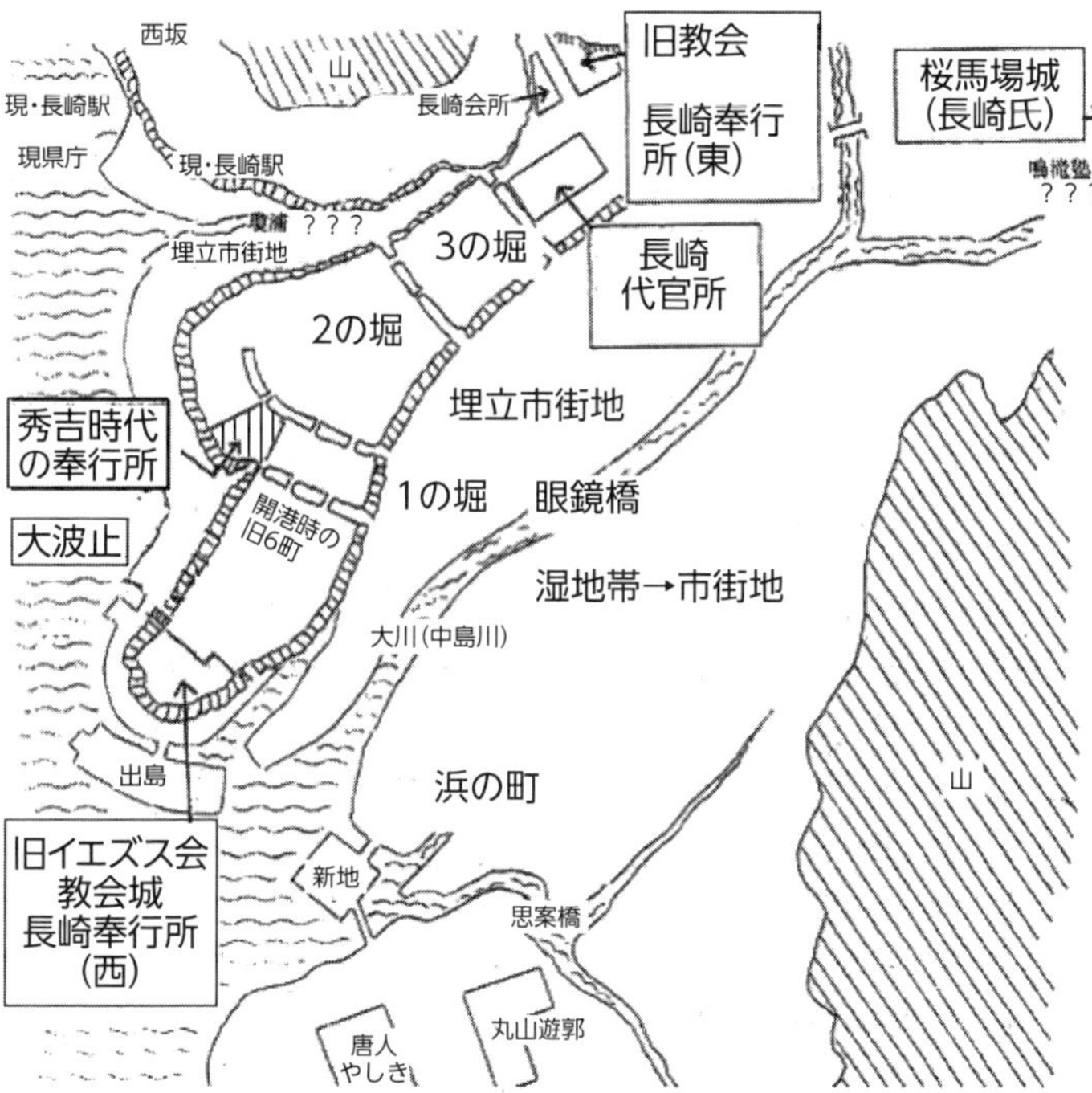

岬の要塞イエズス会教会城〜秀吉奉行所城

大砲と砲艦で守った。これが原初の長崎の全域で、面積は東京ドームくらい。町全体がポルトガル風の要塞城であった。名付けるならばイエズス会教会城か。その後、九州に進駐した秀吉から没収され、岬の教会は一旦解体され名護屋城築造の資材として持ち去られたという。岬中央に奉行所が置かれ、朝鮮の役の頃、堀は順次三本に増やされ、岬の全域が堀の内となった。その形、面積ともに江戸城本丸すなはち東御苑とほぼ同じである。これは秀吉奉行所城と呼ぶべきか。

　家康晩年から秀忠、家光時代——と、キリシタン弾圧のムチは過酷になっていったが、転んだ者には貿易利権というアメを与えた。長崎は教えを忘れて遊んで暮らす町となり、隣りの浦上は隠れキリシタンの村となって信仰を伝え継いだ。

幕末、大村藩の渡辺昇《のぼり》は、勤皇派を率い、薩長同盟を仲介、鞍馬天狗のモデルとなった。彼が指揮したのが浦上四番崩れと呼ばれる明治のキリシタン大弾圧である。おおよそ四千人が流され六百名が殉教した。その渡部昇の盟友・長岡治三郎の子が長岡半太郎。世界に先駆け原子模型を考え、隣家の子息・朝永振一郎や湯川秀樹以下の物理学ノーベル賞軍団を育てた。実力一番の仁科芳雄が貫えなかったのは原爆開発担当だったからか。当時は人形峠や北朝鮮のウラン鉱は知られておらず、原料難で失敗した。剣豪・鞍馬天狗の次の世代は一気に原爆研究まで進化したのである。一方アフリカ・コンゴの高品質ウランを手に入れたアメリカは原爆を完成した。長崎での投下目標は眼鏡橋近くの常盤橋《ときわ》であったが、雲にはばまれ山ひとつ隔てた隠れキリシタンの里・浦上に落下。村人が造りあげた東洋一の天主堂と、信徒八千を含むあまたの民間人を焼きこの世の地獄を創りだした。これでは煙草を教えたという悪魔の方がよほどましである。

原爆は超大型の焼夷弾である。その証拠に焼け跡を電車や汽車がすぐに通っているし、防空壕の中にいた人は爆心地近くでも助かっている。硫黄島などの日本軍地下壕陣地に使ってもおそらく損害はゼロだろう。地上・地中爆発させれば地下壕陣地も爆破できるが、爆砕半径が極端に狭くなるので、四〜五発は必要になる。反面、土壌の汚染は数千倍に達するだろうから勝ったところで占領は不能である。海上ではどうだろうか。散開した艦隊に対しては各一発が必要なので、魚雷の方が安上がりである。このように原爆は、陣地や艦隊に対しては意外と使い勝手が悪く、民間人への奇襲虐殺に向いた禁断の兵器であるといえる。現代では、孫子がいくら廟算《びょうさん》しても不戦の答えしか出ない。廟算とは戦いを始めるにあたって廟堂に籠って行う各種の計算である。算多き方が勝つ——といって、勝算をもとに開戦を決める。クラウゼビッツはその著書『戦争論』で、「戦争とは他の手段を以てする政治の継続である」——つまり戦争を、力で行う外交の一種と規定していた。相手国の民間人を大量虐殺していては外交が成り立たない。それで原水爆はもう使われまいとは思うが、これは筆者の勝手な思い込みかも知れない。

関東軍参謀の石原莞爾《かんじ》は、未来の戦争について、朝起きたら都市が消滅。それで人はおろか鶏から豚まで参加することになる。都市は地下に潜るようになる。この最終戦争を以て戦争の歴史は終わる——と予言した。超音速で侵攻する原水爆ミサイルを防ぐ盾はないに等しい。この比類を絶する残虐兵器の出現により、矛《ほこ》と盾《たて》の無限の進化は矛《ほこ》の勝ちで終わった。現代は矛の時代、それも敵と自分を同時に刺し殺す矛の時代である。使えないので平和が来たというのは皮肉である。理想が戦争を起こし悪魔が戦争を終わらせるのだろうか。本書に著す城の時代は、逆に矛より盾が強力な時代である。それで城攻めといえば、おもに謀略か兵糧攻めであった。美しく華やかな盾《たて》の時代であった。

（了）

◯あとがき

たくさん書きためた紀行のうち、城関係を本にしてみないかとの内科医の兄の誘いに乗って書いてみた。江戸城をまとめてみると、物足りずに大坂城も熊本城も……と、増えてゆき、これらに考察と訂正を重ねると五年が過ぎてしまった。本にするということは自分の頭を整理することなのか。城については唯物的《ゆいぶつ》・外面的な見方が多いので、それよりも造った人の心に迫る唯心的《ゆいしん》・歴史的な解釈を心掛けたつもりである。これまでの紀行や随想からの抜き書きなので寄り道ばかり。根拠に乏しい勝手な解釈が多く申しわけなく思う。それでも文献のないに等しい地名学や僅かしかない古代史は縛られるところが少ないので楽しい。五章の城巡りについては十分史料にあたっていないものも多いが、このような見方もあるのかと思ってもらえば本望である。文中、用語は勝手に簡単なものに統一してみた。湊《みなと》→港《みなと》、媛《ひめ》、比売《ひめ》→姫〜などである。

欧州の美しい町並みは一度爆撃で壊滅したものを市民の力で復活しているものが多い。町並みはそのまま市民のアイデンティティだったのだ。欧州は基本、今と変わらない商業資本主義の町だったから復活もできる。日本のかつての美しい町並みはどこも失われたが、これは米軍の空襲のせいばかりではない。武家屋敷街の美しさは武士が滅んだ以上、復活できない。しかしその日本人も、城だけは復活復元しようと市民の意識が盛り上がる。もともと天守閣がなかった城でも復元?天守があったりする。これは日本の美しい城が、侍の生き方に代表される日本人の美意識と重なり、それぞれの国（県）の人々のアイデンティティとなっているのだろう。

主な参考文献

角川日本地名大辞典編纂委員会　同書　角川書店　一九九一
豊島区史編纂委員会　同書
大野晋他『岩波古語辞典』岩波書店一九七四
白川　静『中国古代の文化』講談社学術文庫一九七九
富田紘一『定本熊本城』郷土出版社二〇〇一
外山幹夫他『日本城郭体系』新人物往来社一九八〇
田中卓『住吉大社史』住吉大社奉賛会一九六三
塩見鮮一郎『江戸の城と川』河出書房新社二〇一〇
菊池山哉『五百年前の東京』批評社一九九二
日下雅義『地形からみた歴史』講談社二〇一二
佐藤雅美『大君の通貨――幕末円ドル戦争』文春文庫二〇〇三
吉田茂樹『日本古代地名辞典』新人物往来社二〇〇一
別宮暖郎『旅順攻防戦』並木書房二〇〇四
岸田　秀『ものぐさ精神分析』中公文書一九八二
司馬遼太郎『坂の上の雲』文藝春秋社二〇〇四
青木重数『大田道灌』新人物往来社一九九〇
光田憲雄『神田明神・平将門と神々』神田雑学大学講座資料一九六三
『加藤清正の端城と地域の文化財』kyubun.sakura.ne.jp/一五thanniversary/一五resume_0三.pdf
『縄文と江戸の地勢図』http://www.ne.jp/asahi/woodsorrel/kodai/edo/index.html
『落穂集現代文訳』http://www.hh.em-net.ne.jp/~harry/otibo_genfr.html

■著者略歴
原口　茂樹（はらぐち　しげき）
昭和27年長崎市生まれ
長崎大学教育学部卒業
平成25年公立学校を退職。現在、活水高校非常勤講師、長崎県文化財保護委員
主な著書　オランダ通詞『長崎偉人伝　吉雄耕牛』（長崎文献社、2018年）、『私たちの長崎県』（共著）

日本の名城紀行

発 行 日	初版第1刷　2019年12月25日
著　　者	原口　茂樹（はらぐち　しげき）
発 行 人	片山　仁志
編 集 人	堀　　憲昭
発 行 所	株式会社 長崎文献社 〒850-0057 長崎市大黒町3-1　長崎交通産業ビル5階 TEL. 095-823-5247　FAX. 095-823-5252 ホームページ http://www.e-bunken.com
印 刷 所	モリモト印刷株式会社

ISBN 978-4-88851-330-2 C0026